国家自然科学基金项目"面向用户的开放政府数据使用行为机理及隐私风险控制研究"（72004056）资助

陈美 ○ 著

开放政府数据用户采纳行为及隐私风险控制研究

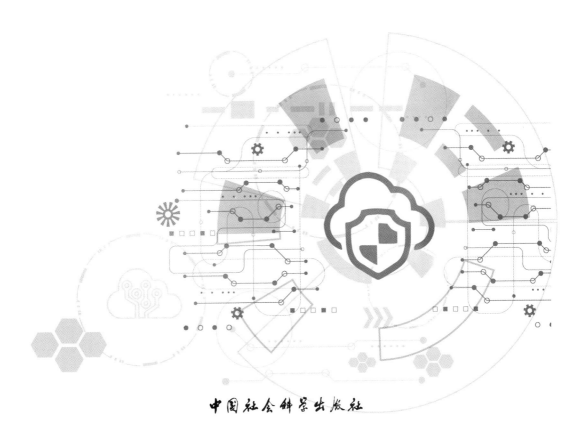

中国社会科学出版社

图书在版编目（CIP）数据

开放政府数据用户采纳行为及隐私风险控制研究／陈美著．—北京：中国社会科学出版社，2023.8
ISBN 978 - 7 - 5227 - 2170 - 5

Ⅰ. ①开…　Ⅱ. ①陈…　Ⅲ. ①电子政务—数据管理—风险管理—研究
Ⅳ. ①D035 - 39

中国国家版本馆 CIP 数据核字（2023）第 119024 号

出　版　人	赵剑英
责任编辑	刘　艳
责任校对	陈　晨
责任印制	戴　宽

出　　版	中国社会科学出版社
社　　址	北京鼓楼西大街甲 158 号
邮　　编	100720
网　　址	http://www.csspw.cn
发 行 部	010 - 84083685
门 市 部	010 - 84029450
经　　销	新华书店及其他书店

印　　刷	北京明恒达印务有限公司
装　　订	廊坊市广阳区广增装订厂
版　　次	2023 年 8 月第 1 版
印　　次	2023 年 8 月第 1 次印刷

开　　本	710×1000　1/16
印　　张	14.75
字　　数	223 千字
定　　价	78.00 元

前　　言

　　开放政府数据是促进政府透明、提升行政效率与效能、落实民主原则甚至带动民间创新应用和产业发展的手段。在促进数据利用上，有一成多的地方举办过促进开放数据创新利用的类似比赛，但只有上海市和北京市两个地方连续举办；在利用成果产出上，各地平台上展示的利用成果数量少，类型单一，覆盖面小，质量不高，仅在 5.62% 的平台上发现了少量的利用开放数据产生的有效服务应用；在数据利用上，目前被利用的数据集数量较少，主要来自交通运输、统计、教育、市场监管、人力资源与社会保障、农业农村、公安、卫生健康和文化旅游这九类政府部门。近九成的地方平台展示的利用成果未标注开放数据来源，即使在标注了数据来源的地方平台上，也普遍存在数据链接无效、数据搜索不到或数据不完整等情况。用户采纳率不高严重制约了我国开放政府数据的发展历程。

　　因此，本书试图以当前提高开放政府数据用户采纳率、开放政府数据隐私风险防控能力为导向，构建开放政府数据使用行为的框架，建立开放政府数据隐私风险监测与评估机制，确保开放数据决策有一致标准及良好质量，加速开放数据决策的流程，达到数据开放的同时，能平衡数据隐私保护的需要。本书揭示隐私风险评估的制度决定因素，探究开放政府数据隐私风险评估与其保障制度之间的互动匹配机制，提出保障开放政府数据隐私风险评估的支撑性制度安排，以及加强开放政府数据隐私风险防控的具有可操作性的建议。

　　在结构上，本书的基本思路是"从实践中发现现实问题—从文献中寻找理论依据，提出研究问题—利用科学、规范的研究方法解决问题"。研究内容重点解决开放政府数据用户采纳行为机理、开放政府数据隐私风险控制两个问题。研究内容包括开放政府数据用户采纳行为建模、开放政府数据用户采纳行为机理实证研究、开放政府数据隐私风险控制研究、开放政府数据隐私风险控制的匹配保障制度创新。

目　　录

第一章 引言

第一节 研究背景与意义

一 研究背景

（一）开放政府数据的使用率不高

开放政府数据是促进政府透明、提升行政效率与效能、落实民主原则甚至带动民间创新应用和产业发展的手段。例如，面对新冠肺炎疫情，政府数据开放大有作为①。2020 年 2 月 7 日，贵州、北京、广东和山东四个省级政府数据开放平台以结构化、可机读的数据集形式开放疫情数据，方便公众下载利用②；同一时期，一个名为"新型肺炎确诊患者相同行程查询"的工具被推出，可以查询哪些交通工具有已经确诊的病毒感染患者，这个工具是一家民营企业利用各地政府碎片化的报道数据整合开发而成的，这也再次证明，只要政府愿意开放数据，民间完全可以利用这些数据探索更好的增值服务③；2020 年 2 月 9 日，香港数据科学界举办了一场名为"开放数据与冠状病毒"的在线研讨会，探

① 《治道｜面对肺炎疫情，政府的数据开放可以大有作为》，http：//n. eastday. com/pnews/1579930223014705，2020 年 5 月 10 日。

② 张楠：《疫情下省级数据开放平台响应的如何？》，https：//mp. weixin. qq. com/s？＿＿biz＝MzAxMTkyODgxMA＝＝&mid＝2247483770&idx＝1&sn＝d92241155b78e36cac4adb1b6833f9b9&chksm＝9bb8d4ffaccf5de9d71701f070f075e8bf0ed3adc2a333ad1cb4f4031cbfbce927dd864f6d80&mpshare＝1&scene＝23&srcid＝0817Qb09ZsH2S2cDYnlotrOO&sharer＿sharetime＝1597652787300&sharer＿shareid＝1dc9fa001ae5fd975b750b31f41b9811#rd，2020 年 5 月 14 日。

③ 《又一地区推动政府数据开放立法》，https：//www. weixinba. cc/72483－1. html，2020 年 5 月 13 日。

讨并展示了如何利用开放数据来解决新型冠状病毒危机①。但是，《中国地方政府数据开放报告 2019》显示，在促进数据利用上，有一成多的地方举办过类似的开放数据创新利用比赛，但只有上海市和北京市连续举办；在利用成果产出上，各地平台上展示的利用成果数量少，类型单一，覆盖面小，质量不高，仅在 5.62% 的平台上发现了少量的利用开放数据产生的有效服务应用②。因此，《中国地方政府数据开放报告（省域）：2021 下半年》建议，在大赛举办方面，建议加强省与地市的上下联动，发挥省对地市的赋能作用，扩大开放数据创新利用比赛的影响力并提升赛事组织的实际效果，同时鼓励地市结合自身特色开展专项赛题③。《中国地方政府数据开放报告 2019》显示，在数据利用上，目前被利用的数据集数量较少，主要来自交通运输、统计、教育、市场监管、人力资源与社会保障、农业农村、公安、卫生健康和文化旅游这九类政府部门。近九成的地方平台展示的利用成果未标注开放数据来源，即使在标注了数据来源的地方平台上，也普遍存在数据链接无效、数据搜索不到或数据不完整等情况。因此，《中国地方政府数据开放报告（省域）：2021 下半年》建议，进一步提高有效利用成果的数量和质量，清理与数据开放无关的、由政府自身开发的、无法获取或无法正常使用的成果，为展示的利用成果标明其所利用的开放数据集并提供有效链接。用户采纳率不高严重制约了我国开放政府数据的发展历程。整体

---

① 《在线研讨会 | 开放数据与冠状病毒》，https：//mp. weixin. qq. com/s？＿＿biz＝MzU1ODIwN jQ0MQ＝＝&mid＝2247488707&idx＝2&sn＝b68ec58bddd8f9ba411c28f7866b1309&chk sm＝fc2b4845 cb5cc153d6073f2af98d5f5545169e0a569bcbf5c3d0df435bacb6f196c9a5e1f245&mpshare＝1&scene＝23&srcid＝0817lTnEFoQuzS5s1qU26qv&sharer＿sharetime＝1597653024968&sharer＿shareid＝1dc9fa001ae5fd975b750b3 1f41b9811#rd，2020 年 5 月 18 日。

② 《中国地方政府数据开放报告（2019 下半年）》，http：//www. dmg. fudan. edu. cn/wp-content/uploads/%E4%B8%AD%E5%9B%BD%E5%9C%B0%E6%96%B9%E6%94%BF%E5%BA%9C%E6%95%B0%E6%8D%AE%E5%BC%80%E6%94%BE%E6%8A%A5%E5%91%8A%EF%BC%882019-%E4%B8%8B%E5%8D%8A%E5%B9%B4%EF%BC%89. pdf，2020 年 5 月 19 日。

③ 《中国地方政府数据开放报告（省域）：2021 下半年》，http：//www. dmg. fudan. edu. cn/wp-content/uploads/2021yprovince. pdf，2020 年 5 月 19 日。

来看，信息行为研究一直是信息资源管理领域的核心研究内容①。

（二）开放政府数据过程中的隐私风险日益加剧

开放政府数据的关键在于对海量、多维数据的开放与利用，这就不可避免地涉及对某些隐私信息的访问，使得各类隐私泄露事件层出不穷（见表1-1）。在大数据环境下，既要强调开放，又要强调隐私保护，就形成了矛盾②。隐私保护影响着公众对政府数据开放的接受意向③，而且用户感知隐私会影响政府数据开放平台用户持续使用意愿④。可见，用户采纳与持续使用开放政府数据是解决用户使用程度不高这一问题的关键，而且隐私风险防控是阻碍用户接受并持续使用开放政府数据的关键原因。

表1-1　　　　　　　　　开放政府数据隐私安全事件

时间	事件概述
2000 年	哈佛大学政府与科技学系驻校教授 Latanya Sweeney 通过将不确定的健康记录与投票登记记录进行结合，从而重新确定了美国大多数人的健康记录
2012 年	纽约市出租车行车记录数据被发布，让记者们得以确定那些被拍到使用出租车的名人以及他们的车费和小费
2012 年	我国台湾人权促进会针对健康保险数据的开放与使用提出投诉
2015 年	在上海市城乡建设和管理委员会公积金开放条目中，公众的姓名、身份证号、公积金缴纳情况、公积金使用情况等个人敏感信息被纳入政府数据开放目录
2016 年	华盛顿特区使用诸如 "#open_ data_ fail" 这样的标签公布了该市的完整选民名单，包括姓名、地址和政治关系等数据
2020 年	在疫情数据开放共享的过程中，武汉返乡人员个人信息被泄露

① 权明喆、丁念：《技术视野 人文情怀——国内首届"交互与信息行为研究学术研讨会"纪要》，《图书情报知识》2019 年第 4 期。
② 马费成：《推进大数据、人工智能等信息技术与人文社会科学研究深度融合》，《评价与管理》2018 年第 2 期。
③ 姜红波、王双凤、邵婷：《政府数据开放用户接受度影响因素的实证分析》，《厦门理工学院学报》2017 年第 4 期。
④ 朱红灿、胡新、王新波：《基于 S-O-R 框架的政府数据开放平台用户持续使用意愿研究》，《现代情报》2018 年第 5 期。

从技术层面分析，虽然匿名化技术日趋成熟和完善，但在生命周期的不同阶段，数据流动面临的安全风险及采取的应对策略也不尽相同①，这意味着有效的隐私管理需要在开放政府数据生命周期的所有阶段都考虑隐私风险。此外，当数据匿名化越彻底，其数据损失越大，故可应用性越低，因而过去主要强调开放政府数据的隐私保护与可应用性之间的平衡，并未具体将负面效应的影响及数据集间的差异作为考虑项目。这种由科学技术革命的负面效应带来的挑战，是无法回避的一个新课题②。从国家政策层面，相关政策的推出，有助于从宏观层面来避免用户隐私信息受到侵害。但是，《中国地方政府数据开放报告 2019》显示，仅有 6 个地方明确要求，数据在开放后对其利用情况进行监测评估和风险管控，绝大多数（92.7%）地方政府都未对此做出明确规定。与美、英、澳、新四国起步早、发展成熟、应用广泛、成效显著的政府数据开放隐私影响评估实践相比，我国政府数据开放隐私影响评估实践迄今尚处于"无标准、无组织、无体系"的"三无"状态③。因此，《中国地方政府数据开放报告（省域）：2021 下半年》建议，在法规政策效力与内容方面，建议各地在制定有关数据开放的地方性法规、地方政府规章或规范性文件时对数据开放要求、数据利用要求、全生命周期安全管理和保障机制做出具体要求。

近年来，以用户为中心的理念和开放政府数据的蓬勃发展更是推动了信息行为研究。公共管理和信息资源管理领域都十分关注开放政府数据和隐私保护问题。例如，iConference 2018 研讨 iSchool 在开放数据管理中的角色和作用；国际图联（IFLA）成立了 Big Data Special Group，而且未来国际图联需要关注的重点中有两个分别是大数据的开放获取和

① 朱光、丰米宁、刘硕：《大数据流动的安全风险识别与应对策略研究——基于信息生命周期的视角》，《图书馆学研究》2017 年第 9 期。

② 张涵：《个人隐私保护左灯右行——〈大数据时代个人数据隐私规制〉书评》，《科技与企业》2015 年第 4 期。

③ 陈朝兵、郝文强：《国外政府数据开放隐私影响评估的政策考察与启示——以美英澳新四国为例》，《情报资料工作》2019 年第 5 期。

电子政务、用户隐私和治理；由中国行政管理学会信息公开与政务服务研究会、中国行政管理杂志社联合承办的"大数据安全与风险治理"论坛于 2019 年 5 月 26—29 日在贵阳国际生态会议中心举行，其中一个分议题就是"数据共享开放与个人隐私保护"。与此同时，《2020 年度国家自然科学基金项目指南》指出，2020 年度宏观管理与政策学科对风险防控等方向的研究予以重点关注。

综上，用户采纳与持续使用开放政府数据是开放政府数据持续发展的关键所在。要提高开放政府数据用户采纳率，促使政府给用户提供可靠的政府数据，必须探究开放政府数据用户采纳行为机理，分析开放政府数据所面临的隐私威胁，主动监测隐私风险，设计开放政府数据隐私风险评估的匹配制度。从开放政府数据与隐私保护相融合的视角，将用户信息行为与隐私风险进行整体性考虑，对促进开放政府数据应用和隐私安全保障的我国开放政府数据发展具有重要的意义。因此，以我国开放政府数据用户采纳率不高、开放政府数据的隐私泄露事件频繁爆发的现状为背景，提出面向用户的开放政府数据采纳行为机理及隐私风险控制研究的课题。

二 研究意义

（一）理解开放政府数据领域的用户行为规律

本书从"过程"的视角来理解开放政府数据用户使用行为，为开放政府数据用户行为研究提供新的研究视角。力图构建解释能力更好、适用性更强、更切合中国情境的开放政府数据用户使用理论模型，剖析和解释用户使用行为的演化机理。扩展和改进传统采纳理论、持续使用理论，拓展用户信息行为在开放政府数据领域的研究，将会在理论上深化与发展 IT/IS 采纳与用户信息行为理论体系。

（二）丰富公共管理与信息资源管理的理论和方法

本书从一个整体来研究面向用户的开放政府数据信息行为与隐私风险控制，体现了服务安全与用户安全的融合态势。面向开放政府数据整个生命周期，设计全程、系统、具体且可操作性的隐私保护解决方案，力图丰富和发展隐私保护的理论和方法，拓展政府信息资源管理的新视角，也是风险评估、制度变迁理论在开放政府数据环境下的创新。

（三）推动我国开放政府数据和信息产业的发展

本书是信息系统用户采纳理论在开放政府数据领域落地实施，研究成果将提高开放政府数据用户采纳率，有利于加强政府开放数据平台建设、用户吸引与采纳开放政府数据、开放数据创新应用等很多环节的理解与把握，为开放数据政策制定者与平台运营者提供促进政府数据开放利用的建议，进而推动信息内容产业和信息服务市场的发展。

（四）为开放政府数据的隐私安全保障工作提供决策支持和参考

本书期望通过建立一套通则性的隐私评估准则、去识别化的处理方式，让政府可以依据准则与技术规范，降低用户对开放政府数据使用中的隐私顾虑，从而促使用户使用所开放的政府数据。有效降低开放数据环境下隐私风险的同时，使预警或风险评估工作实现辅助支持决策目标。有助于指导宏观层面上开放政府数据和信息安全产业的发展和政策制定，为隐私安全保障工作提供理论支撑与建议。

第二节　国内外研究现状[①]

经过多年实践与发展，国外对"政府数据开放"的研究已从最初的宏观研究逐步转向微观研究，研究内容更为深入和具体[②]。从研究文献来看，围绕本书"面向用户的开放政府数据使用行为机理及隐私风险控制研究"的研究主题，从 IT/IS 采纳过程、面向用户的开放数据信息行为、开放政府数据隐私风险三个维度对国内外现有研究成果进行分析，旨在发现研究薄弱环节，并吸收研究成果精华，支撑项目研究并阐明可予以拓展的内容。

---

① 本节相关内容已发表于论文。具体参见陈美、梁乙凯《国外面向用户的开放政府数据使用行为研究进展》，《情报杂志》2022 年第 9 期。

② 莫祖英：《国外政府开放数据及其质量研究述评》，《情报资料工作》2018 年第 2 期。

一 IT/IS 采纳过程的研究

Rogers 等从组织中的创新扩散视角出发，对 IT/IS 在组织中的采纳过程进行了详细分析后认为，采纳活动中的 IT/IS 采纳决策行为将整个组织创新采纳过程分隔为采纳前阶段和采纳后阶段[①]。Dorothy 将信息技术创新过程划分为接受信息技术创新的全局采纳决策阶段、组织内部的局部采纳决策阶段[②]。Kwon 等提出信息技术实施六阶段模型，即启动—采纳—适应—接受—使用—融合[③]。Karahanna 等整合创新扩散理论和态度理论，认为信息系统使用行为可区分为个人的采纳前和采纳后或称为持续使用信念或态度[④]。Hameed 等指出，采纳过程研究如何让用户采纳和实施创新，将采纳过程分为采纳前、采纳决策、实施（采纳后）三个阶段[⑤]。总体来看，以上学者对 IT/IS 采纳过程进行了划分，但并没有结合具体领域进行实证研究。

基于过程视角的 IT/IS 用户使用决策行为机理的实证研究。秦敏和徐升华以技术接受模型和期望证实理论为基础，结合信息系统采纳前后行为的影响因素分析，提出了基于过程的信息系统采纳行为模型[⑥]。蒋骁等将电子政务公众采纳过程划分为采纳前阶段和采纳后阶段[⑦]。关欣

---

① Rogers and Simon and Schuster, *Diffusion of Innovations*, 5*th Edition*, New York：Free Press, 2003.

② Dorothy, "Experts as Negative Opinion Leaders in the Diffusion of a Technological Innovation", *Journal of Consumer Research*, No. 4, 1985, pp. 914 – 926.

③ Kwon and Zmud, *Unifying the Fragmented Models of Information Systems Implementation*, New York：John Wiley, 1987.

④ Karahanna and Straub and Chervany, "Information Technology Adoption Across Time：A Cross-sectional Comparison of Pre-adoption and Post-adoption Beliefs", *Mis Quarterly*, Vol. 23, No. 2, 1999, pp. 183 – 213.

⑤ Hameed and Counsell and Swift, "A Conceptual Model for the Process of IT in Novation Adoption in Organizations", *Journal of Engineering and Technology Management*, Vol. 29, No. 3, 2012, pp. 358 – 390.

⑥ 秦敏、徐升华：《基于过程的信息系统采纳行为模型及实证研究》，《情报学报》2008年第 5 期。

⑦ 蒋骁、仲秋雁、季绍波：《基于过程的电子政务公众采纳研究框架》，《情报杂志》2010 年第 3 期。

等将基于全过程的电子政务公众采纳划分为使用前、使用中、使用后三个阶段[①]。周蕊将用户的信息系统使用阶段划分为使用前阶段、使用阶段、使用后阶段[②]。黄浩将移动内容服务采纳过程划分为采纳移动内容服务早期和采纳移动内容服务后期[③]。耿荣娜等将社会化电子商务用户信息采纳行为划分为初次信息采纳以及信息采纳后的持续信息采纳两个阶段[④]。综上，尽管各个学者对 IT/IS 采纳过程的具体划分各不相同，但都将 IT/IS 采纳过程看作一个包含多个阶段而且动态演进的过程。

二 面向用户的开放数据信息行为的相关研究

为了找到可能回答问题的研究，需要采取合适的搜索策略。第一阶段是搜索关于开放政府数据使用的相关文献。在以下学术论文搜索引擎中进行搜索，以找到开放政府数据使用的相关论文：Web of Science，Elsevier Science Direct，Emerald，ACM，EBSCO，Springer，ProQuest，中国知网。WoS 可能是最常用于书目计量分析的数据库，因为它涵盖了全世界超过 12000 份备受赞誉的影响期刊，也因为它提供了强大的基于 Web 的书目和引文信息访问[⑤]。从用户决策的角度来看，用户使用行为过程包含用户初始采纳和持续使用两个阶段。因此，检索所使用的查询字符串包括 "open government data */open data */government data" + "adoption/user behavior */accept */continue *" + "开放政府数据/开放数据/政府数据" + "采纳/用户行为 */接受 */持续 *"。为了保证检

---

① 关欣、张楠、孟庆国：《基于全过程的电子政务公众采纳模型及实证研究》，《情报杂志》2012 年第 9 期。

② 周蕊：《基于双因素视角的用户信息系统使用行为研究》，博士学位论文，山东大学，2014 年。

③ 黄浩：《移动内容服务采纳过程中的信任变化分析》，《管理评论》2014 年第 4 期。

④ 耿荣娜、张向先、郭顺利：《社会化电子商务用户信息采纳行为影响因素研究》，《情报科学》2017 年第 10 期。

⑤ Liu Z. ed.，"Visualizing the Intellectual Structure and Evolution of Innovation Systems Research：A Bibliometric Analysis"，*Entometrics*，Vol. 103，No. 1，2015，pp. 135 – 158.

索结果的相关性，对 open government data 及其同义词进行了检索，检索过程中对文献信息进行了略读。具体而言，考虑到开放政府数据的意义和预先检索的结果，在 open government data 上搜索主题字段的高级搜索策略如下："open government data"或"government open data"或"government public portal"或"government data portal"或"government public portal"或"opening government data"或"government open data portal"或"government open data publishing"或"government data publishing"或"consuming open government data"或"government open data portal"或"publishing open government data"或"open data consumption"或"consuming open government data"。第二阶段是选择标准，通过采取明确的排除和纳入标准来降低数据收集的误差风险。本书使用了如下入选标准：只考虑开放政府数据这一领域，排除关于开放科学数据以及非政府组织和国际组织的开放数据研究；文章发表在过去十年（2010—2020年）；纳入了关于一个或多个采纳维度的研究，如障碍、条件、行为。排除标准为：只考虑开放政府数据的研究，没有提及这些方面，都被排除在外；非学术性论文；非英语类论文；未发表的论文；诸如工具、结构、应用、架构、教程和指南介绍之类的介绍性文章；全文不可获取；文章与私营部门 IT 采纳相关，但与开放政府数据无关。第三阶段则是对这些文献的研究主题、理论基础、自变量、因变量、调查对象、调查样本数量、实证结果进行分析。

（一）理论应用

1. 理论基础采用。已有研究运用不同的理论解释开放政府数据用户使用行为，其中使用频率较多的包括技术接受模型（TAM）、技术采纳与利用整合理论（UTAUT）、信息系统成功模型（ISSM）（见表 1 - 2）。

表 1—2　　开放政府数据使用行为研究的理论基础统计

理论基础	理论描述	相关研究
计划行为理论	态度、主观规范以及感知行为控制三个变量共同影响行为意图与实际行为①	Hidayanto 等②
技术采纳与利用整合理论	包含四个主要决定因素:绩效期望、努力期望、社会影响、便利条件,与四个调节变量:性别、年龄、经验、自愿性③	Saxena④,Saxena 等⑤,Jurisch 等⑥,Zuiderwijk 等⑦,Talukder 等⑧

① Bandura, *Social Foundations of Thought and Action*, Englewood Cliffs, NJ: Prentice-Hall, 1986, p. 65.

② Hidayanto and Fitriani and Sandhyaduhita et al., "Determinants of Intention to Use Open Data Website: An Insight from Indonesia", Pacific Asia Conference on Information Systems, 2017.

③ Venkatesh and Morris and Davis et al., "User Acceptance of Information Technology: Toward a Unified View", *MIS Quarterly*, Vol. 27, No. 3, 2003, pp. 425–478.

④ Saxena, "Open Government Data (OGD) Usage in India: A Conceptual Framework Using TOE & UTAUT Frameworks", *Socrates*, Vol. 4, No. 3, 2016, pp. 124–144.

⑤ Saxena and Janssen, "Examining Open Government Data (OGD) Usage in India Through UTAUT Framework", *Foresight the Journal for Future Studies Strategic Thinking & Policy*, Vol. 19, No. 2, 2017, pp. 421–436.

⑥ Jurisch and Kautz and Wolf et al., "An International Survey of the Factors Influencing the Intention to Use Open Government", Hawaii International Conference on System Sciences, Hawaii: IEEE, 2015, pp. 2188–2198.

⑦ Zuiderwijk and Janssen and Dwivedi, "Acceptance and Use Predictors of Open Data Technologies: Drawing Upon the Unified Theory of Acceptance and Use of Technology", *Government Information Quarterly*, Vol. 32, No. 4, 2015, pp. 429–440.

⑧ Talukder and Shen and Talukder et al., "Determinants of User Acceptance and Use of Open Government Data (OGD): An Empirical Investigation in Bangladesh", *Technology in Society*, Vol. 56, No. 2, 2019, pp. 147–156.

续表

理论基础	理论描述	相关研究
技术接受模型	信息系统的用户接受程度取决于两个因素：感知的易用性和实用性。探讨外部因素对使用系统的内部信念、态度及意向的影响，两者进而影响信息系统使用的情况。易用性是指人们认为使用信息系统所需的努力程度，而有用性则是指人们期望使用信息系统将改善其个人绩效的程度	Yang 等①,Hidayanto 等②,Jurisch 等③, Wirtz 等④
扩展技术接受模型	认为感知有用性受到主观规范、形象、工作相关、输出质量、结果展现度影响，行为意图则受到主观规范影响	Wirtz 等⑤, Weerakkody 等⑥
制度理论	社会上所有的认知、规范结构和活动，它会影响一个人主观的行动表现和判断	Yang 等⑦

① Yang and Wu, "Examining the Socio-technical Determinants Influencing Government Agencies' Open Data Publication: A Study in Taiwan", *Government Information Quarterly*, Vol. 33, No. 3, 2016, pp. 378-392.

② Hidayanto and Fitriani and Sandhyaduhita et al., "Determinants of Intention to Use Open Data Website: An Insight from Indonesia", *Pacific Asia Conference on Information Systems*, 2017.

③ Jurisch and Kautz and Wolf et al., "An International Survey of the Factors Influencing the Intention to Use Open Government", Hawaii International Conference on System Sciences, Hawaii: IEEE, 2015, pp. 2188-2198.

④ Wirtz and Weyerer and Roesch, "Citizen and Open Government: An Empirical Analysis of Antecedents of Open Government Data", *International Journal of Public Administration*, 2017, pp. 1-13.

⑤ Wirtz and Weyerer and Roesch, "Open Government and Citizen Participation: an Empirical Analysis of Citizen Expectancy Towards Open Government Data", *International Review of Administrative Sciences*, Vol. 85, No. 3, 2019, pp. 566-586.

⑥ Weerakkody and Kapoor and Balta et al., "Factors Influencing User Acceptance of Public Sector Big Open Data", *Production Planning & Control*, Vol. 38, No. 11-12, 2017, pp. 891-905.

⑦ Yang and Wu, "Examining the Socio-technical Determinants Influencing Government Agencies' Open Data Publication: A Study in Taiwan", *Government Information Quarterly*, Vol. 33, No. 3, 2016, pp. 378-392.

续表

理论基础	理论描述	相关研究
信息系统成功模型	主要考察系统质量、信息质量、服务质量对系统使用与意愿、使用者满意度以及系统使用效益的影响	Hidayanto 等①,Talukder 等②,Alatta③
动机理论	心理学上可以有效解释人类行为的理论，强调个人完成某些欲达成的目标或工作的过程，分为内部动机及外部动机。内部动机指的是一种发自内心、而不是为了得到外在奖励所产生的活动。外部动机则是用户为了取得某些价值的结果而执行的行为，如提高工作奖金④	Wirtz 等⑤
技术—组织—环境框架	研究组织采用创新信息技术、组织辨视是否采取的信息技术系统的评估架构之一。其主要研究架构包含三个方面:技术、组织和环境⑥	Saxena⑦,Wang 等⑧,Temiz 等⑨

① Hidayanto and Fitriani and Sandhyaduhita et al. , "Determinants of Intention to Use Open Data Website: An Insight from Indonesia", Pacific Asia Conference on Information Systems, 2017.

② Talukder and Shen and Talukder et al. , "Determinants of User Acceptance and Use of Open Government Data (OGD): An Empirical Investigation in Bangladesh", Technology in Society, Vol. 56, No. 2, 2019, pp. 147 – 156.

③ Alatta: "User Perception of the U. S. Open Government Data Success Factors", https://scholarworks. waldenu. edu/cgi/viewcontent. cgi? article = 9255&context = dissertations, 2022 年 8 月 20 日。

④ Davis and Bagozzi and Warshaw, "Extrinsic and Intrinsic Motivation to Use Computers in the Workplace", Journal of Applied Social Psychology, No. 14, 1992, pp. 1111 – 1132.

⑤ Wirtz and Weyerer and Roesch, "Citizen and Open Government: An Empirical Analysis of Antecedents of Open Government Data", International Journal of Public Administration, 2017, pp. 1 – 13.

⑥ DePietro and Wiarda and Fleischer, "The Context for Change: Organization, Technology and Environment. In Tornatzky & Fleischer, The Processes of Technological Innovation", Lexington, MA. : Lexington Books, pp. 151 – 175.

⑦ Saxena, "Open Government Data (OGD) Usage in India: A Conceptual Framework Using TOE & UTAUT Frameworks", Socrates, Vol. 4, No. 3, 2016, pp. 124 – 144.

⑧ Wang and Jin, "Adoption of Open Government Data Among Government Agencies", Government Information Quarterly, Vol. 33, No. 1, 2016, pp. 80 – 88.

⑨ Temiz and Serdar: "Open Data And Innovation Adoption: Lessons From Sweden", https://www. diva-portal. org/smash/get/diva2: 1282946/Fulltext02. pdf, 2022 年 8 月 20 日。

续表

理论基础	理论描述	相关研究
创新扩散理论	探讨用户采纳信息技术的因素：相对优势，可试验性，兼容性，易用性，结果明确度，可视化，印象，使用自愿性①	Weerakkody 等②
创新采纳	创新采纳五阶段流程包括知识，说服，决策/试用，执行及确认阶段，功能分化程度，专业程度，管理密度，管理者对改变的态度，技术知识资源，宽松资源以及内外部沟通几个因素；集权程度与组织创新呈负向关系	Grimmelikhuijsen 等③，Temiz 等④
更新 D&M 信息系统成功模型	DeLone 和 McLean(2003) 提出修正模式，使得解释与应用的层面更加广泛；此修正模式对信息质量，系统质量，服务质量会影响系统使用/使用意图及用户满意度，进而影响系统净效益，以此评估及解释信息系统的成功与否	Cartofeanu 等⑤
社会技术理论	整合了社会和技术系统因素的研究模型，假设一个组织或组织的工作系统可以描述为一个社会和技术系统，而且人与技术之间的交互作用是更大的社会和技术的一部分	Wang 等⑥

① Rogers，*The Diffusion of Innovations*，New York：Free Press，1983，p. 54.

② Weerakkody and Irani and Kapoor et al.，"Open Data and Its Usability：an Empirical view From the Citizen's Perspective"，*Information Systems Frontiers*，Vol. 19，No. 2，2016，pp. 285 – 300.

③ Grimmelikhuijsen and Feeney，"Developing and Testing an Integrative Framework for Open Government Adoption in Local Governments"，*Public Administration Review*，Vol. 77，No. 4，2017，pp. 579 – 590.

④ Temiz and Serdar："Open Data And Innovation Adoption：Lessons From Sweden"，https://www.diva-portal.org/smash/get/diva2：1282946/Fulltext02. pdf，2022 年 8 月 20 日。

⑤ Cartofeanu and D. Macrinici："Evaluating the Success of eGovernment OpenData Platform at Increasing Transparency in Moldova：from the Perspectives of Journalists and Developers"，https://www.academia.edu/34434311/Evaluating_the_Success_of_eGovernment_OpenData_Platform_at_Increasing_Transparency_in_Moldova_from_the_Perspectives_of_Journalists_and_Developers，2022 年 8 月 20 日。

⑥ Wang and Lo，"Factors Influencing the Adoption of Open Government Data at the Firm Level"，*IEEE Transactions on Engineering Management*，2019，pp. 1 – 13.

续表

理论基础	理论描述	相关研究
社会认知理论	主张环境因素（社会压力，整体社会环境）、个人因素（个人动机，态度）与行为因素三者会相互影响个人行为①	Wirtz 等②
信任	信任是人与人相处相同的一种信念，使人与人之间互相建立关系，让人们可以去了解，预测并尝试控制他们的社会环境，并能进一步预知其他人的行动与他们的行为将会如何地影响到其他人	Hidayanto 等③

① Bandura, *Social Foundations of Thought and Action*, Englewood Cliffs, NJ: Prentice-Hall, 1986, p. 65.

② Wirtz and Piehler and Thomas et al., "Resistance of Public Personnel to Open Government: A Cognitive Theory View of Implementation Barriers Towards Open Government Data", *Public Management Review*, 2016, pp. 1 – 30.

③ Hidayanto and Fitriani and Sandhyaduhita et al., "Determinants of Intention to Use Open Data Website: An Insight from Indonesia", Pacific Asia Conference on Information Systems, 2017.

技术接受模型 TAM 旨在探讨外部变量对于感知有用性、感知易用性对使用者态度与意愿及实际采纳行为的影响。TAM 中包含外部变量、感知有用性、感知易用性、使用态度、使用意图、实际使用六个变量，认为感知有用性和感知易用性两个关键因素会对使用者行为产生影响。TAM 建立在理性行为理论的基础之上，旨在为理解用户如何接受和使用信息系统而开发[1]。该模型的局限性之一是只考虑个人层面的接受，忽略了群体层面的决策[2]。扩展技术接受模型（TAM2）以 TAM 为基础，认为去除了态度这一变量，可以更加了解感知有用性、感知易用性与行为意图之间的关系，于是去除了态度变量，并加入了主观规范、形象、工作适合度、产出质量与结果展示性五个外部变量，且加入了经验与自愿性两个调节变量。信息系统成功模型（Information Systems Success Model，IS 成功模型）是研究信息系统成功与否的重要理论模型，最早由 Delone 和 Mclean[3] 在 1992 年提出，而且在 2003 年提出了更加完善的信息系统成功模型[4]。技术采纳与利用整合理论由 Venkatesh 等[5]提出，他们使用该理论解释了 70% 的差异——相对于八个分析模型及其扩展而言，这是一个巨大的改进[6]。创新扩散理论是用来解释 IT 采用的

① Davis："A technology acceptance model for empirically testing new end-user information systems：Theory and results"，https：//www. researchgate. net/profile/Fred _ Davis2/publication/35465050_ A_ Technology_ Acceptance_ Model_ for_ Empirically_ Testing_ New_ End – User_ Information_ Systems/links/0c960519fbaddf3ba7000000. pdf，2022 年 8 月 20 日。

② Hameed and Counsell and Swift，"A Conceptual Model for the Process of IT in Novation Adoption in Organizations"，*Journal of Engineering and Technology Management*，Vol. 29，No. 3，2012，pp. 358 – 390.

③ Delone and Mclean，"Information Systems Success：The Quest for the Dependent Variable"，*Journal of Management Information Systems*，Vol. 3，No. 4，1992，pp. 60 – 95.

④ Delone and Mclean，"The DeLone and McLean Model of Information Systems Success：A Ten-Year Update"，*Journal of Management Information Systems*，Vol. 9，No. 4，2003，pp. 9 – 30.

⑤ Venkatesh and Morris and Davis et al. ，"User Acceptance of Information Technology：Toward a Unified View"，*MIS Quarterly*，Vol. 27，No. 3，2003，pp. 425 – 478.

⑥ Zhou and Lu and Wang，"Integrating TTF and UTAUT to Explain Mobile Banking User Adoption"，*Computers in Human Behavior*，Vol. 26，No. 4，2010，pp. 760 – 767.

比较流行的理论①，它解释了创新在社会系统成员之间通过特定渠道传播的过程②。根据创新扩散理论，创新是一种思想、过程或技术，对特定领域或社会系统内的个人来说是新的或不熟悉的，而扩散是关于创新的信息随时间在社会系统内流动的过程③。该理论也指出，一个创新的特征影响创新的采纳和使用④。虽然技术—组织—环境框架（TOE）与创新扩散理论重叠，但该框架还包括一个新的重要组成部分：环境背景⑤⑥。环境背景为技术创新提供了约束和机会⑦。Hsu 等认为，技术—组织—环境框架提高了 Rogers 的创新扩散理论解释企业内部创新扩散的能力⑧。TOE 借鉴了创新采纳相关理论，将影响组织创新采纳的因素归纳为技术、组织、环境三类⑨。值得注意的是，技术—组织—环境框架可通过使用个体行为理论来得到丰富⑩。

---

① Venkatesh and Morris and Davis et al. ，"User Acceptance of Information Technology：Toward a Unified View"，*MIS Quarterly*，Vol. 27，No. 3，2003，pp. 425 – 478.

② Rogers and Everett，*Diffusion of Innovations*，Schlüsselwerke der Medienwirkungsforschung，Springer Fachmedien Wiesbaden，2016.

③ Rogers and Simon and Schuster，*Diffusion of Innovations*，*5th Edition*，New York：Free Press，2003.

④ Ilin and Iveti and Simi，"Understanding the Determinants of E-business Adoption in ERP-enabled Firms and Non-ERP-enabled Firms：A Case Study of the Western Balkan Peninsula"，*Technological Forecasting & Social Change*，No. 7，2017，pp. 206 – 223.

⑤ DePietro and Wiarda and Fleischer，"The Context for Change：Organization，Technology and Environment. In Tornatzky & Fleischer，The Processes of Technological Innovation"，*Lexington*，*MA.*：*Lexington Books*，pp. 151 – 175.

⑥ Oliveira and Martins，"Literature Review of Information Technology Adoption Models at Firm Level"，*The Electronic Journal of Information Systems Evaluation*，Vol. 14，No. 1，2011，pp. 110 – 121.

⑦ Hsu and Kraemer and Dunkle，"Determinants of E – Business Use in U. S. Firms"，*International Journal of Electronic Commerce*，Vol. 10，No. 4，2006，pp. 9 – 45.

⑧ Hsu and Kraemer and Dunkle，"Determinants of E – Business Use in U. S. Firms"，*International Journal of Electronic Commerce*，Vol. 10，No. 4，2006，pp. 9 – 45.

⑨ Hsu and Kraemer and Dunkle，"Determinants of E – Business Use in U. S. Firms"，*International Journal of Electronic Commerce*，Vol. 10，No. 4，2006，pp. 9 – 45.

⑩ Baker："Information Systems Theory"，https：//doi. org/10. 1007/978-1-4419-6108-2，2022 年 8 月 20 日。

理论应用形式分析（部分）

表1-3

理论应用形式	研究主题	研究对象	理论基础	调查样本数量(个)	因变量	自变量	数据分析结果	参考文献
单一理论	印度开放政府数据使用	印度首都城市和城市地区学生、教师和官员	技术采纳与利用整合理论	244	开放政府数据使用意向(BI)	绩效期望(PE)、努力期望(EE)、社会影响(SI)、条件(FC)、自愿使用(VU)	EE→BI(0.094)、SI→BI(0.025)、FC→BI(0.88)、VU→BI(-0.28)	Saxena 等①
理论整合	探索开放数据倡议中数据发布的动机	科学家、图书管理员、计算机科学家、决策者、公民科学家、学生和教师	借鉴已有文献	587	开放数据共享行动(ATTSD)	本地背景(LC)、法律政策(LP)、元数据类型(OS)、元数据发放款(TOM)、自我效能(SE)、共享意愿(ITTSD)。其中间接因素为LC,LP,OS,TOM,A,直接因素为SE,ITTSD	LC→SE(-0.074^*)、LP→SE(0.057^*)、LP→ITTSD(-0.225^*)、OS→SE(0.181^*)、OS→ATTSD(0.152^*)、OS→ITTSD(0.112^*)、TOM→ITTSD(0.188^*)、ITTSD→ATTSD(-0.294^*)、A→ITTSD(0.124^*)、A→ITTSD(0.051^{**})、SE→ITTSD(0.050^{**})拒绝:SE→ATTSD	Sayogo 等②

① Saxena and Janssen, "Examining Open Government Data (OGD) Usage in India Through UTAUT Framework", *Foresight the Journal for Future Studies Strategic Thinking & Policy*, Vol. 19, No. 2, 2017, pp. 421 - 436.

② Sayogo and Pardo, "Exploring the Motive for Data Publication in Open Data Initiative: Linking Intention to Action", Proceeding of 45th Hawaii International Conference on System Sciences, Hawaii: IEEE, 2012, pp. 2623 - 2632.

续表

理论应用形式	研究主题	研究对象	理论基础	调查样本数量（个）	因变量	自变量	数据分析结果	参考文献
理论组合	政府机构开放数据发布意愿和行为（BEH）的影响因素	中国台湾的政府机构	技术接受模型;制度理论	284	开放数据发布意愿和行为（BEH）	便利条件（FC），组织能力（OCA），感知有用性（PU），外部影响（EI），组织文化（OC），感知努力（PE），感知利益（PB），使用意向（INT），其中间接因素为FC、OCA、PU、EI、OC、PE、PB、直接因素为INT	FC→INT（0.226***），EI→INT（0.111**），PU→INT（0.120**），OC→INT（0.103*），PR→INT（-0.103**），OCA→INT（0.255***），INT→BEH（0.736***），拒绝：PE→INT，PB→INT	Yang等①
单一理论	影响用户对公共部门大开放数据采纳行为的意愿的因素	英国公民	扩展的技术接受模型	350	公共部门大开放数据采纳意愿（BI）	感知有用性（PU），社会影响（SA），感知易用性（PEOU），其中直接因素为PU、SA，两栖因素为PEOU	PU→BI（0.68），PEOU→BI（0.18），SA→BI（0.29），PEOU→PU（0.36）	Weerakkody等②

① Yang and Wu, "Examining the Socio-technical Determinants Influencing Government Agencies' Open Data Publication: A Study in Taiwan", *Government Information Quarterly*, Vol. 33, No. 3, 2016, pp. 378-392.

② Weerakkody and Kapoor and Balta et al., "Factors Influencing User Acceptance of Public Sector Big Open Data", *Production Planning & Control*, Vol. 38, No. 11-12, 2017, pp. 891-905.

续表

理论应用形式	研究主题	研究对象	理论基础	调查样本数量（个）	因变量	自变量	数据分析结果	参考文献
理论整合	印度使用开放数据网站的决定因素	Twitter、Facebook 和 Line 等各种社交媒体上任何开放数据相关账户的关注者或订阅者	计划行为理论、技术接受模型、信息系统成功模型、信任	513	开放数据网站使用意向（ITU）	信任开放数据网站（TR）、感知行为控制（PBC）、主观规范（SN）、态度（ATT）、信任政府（TG）、信任技术（TT）、系统质量（SQ）、信息质量（IQ）、感知有用性（PU）、感知易用性（PEOU）、服务质量（SvQ）。其中，直接因素为TR、PBC、SN、ATT，间接因素为TG、TT、SQ、IQ、PU、PEOU	IQ→PU(0.587)，SQ→PEOU(0.506)，IQ→PEOU(0.177)，PU→ATT(0.352)，PEOU→ATT(0.262)，TG→TR(0.256)，TT→TR(0.198)，SN→ITU(0.188)，PBC→ITU(0.153)，ATT→ITU(0.2)，IQ→TR(0.512)，TR→ITU(0.616)。拒绝:SQ→PU，SvQ→PU，SvQ→PEOU	Hidayanto 等[1]

---

[1] Hidayanto and Fitriani and Sandhyaduhita et al., "Determinants of Intention to Use Open Data Website: An Insight from Indonesia", Pacific Asia Conference on Information Systems, 2017.

续表

理论应用形式	研究主题	研究对象	理论基础	调查样本数量(个)	因变量	自变量	数据分析结果	参考文献
理论组合	影响使用开放政府意愿因素的国际调查	德国、瑞士、澳大利亚、美国、英国18岁以上且使用互联网的私人家庭	技术接受模型;技术采纳与利用整合理论	6000	开放政府使用意向(ITU)	开放政府感知优势(PA),感知易用性(EOU),主题密切(CT),政治活动或感兴趣(PAI),互联网信任(TOI),开放政府感知风险(PR)	PA→ITU(0.386***),TOI→PR(-0.112**),EOU→ITU(0.162***),CT→ITU(0.180**),PAI→ITU(0.128**);拒绝:TOI→ITU,PR→ITU	Jurisch 等[①]
理论扩展	政府机构采纳开放政府数据	中国台湾政府机构中负责开放政府数据事务的管理者	技术—组织—环境框架;感知利益;感知障碍;组织准备;外部压力	342	开放政府数据采纳(AOGD)	技术层面:感知利益(PB),感知障碍(PBR);组织层面:组织准备(OR);环境层面:外部压力(EP)。其中直接影响因素为PB,OR,EP	PB→AOGD(0.36***),OR→AOGD(0.23**),EP→AOGD(0.28***);拒绝:PBR→AOGD	Wang 等[②]

① Jurisch and Kautz and Wolf et al., "An International Survey of the Factors Influencing the Intention to Use Open Government", Hawaii International Conference on System Sciences, Hawaii: IEEE, 2015, pp. 2188-2198.
② Wang and Jin, "Adoption of Open Government Data Among Government Agencies", Government Information Quarterly, Vol. 33, No. 1, 2016, pp. 80-88.

续表

理论应用形式	研究主题	研究对象	理论基础	调查样本数量(个)	因变量	自变量	数据分析结果	参考文献
单一理论	开放数据技术的接受和使用	各国社会科学领域的研究人员,公民和公务员	改进的技术采纳与利用整合理论	111	开放数据技术接受和使用行为意向(BI)	绩效期望(PE)、努力期望(EE)、社会影响(SI)、自愿使用(VU)、便利条件(FC),其中显著正向影响为PE、EE、SI、VU,显著负向影响因素为VU	PE→BI(0.450**),EE→BI(0.161*),SI→BI(0.284**),VU→BI(−0.163*)拒绝:FC→BI	Zuiderwijk等①
单一理论	机关人员在推动数据开放工作时的认知障碍因素与工作的关系	公共部门	社会认知理论	265	开放政府数据抵抗(OGDR)	外部障碍:感知法律障碍(PLB);个体或组织障碍:感知官僚决策文化(PBDC)、感知组织透明(POT),感知层次障碍:公务员风险感知态度(PRRA)。其中正向为PLB,PBDC,PHB,PRRA,负向因素为POT	PLB→OGDR(0.192***),PBDC→OGDR(0.173***),POT→OGDR(−0.270***),PHB→OGDR(0.196***),PRRA→OGDR(0.323***)	Wirtz等②

① Zuiderwijk and Janssen and Dwivedi," Acceptance and Use Predictors of Open Data Technologies: Drawing Upon the Unified Theory of Acceptance and Use of Technology", *Government Information Quarterly*, Vol. 32, No. 4, 2015, pp. 429 – 440.

② Wirtz and Piehler and Thomas et al.," Resistance of Public Personnel to Open Government: A Cognitive Theory View of Implementation Barriers Towards Open Government Data", *Public Management Review*, 2016, pp. 1 – 30.

续表

理论应用形式	研究主题	研究对象	理论基础	调查样本数量(个)	因变量	自变量	数据分析结果	参考文献
理论整合	用户接受和使用开放政府数据的决定因素	公立和私立大学教师,公私组织专业人员,应用程序开发人员,记者	技术采纳与利用整合理论;信息系统成功模型	285	开放政府数据使用意愿(BI)	绩效期望(PE)、努力期望(EE)、社会影响(SI)、系统质量(SYQ)、信息质量(IQ)、便利条件(FC),其中直接因素为 PE、EE、SI、SYQ、IQ,间接因素为 SYQ、IQ,两栖因素为 SYQ、IQ	PE→BI(0.263),EE→BI(0.167),SI→BI(0.120),SYQ→PE(0.267),SYQ→EE(0.198),SYQ→BI(0.141),IQ→PE(0.429),IQ→EE(0.447),IQ→BI(0.173) 拒绝:FC→BI	Talukder 等①
理论整合	开放政府数据使用意愿	德国公民	技术接受模型;动机理论	210	开放政府数据使用意愿(IOU)	易用性(EOU)、有用性(U)、内在动机(IM)、网络媒介素养(IC)、外在动机(EM),其中直接影响因素为 EOU,U,IM,IC,两栖影响因素为 EOU	EOU→U(0.525**),EOU→IOU(0.153**),U→IOU(0.437***),IM→IOU(0.445***),IC→IOU(0.113*),其中显著正向影响因素为 EOU,U,IM,IC 拒绝:EM→IOU	Wirtz 等②

① Talukder and Shen and Talukder et al., "Determinants of User Acceptance and Use of Open Government Data (OGD): An Empirical Investigation in Bangladesh", *Technology in Society*, Vol. 56, No. 2, 2019, pp. 147-156.

② Wirtz and Weyerer and Roesch, "Citizen and Open Government: An Empirical Analysis of Antecedents of Open Government Data", *International Journal of Public Administration*, 2017, pp. 1-13.

续表

理论应用形式	研究主题	研究对象	理论基础	调查样本数量(个)	因变量	自变量	数据分析结果	参考文献
理论扩展	开放政府数据口碑意愿	德国公民	扩展技术接受模型;开放政府三项原则	210	开放政府数据口碑意愿(WI)	易用性(EOU)、有用性(U)、参与期望(PE)、协作期望(CE)、透明期望(TE)、开放政府数据使用意愿(IOU),其中直接影响因素为WI,间接影响因素为EOU,U,PE,CE,TE	EOU→IOU(0.163**)、U→IOU(0.280***)、TE→IOU(0.206**)、PE→IOU(0.207**)、CE→IOU(0.141*)、IOU→WI(0.846***),其中显著正向影响因素为EOU,U,PE,CE,TE,IOU	Wirtz等[1]
单一理论	用户对公共部门开放数据可用性的看法	英国公民	创新扩散理论	516	开放数据使用意愿(BI)	功能价值:相对优势(RA)、复杂性(CL);开放数据可用性:兼容性(CA);刻板感知:可观察性(O);安全问题:风险(R)。其中直接因素为RA,CA,O	RA→BI(0.382)、CA→BI(0.294)、O→BI(0.186),其中显著正向影响因素为RA,CA,O;拒绝:CL→BI,R→BI	Weerakkody等[2]

① Wirtz and Weyerer and Roesch, "Open Government and Citizen Participation: an Empirical Analysis of Citizen Expectancy Towards Open Government Data", *International Review of Administrative Sciences*, Vol. 85, No. 3, 2019, pp. 566 – 586.
② Weerakkody and Irani and Kapoor et al., "Open Data and Its Usability: an Empirical view From the Citizen's Perspective", *Information Systems Frontiers*, Vol. 19, No. 2, 2016, pp. 285 – 300.

续表

理论应用形式	研究主题	研究对象	理论基础	调查样本数量(个)	因变量	自变量	数据分析结果	参考文献
理论整合	建立和探索地方开放政府采纳的一体化框架	城市管理人员	创新采纳理论;开放政府维度(可获取性、透明度、参与)	790	在线开放政府采纳(AOOPG)	组织能力(OC)、技术能力(TC)、集中化(C)、程序化(R)、创新性(I)、参与(P)、竞争(C)、强制压力(CP)、外部压力(EP)、内部规范(PE)、政治会制(MC)；控制变量:市长办公室(MO)、社区发展(CD)、财政(F)、公园和娱乐(PR)	OC→AOOPG(0.207***)，TC→AOOPG(0.378***)，R→AOOPG(−0.081*)，I→AOOPG(0.073*)，EP→AOOPG(0.093*)，MC→AOOPG(−0.108**)，其中显著正向影响因素为OC,TC,I,EP,显著负向影响因素为R,MC 拒绝:C→AOOPG,P→AOOPG,C→AOOPG,CP→AOOPG,IN→AOOPG	Grimmelikhuijsen 等[1]
单一理论	用户感知美国政府开放数据成功因素	所有使用美国联邦部门开放数据的公民	信息系统成功模型	119	开放政府数据使用(U)	信息质量(IQ)、服务质量(SVQ)、系统质量(SYQ)	IQ→U(0.997)，SVQ→U(0.996)，SYQ→U(0.993)	Alatta[2]

[1] Grimmelikhuijsen and Feeney, "Developing and Testing an Integrative Framework for Open Government Adoption in Local Governments", Public Administration Review, Vol. 77, No. 4, 2017, pp. 579−590.

[2] Alatta: "User Perception of the U. S. Open Government Data Success Factors", https://scholarworks.waldenu.edu/cgi/viewcontent.cgi?article=9255&context=dissertations,2022年8月20日。

续表

理论应用形式	研究主题	研究对象	理论基础	调查样本数量（个）	因变量	自变量	数据分析结果	参考文献
单一理论	评价电子政务开放数据平台在提高摩尔多瓦透明度方面的成功：从记者和开发者的角度	摩尔多瓦新闻工作者和软件开发人员	更新 D&M 信息系统成功模型	60（开发人员 30，记者 30）	感知净效益（PNB）	信息质量（IQ）、开放数据平台用户满意度（US）、服务质量（SVQ）、系统质量（SYQ）、开放数据平台使用（U）。其中，直接影响因素为 IQ, US, 间接因素为 SVQ, SYQ，两栖因素为 U	分别针对记者和开发人员来进行调查：针对记者所进行调查：IQ→U（0.418），IQ→US（0.563），U→US（0.351），US→PNB（0.67）；拒绝：SVQ→U，SVQ→US，SYQ→U，SYQ→US，U→PNB；针对开发人员所进行调查：U→US（0.366），SVQ→U（-0.562），SVQ→US（0.353），U→PNB（0.746）；拒绝：IQ→U，IQ→US，SVQ→US，SVQ→US →PNB	Cartofeanu 等①

① Cartofeanu and D. Macrinici : "Evaluating the Success of eGovernment OpenData Platform at Increasing Transparency in Moldova:from the Perspectives of Journalists and Developers", https://www. academia. edu/3443311/Evaluating_the_Success_of_eGovernment_OpenData_Platform_at_Increasing_Transparency_in_Moldova_from_the_Perspectives_of_Journalists_and_Developers,2022 年 8 月 20 日。

续表

理论应用形式	研究主题	研究对象	理论基础	调查样本数量(个)	因变量	自变量	数据分析结果	参考文献
单一理论	影响企业采用开放政府数据的因素	中国台湾各种企业中负责开放数据采用的人员	社会技术理论	71	开放政府数据采纳(AOOGD)	感知利益(PB),感知障碍(PBA),高层管理支持(TMS),竞争压力支持(GS)。竞争压力(CP)。高层管理人员的支持、竞争压力和企业采用OGD之间存在显著的正相关关系	TMS→AOOGD(0.46**),CP→AOOGD(0.36**),拒绝:PB→AOOGD,PBA→AOOGD GS→AOOGD	Wang等①
理论整合	开放数据和创新采用:瑞典的教训	瑞典公民	技术—组织—环境框架;创新采纳	289 在线调查	开放数据采纳(ODA)	技术维度:感知努力(PE),感知有用性(PB),感知风险(PU),感知风险(PR);组织维度:组织准备(O);环境维度:外部压力(EP)	O→ODA(0.380),PE→ODA(0.217),PB→ODA(0.279),拒绝:PU→ODA,PR→ODA,EP→ODA	Temiz等②

① Wang and Lo, "Factors Influencing the Adoption of Open Government Data at the Firm Level", *IEEE Transactions on Engineering Management*, 2019, pp. 1 – 13.

② Temiz and Serdar: "Open Data And Innovation Adoption: Lessons From Sweden", https://www.diva-portal.org/smash/get/diva2:1282946/FULL-TEXT02.pdf,2022 年 8 月 20 日。

2. 理论应用形式。从表 1-3 中可以看出，一些论文使用了单一理论。例如，Zuiderwijk 等使用技术采纳与利用整合理论分析影响研究者、公民和公务员等个人用户接受和使用开放数据技术的因素，发现：绩效期望、社会影响对使用意愿具有一定的正向作用，努力期望、自愿使用对使用意愿具有显著的负向作用，便利条件对使用意愿没有显著的影响[①]。Saxena 和 Janssen 使用技术采纳与利用整合理论，发现：努力期望、社会影响、自愿使用、便利条件对开放政府数据使用行为意向有显著影响，绩效期望对使用意愿没有显著的影响[②]。

在国内，高天鹏和莫太林构建了政府数据开放平台用户初始采纳模型，研究发现：感知信任、绩效期望、便利条件对用户初始采纳意愿及行为具有显著影响，努力期望、社会影响、网络外部性对用户初始采纳意愿及行为不存在显著影响[③]。谭军发现：组织因素对政府机构参与开放数据的影响最显著，其后是环境因素，尤其是法律和政策作用，技术因素被认为是相对容易的因素[④]。梁乙凯和戚桂杰基于 ISSM、社会影响理论，建立政府开放数据使用的影响因素模型，并利用回归模型与模糊集定性比较分析法进行分析，结果显示：政府数据的及时性、评论等级对数据使用具有显著正向影响，摘要长度对数据使用具有显著的倒"U"型关系；定性比较分析结果发现两种导致数据使用影响因素的组态[⑤]。齐艳芬等开展城市政府开放数据行为的影响变量与命题，结果表明：企业和媒体等组织需求对开放数据行为具有显著影响；政府内部管

① Zuiderwijk and Janssen and Dwivedi, "Acceptance and Use Predictors of Open Data Technologies: Drawing Upon the Unified Theory of Acceptance and Use of Technology", *Government Information Quarterly*, Vol. 32, No. 4, 2015, pp. 429-440.

② Saxena and Janssen, "Examining Open Government Data (OGD) Usage in India Through UTAUT Framework", *Foresight the Journal for Future Studies Strategic Thinking & Policy*, Vol. 19, No. 2, 2017, pp. 421-436.

③ 高天鹏、莫太林：《政府数据开放平台用户初始采纳模型及实证研究》，《电子政务》2018 年第 11 期。

④ 谭军：《基于 TOE 理论架构的开放政府数据阻碍因素分析》，《情报杂志》2016 年第 8 期。

⑤ 梁乙凯、戚桂杰：《基于模糊集定性比较分析的政府开放数据使用影响因素研究》，《情报杂志》2019 年第 3 期。

理体制监管要求、自身技术能力等对开放数据行为产生有力影响①。朱红灿等基于 S-O-R 框架，探讨了政府数据开放平台用户获取政府开放数据的持续使用意愿问题，得出结论：政府数据开放平台环境刺激和心流条件因素通过用户心流体验正向影响用户持续使用意愿②。包秦雯等基于计划行为理论来探究地球科学领域科研人员开放科研数据行为的影响因素，发现：态度直接显著影响行为；行为信念、感知行为控制显著影响科研人员的态度，而且通过态度间接影响行为；主观规范对态度影响不明显，但对行为存在显著影响③。段尧清等以情境理论和专家调查法为基础，提炼出影响政府开放数据公众初始接受行为的因素，并利用解释结构模型辅助构建影响因素的关系结构模型；结果显示：该模型包含5个层级，可划分为3个层次④。

与此同时，一些论文使用了理论扩展式。例如，Wang 等发现：感知利益、组织准备、外部压力对开放政府数据采纳行为具有显著性影响，感知障碍不具有显著性影响⑤。此外，一些论文使用理论组合式。例如，Jurisch 等结合技术采纳与利用整合理论、技术接受模型发现，感知优势、感知易用性、主题亲密、政治活动直接影响开放政府的使用意愿，而互联网信任和感知风险对使用意愿的影响未得到证实⑥；Saxena 结合技术—组织—环境框架、技术采纳与利用整合理论，以印度首都城市和城市地区学生、教师和官员为研究对象，调查样本数量为 244，其研究发现，技

---

① 齐艳芬、孙钰、张家安：《城市政府开放数据行为影响因素实证研究》，《城市发展研究》2018 年第 5 期。

② 朱红灿、胡新、王新波：《基于 S-O-R 框架的政府数据开放平台用户持续使用意愿研究》，《现代情报》2018 年第 5 期。

③ 包秦雯、顾立平、张潇月：《开放科研数据的行为影响因素研究——以地球科学领域为例》，《情报理论与实践》2019 年第 5 期。

④ 段尧清、周密、尚婷：《政府开放数据公众初始接受行为影响因素结构关系研究》，《图书情报工作》2020 年第 2 期。

⑤ Wang and Jin, "Adoption of Open Government Data Among Government Agencies", *Government Information Quarterly*, Vol. 33, No. 1, 2016, pp. 80 – 88.

⑥ Jurisch and Kautz and Wolf et al., "An International Survey of the Factors Influencing the Intention to Use Open Government", Hawaii International Conference on System Sciences, Hawaii：IEEE, 2015, pp. 2188 – 2198.

术环境（感知利益、感知障碍）、社会环境（社会影响）、个体环境（自愿使用、便利条件）对开放政府数据的使用意愿产生影响[①]；Zuiderwijk 结合技术采纳与利用整合理论、期望确认理论发现，在开放数据基础设施使用前的阶段，感知有用性、努力期望、社会影响、信任可以预测使用意愿，而且会对开放数据基础设施的接受和使用产生影响[②]。

还有论文使用了理论整合式。例如，Hidayanto 等使用计划行为理论作为基本框架，整合技术接受模型、信息系统成功模型以及信任理论的相关因素，其研究表明：态度、主观规范、感知行为控制、信任会直接影响开放数据网站使用意愿，系统质量影响感知有用性，系统质量对感知有用性、感知易用性、信任有显著影响，感知有用性和感知易用性都会影响用户态度[③]。

3. 理论模型。有一些论文只是构建了模型，提出了一些影响因素，并未进行实证检验。例如，Nurakmal 等探讨公共部门采用开放政府数据的重要问题和挑战，并找出可能有助于后采纳阶段的因素。这个研究借鉴技术—组织—环境框架和统一的采纳后活动框架，找出公共部门在开放政府数据实施中存在的差距，设计并提出解决方案。一方面，该研究发现，直接因素包括吸收（指跨组织流程的创新扩散的程度，包括使用量、使用种类、使用幅度、使用深度）、常规化（组织为适应创新而对治理体系进行调整的程度，包括装备流通量、组织状态、供应和维护、人员规范、正式指导、培训计划、关键人员晋升、关键人员流失）、接受（指组织成员接受创新的程度，包括扩大使用、综合利用、出现使用）。另一方面，间接因素包括技术（涉及对组织有重要意义的所有技术，包括基础设施能力、技术性机能、培训、数据质量）、组织（指企业的属性

---

① Saxena, "Open Government Data (OGD) Usage in India: A Conceptual Framework Using TOE & UTAUT Frameworks", *Socrates*, Vol. 4, No. 3, 2016, pp. 124 – 144.

② Zuiderwijk, "The Acceptance and Use of Open Data infrastructures – Drawing uponUTAUT and ECT", *Joint Proceedings of Ongoing Research*, *PhD Papers*, *Posters and Workshops of IFIP EGOV and ePart* 2016, Portugal: Guimarães, 2016, pp. 91 – 98.

③ Hidayanto and Fitriani and Sandhyaduhita et al., "Determinants of Intention to Use Open Data Website: An Insight from Indonesia", *Pacific Asia Conference on Information Systems*, 2017.

和资产，包括代表与企业规模之间的连接结构，包括管理任务、文化变革、感知利益、感知风险、立法）、环境（指整合了业务、技术提供商和管理环境的结构，包括顶层管理压力、公共需求、想象）①。

Hossain 等研究政治领导力、机构压力、数字技术、感知互操作、组织准备度、管理任务对政府组织采纳开放数据的意愿的影响，但并没有进行实证分析②。Zainal 等旨在通过整合 UTAUT 模型和信任因素，从需求方（用户）的角度，构建一个模型来确定影响开放政府数据使用行为意愿的因素。该模型是在相关文献的基础上提出的，需要进一步的实证研究来验证该模型。这个研究尝试以开放政府数据为因变量，测量开放政府数据使用行为意愿水平，它所研究的影响因素或自变量是接受因素，包括绩效期望、努力期望、社会影响和便利条件；信任因素包括对政府的信任和对互联网的信任；对开放数据网站的信任充当中介变量，但没有实证③。

Altayar 旨在探讨沙特阿拉伯政府机构采用开放政府数据的动机因素，以制度理论中的要素来解释，因素包括感知利益（包含透明度提升、方便获取政府数据、支持创新、改善政府服务、运营效益、鼓励参与）和动机（包含政治改革、机构压力、开放政府数据广泛采纳、用户期望）。这表明开放政府数据的采用受到现有制度安排的影响，以及该国正在发生的制度变革，如沙特 2030 年愿景、2016 年信息自由法案的批准，以及反腐运动对从保密文化向开放文化的转变做出了积极贡献，而且该倡议还受到内外部体制压力的影响④。

---

① Nurakmal and Hanum and Hamid, "Post-adoption of Open Government Data Initiatives in Public Sectors", PACIS 2017 Proceedings, p. 274.

② Hossain and Mohammad Alamgir and Chan and Caroline: "Open data adoption in Australian government agencies: an exploratory study", https://aisel.aisnet.org/acis2015/60, 2022 年 8 月 20 日。

③ Zainal and Hussin and Nazri, "A Trust-Based Conceptual Framework on Open Government Data Potential Use", International Conference on Information & Communication Technology for the Muslim World, IEEE Computer Society, 2018, pp. 156 – 161.

④ Altayar, "Motivations for Open Data Adoption: An Institutional Theory Perspective", *Government Information Quarterly*, Vol. 35, No. 4, 2018, pp. 633 – 643.

Alhujaylan 等探讨沙特阿拉伯组织采用开放政府数据的决策可能受到的影响因素，开发了一个综合模型，试图理解为什么一些组织愿意采用开放政府数据，而另一些组织不愿意。该模型结合技术—组织—环境框架和信息系统成功模型进行设计。这些理论通过添加政治领导、文化和开放数据中介这三个部分来扩展模型，以符合开放政府数据采用的背景。具体而言，自变量包括：（1）供应方，包括系统质量（包含易用性、可获取性、回应时间）、信息质量（包含许可政策、可视化）、支持服务（包含意识、反馈渠道、训练、社会媒介）；（2）政治领导力；（3）文化；（4）开放数据中介；（5）需求方，包括技术维度（包含感知利益、感知风险、技术准备）、组织维度（包含高层管理、组织规模、竞争压力），因变量是开放政府数据采纳意愿①。

（二）影响因素框架

根据表 1 - 3，本部分共识别了 32 个因素。Tornatzky 和 Flesicher②使用技术—组织—环境框架对组织视角下技术采纳因素进行了分类，分为技术因素、组织因素和环境因素三大类。近年来，有关技术采纳的研究中，通过增加一些新的类别，形成了新的技术应用框架。Haneem等③和 Elmansori 等④在框架中加入了个体因素，即个体在组织中的特征。Hasani 等⑤在对 SCRM 采用的研究中，提出了管理方面的观点，将与组织中管理者或上级态度相关的因素进行了分类。因此，本部分将采

① Alhujaylan and Car and Ryan, "An Investigation of Factors Influencing Private Technology Organizations'Intention to Adopt Open Government Data in Saudi Arabia", 2020 10th Annual Computing and Communication Workshop and Conference (CCWC), Las Vegas, NV, USA, 2020, pp. 654 – 661.

② Tornatzky and Fleischer, *The Processes of Technological Innovation*, Lexington: Lexington Books, 1990.

③ Haneem and Kama, "Recent Progress of Factors Influencing Information Technology Adoption in Local Government Context", *Journal of Theoretical and Applied Information Technology*, Vol. 96, No. 16, 2018, pp. 5510 – 5521.

④ Elmansori and Atan and Ali, "Factors Affecting E-Government Adoption by Citizens in Libya: A Conceptual Framework", *Information and Communication Technology*, Vol. 6, No. 4, 2017, pp. 1 – 14.

⑤ Hasani and Bojei and Dehghantanha, "Investigating the Antecedents to the Adoption of SCRM Technologies by Start-up Companies", *Telematics and Informatics*, Vol. 34, No. 5, 2017, pp. 655 – 675.

纳因素分为技术因素、环境因素、质量因素、个人因素和组织因素、管理因素六个方面（见图 1 - 1）。

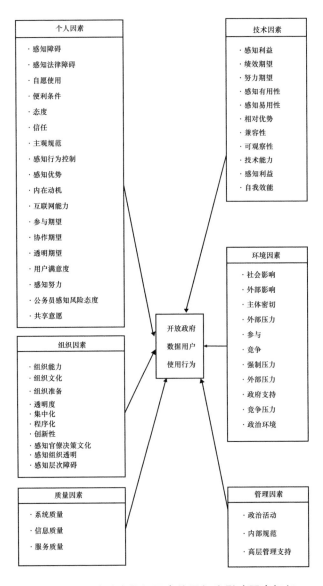

图 1 - 1 开放政府数据用户使用行为影响因素框架

（1）技术因素。表1-4呈现了技术因素相关的要素，可以看出，现有研究主要关注感知有用性、感知易用性、感知利益这些技术因素对开放政府数据用户行为的影响，其次是绩效期望、努力期望。随着越来越多的国家借助 Socrata、OpenDataSoft、CKAN 等开源码内容管理系统构建政府开放数据平台，如感知利益、相对优势、兼容性、可观察性、技术能力、自我效能也开始得到关注。

（2）环境因素。表1-5呈现了环境因素相关的要素，可以看出，现有研究主要关注社会影响这一环境因素对开放政府数据用户行为的影响，其次是外部压力。在开放政府数据发展进程中，政治、经济、社会、法律等环境有较大影响，因而外部影响、主题密切、参与、竞争、强制压力、政府支持、竞争压力、政治环境也开始得到关注。

（3）质量因素。开放政府数据仍然具有一般信息系统的共同特征。在开放数据的环境中，公众是系统的主要用户。表1-6呈现了质量因素相关的要素，可以看出，信息质量、系统质量和服务质量成为获取数据资源的促成与建立公众信心的重点。

（4）个人因素。表1-7呈现了个人因素相关的要素，可以看出，现有研究主要关注便利条件这一个人因素对开放政府数据用户行为的影响，其次是感知障碍、感知法律障碍、自愿使用、态度。随着开放政府数据的用户需求越来越多样化，政府开放数据平台日益关注用户参与、风险控制，提升开放政府数据能力和提高用户满意度，因而信任、主观规范、感知行为控制、感知优势、内在动机、互联网能力、参与期望、协作期望、透明期望、用户满意度、感知努力、公务员感知风险态度、共享意愿也开始得到关注。

（5）组织因素。表1-8呈现了组织因素相关的要素，可以看出，现有研究主要关注组织准备、组织能力这些组织因素对开放政府数据用户行为的影响。开放政府数据涉及政府、企业、科研机构、社区、非政府组织等，只有当组织的结构、运作体系、所提供的服务及改革被公民理解，才能为开放政府数据提供组织保障。因此，组织文化、集中化、程序化、创新性、感知官僚决策文化障碍、感知组织透明、感知层次障碍也开始得到关注。

表1-4 技术因素相关的要素

影响因素	定义	相关研究
感知有用性	感知开放政府数据对它们有益	Yang 等①，Weerakkody 等②，Hidayanto 等③，Zuiderwijk④，Wirtz 等⑤，Wirtz 等⑥
感知易用性	用户容易浏览开放政府数据平台，支持所需的互动程序等	Weerakkody 等⑦，Hidayanto 等⑧，Jurisch 等⑨，Wirtz 等⑩，Wirtz 等⑪

① Yang and Wu, "Examining the Socio-technical Determinants Influencing Government Agencies' Open Data Publication: A Study in Taiwan", *Government Information Quarterly*, Vol. 33, No. 3, 2016, pp. 378 – 392.

② Weerakkody and Kapoor and Balta et al., "Factors Influencing User Acceptance of Public Sector Big Open Data", *Production Planning & Control*, Vol. 38, No. 11 – 12, 2017, pp. 891 – 905.

③ Hidayanto and Fitriani and Sandhyaduhita et al., "Determinants of Intention to Use Open Data Website: An Insight from Indonesia", *Pacific Asia Conference on Information Systems*, 2017.

④ Zuiderwijk, "The Acceptance and Use of Open Data infrastructures – Drawing upon UTAUT and ECT", *Joint Proceedings of Ongoing Research, PhD Papers, Posters and Workshops of IFIP EGOV and ePart 2016*, Portugal: Guimarães, 2016, pp. 91 – 98.

⑤ Wirtz and Weyerer and Roesch, "Citizen and Open Government: An Empirical Analysis of Antecedents of Open Government Data", *International Journal of Public Administration*, 2017, pp. 1 – 13.

⑥ Wirtz and Weyerer and Roesch, "Open Government and Citizen Participation: an Empirical Analysis of Citizen Expectancy Towards Open Government Data", *International Review of Administrative Sciences*, Vol. 85, No. 3, 2019, pp. 566 – 586.

⑦ Weerakkody and Kapoor and Balta et al., "Factors Influencing User Acceptance of Public Sector Big Open Data", *Production Planning & Control*, Vol. 38, No. 11 – 12, 2017, pp. 891 – 905.

⑧ Hidayanto and Fitriani and Sandhyaduhita et al., "Determinants of Intention to Use Open Data Website: An Insight from Indonesia", *Pacific Asia Conference on Information Systems*, 2017.

⑨ Jurisch and Kautz and Wolf et al., "An International Survey of the Factors Influencing the Intention to Use Open Government", *Hawaii International Conference on System Sciences*, Hawaii: IEEE, 2015, pp. 2188 – 2198.

⑩ Wirtz and Weyerer and Roesch, "Citizen and Open Government: An Empirical Analysis of Antecedents of Open Government Data", *International Journal of Public Administration*, 2017, pp. 1 – 13.

⑪ Wirtz and Weyerer and Roesch, "Open Government and Citizen Participation: an Empirical Analysis of Citizen Expectancy Towards Open Government Data", *International Review of Administrative Sciences*, Vol. 85, No. 3, 2019, pp. 566 – 586.

续表

影响因素	定义	相关研究
感知利益	感知开放政府数据可能带来的好处	Wang 等①,Altayar②,Wang 等③,Temiz 等④
绩效期望	开放数据技术(如开放数据平台、软件、工具和接口)的可用性提高了个人或组织的期望	Saxena 等⑤,Zuiderwijk 等⑥,Talukder 等⑦
努力期望	开放数据系统易于使用或难于使用的程度的期望	Saxena 等⑧,Zuiderwijk 等⑨,Talukder 等⑩

① Wang and Jin,"Adoption of Open Government Data Among Government Agencies",*Government Information Quarterly*,Vol. 33,No. 1,2016,pp. 80 – 88.

② Altayar,"Motivations for Open Data Adoption: An Institutional Theory Perspective",*Government Information Quarterly*,Vol. 35,No. 4,2018,pp. 633 – 643.

③ Wang and Lo,"Factors Influencing the Adoption of Open Government Data at the Firm Level",*IEEE Transactions on Engineering Management*,2019,pp. 1 – 13.

④ Temiz and Serdar:"Open Data And Innovation Adoption: Lessons From Sweden",https://www.diva-portal.org/smash/get/diva2:1282946/FULL-TEXT02.pdf,2022 年 8 月 20 日。

⑤ Saxena and Jansen,"Examining Open Government Data (OGD) Usage in India Through UTAUT Framework",*Foresight the Journal for Future Studies Strategic Thinking & Policy*,Vol. 19,No. 2,2017,pp. 421 – 436.

⑥ Zuiderwijk and Janssen and Dwivedi,"Acceptance and Use Predictors of Open Data Technologies: Drawing Upon the Unified Theory of Acceptance and Use of Technology",*Government Information Quarterly*,Vol. 32,No. 4,2015,pp. 429 – 440.

⑦ Talukder and Shen and Talukder et al.,"Determinants of User Acceptance and Use of Open Government Data (OGD): An Empirical Investigation in Bangladesh",*Technology in Society*,Vol. 56,No. 2,2019,pp. 147 – 156.

⑧ Saxena and Jansen,"Examining Open Government Data (OGD) Usage in India Through UTAUT Framework",*Foresight the Journal for Future Studies Strategic Thinking & Policy*,Vol. 19,No. 2,2017,pp. 421 – 436.

⑨ Zuiderwijk and Janssen and Dwivedi,"Acceptance and Use Predictors of Open Data Technologies: Drawing Upon the Unified Theory of Acceptance and Use of Technology",*Government Information Quarterly*,Vol. 32,No. 4,2015,pp. 429 – 440.

⑩ Talukder and Shen and Talukder et al.,"Determinants of User Acceptance and Use of Open Government Data (OGD): An Empirical Investigation in Bangladesh",*Technology in Society*,Vol. 56,No. 2,2019,pp. 147 – 156.

续表

影响因素	定义	相关研究
感知利益	感知得到的好处	Saxena①
相对优势	开放数据是否比公民通过其他实体办公室和平台访问的相同数据更好	Weerakkody 等②
兼容性	开放政府数据所提供的数据类型与公民所感兴趣的数据类型是否一致	Weerakkody 等③
可观察性	公民意识到可以利用开放数据来为自己获益	Weerakkody 等④
技术能力	组织中可用的技术专长和能力	Grimmelikhuijsen 等⑤
自我效能	衡量个别研究人员在准备发表数据集时的数据管理技能的信心和效率	Sayogo 等⑥

① Saxena, "Open Government Data (OGD) Usage in India: A Conceptual Framework Using TOE & UTAUT Frameworks", *Socrates*, Vol. 4, No. 3, 2016, pp. 124 – 144.

② Weerakkody and Irani and Kapoor et al., "Open Data and Its Usability: an Empirical view From the Citizen's Perspective", *Information Systems Frontiers*, Vol. 19, No. 2, 2016, pp. 285 – 300.

③ Weerakkody and Irani and Kapoor et al., "Open Data and Its Usability: an Empirical view From the Citizen's Perspective", *Information Systems Frontiers*, Vol. 19, No. 2, 2016, pp. 285 – 300.

④ Weerakkody and Irani and Kapoor et al., "Open Data and Its Usability: an Empirical view From the Citizen's Perspective", *Information Systems Frontiers*, Vol. 19, No. 2, 2016, pp. 285 – 300.

⑤ Grimmelikhuijsen and Feeney, "Developing and Testing an Integrative Framework for Open Government Adoption in Local Governments", *Public Administration Review*, Vol. 77, No. 4, 2017, pp. 579 – 590.

⑥ Sayogo and Pardo, "Exploring the Motive for Data Publication in Open Data Initiative: Linking Intention to Action", *Proceeding of 45th Hawaii International Conference System Sciences*, Hawaii: IEEE, 2012, pp. 2623 – 2632.

表 1 - 5

环境因素相关的要素

影响因素	定义	相关研究
社会影响	同事、主管和其他人会影响某人是否会使用开放政府数据	Saxena①,Saxena 等②,Weerakkody 等③,Zuiderwijk 等④,Talukder 等⑤
外部压力	影响技术采纳决策的社会及经济影响；组织在形成组织结构时受到外部或内部压力，包括来自中央政府、地方政府和公众的压力	Wang 等⑥,Grimmelikhuijsen 等⑦
外部影响	政府机构认为其他重要人的建议、要求或影响它参与开放数据活动的程度	Yang 等⑧

① Saxena, "Open Government Data (OGD) Usage in India: A Conceptual Framework Using TOE & UTAUT Frameworks", *Socrates*, Vol. 4, No. 3, 2016, pp. 124 - 144.

② Saxena and Janssen, "Examining Open Government Data (OGD) Usage in India Through UTAUT Framework", *Foresight the Journal for Future Studies Strategic Thinking & Policy*, Vol. 19, No. 2, 2017, pp. 421 - 436.

③ Weerakkody and Kapoor and Balta et al., "Factors Influencing User Acceptance of Public Sector Big Open Data", *Production Planning & Control*, Vol. 38, No. 11 - 12, 2017, pp. 891 - 905.

④ Zuiderwijk and Janssen and Dwivedi, "Acceptance and Use Predictors of Open Data Technologies: Drawing Upon the Unified Theory of Acceptance and Use of Technology", *Government Information Quarterly*, Vol. 32, No. 4, 2015, pp. 429 - 440.

⑤ Talukder and Shen and Talukder et al., "Determinants of User Acceptance and Use of Open Government Data (OGD): An Empirical Investigation in Bangladesh", *Technology in Society*, Vol. 56, No. 2, 2019, pp. 147 - 156.

⑥ Wang and Jin, "Adoption of Open Government Data Among Government Agencies", *Government Information Quarterly*, Vol. 33, No. 1, 2016, pp. 80 - 88.

⑦ Grimmelikhuijsen and Feeney, "Developing and Testing an Integrative Framework for Open Government Adoption in Local Governments", *Public Administration Review*, Vol. 77, No. 4, 2017, pp. 579 - 590.

⑧ Yang and Wu, "Examining the Socio - technical Determinants Influencing Government Agencies' Open Data Publication: A Study in Taiwan", *Government Information Quarterly*, Vol. 33, No. 3, 2016, pp. 378 - 392.

续表

影响因素	定义	相关研究
主题密切	只要某个话题在地理上离用户很近，用户就会参与其中	Jurisch 等①
参与	组织支持公民参与的开放文化	Grimmelikhuijsen 等②
竞争	政府受到开放政府竞争的驱动	Grimmelikhuijsen 等③
强制压力	政策法规约束	Grimmelikhuijsen 等④
政府支持	得到政府的支持	Wang 等⑤
竞争压力	高度竞争环境	Wang 等⑥
政治环境（PE）	政治竞争	Grimmelikhuijsen 等⑦

① Jurisch and Kautz and Wolf et al. , " An International Survey of the Factors Influencing the Intention to Use Open Government", Hawaii International Conference on System Sciences, Hawaii: IEEE, 2015, pp. 2188 - 2198.

② Grimmelikhuijsen and Feeney, " Developing and Testing an Integrative Framework for Open Government Adoption in Local Governments", Public Administration Review, Vol. 77, No. 4, 2017, pp. 579 - 590.

③ Grimmelikhuijsen and Feeney, " Developing and Testing an Integrative Framework for Open Government Adoption in Local Governments", Public Administration Review, Vol. 77, No. 4, 2017, pp. 579 - 590.

④ Grimmelikhuijsen and Feeney, " Developing and Testing an Integrative Framework for Open Government Adoption in Local Governments", Public Administration Review, Vol. 77, No. 4, 2017, pp. 579 - 590.

⑤ Wang and Lo, "Factors Influencing the Adoption of Open Government Data at the Firm Level", IEEE Transactions on Engineering Management, 2019, pp. 1 - 13.

⑥ Wang and Lo, "Factors Influencing the Adoption of Open Government Data at the Firm Level", IEEE Transactions on Engineering Management, 2019, pp. 1 - 13.

⑦ Grimmelikhuijsen and Feeney, " Developing and Testing an Integrative Framework for Open Government Adoption in Local Governments", Public Administration Review, Vol. 77, No. 4, 2017, pp. 579 - 590.

表 1 - 6　质量因素相关的要素

影响因素	定义	相关研究
信息质量	准确、完整、一致和呈现	Hidayanto 等①,Talukder 等②,Cartofeanu 等③,Alatta④
系统质量	无错误、响应速度快、用户友好	Hidayanto 等⑤,Talukder 等⑥,Alatta⑦
服务质量	更新信息、回答问题、响应期望/批评/建议/投诉或者提供反馈	Alatta⑧

① Hidayanto and Fitriani and Sandhyaduhita et al. , "Determinants of Intention to Use Open Data Website: An Insight from Indonesia" , *Pacific Asia Conference on Information Systems*,2017.

② Talukder and Shen and Talukder et al. , "Determinants of User Acceptance and Use of Open Government Data (OGD): An Empirical Investigation in Bangladesh", *Technology in Society*, Vol. 56,No. 2,2019,pp. 147 – 156.

③ Cartofeanu and D. Macrinici: "Evaluating the Success of eGovernment OpenData Platform at Increasing Transparency in Moldova:from the Perspectives of Journalists and Developers", https://www. academia. edu/34434311/Evaluating_the_Success_of_eGovernment_OpenData_Platform_at_Increasing_Transparency_in_Moldova_from_the_Perspectives_of_Journalists_and_Developers,2022 年 8 月 20 日。

④ Alatta: "User Perception of the U. S. Open Government Data Success Factors" , https://scholarworks. waldenu. edu/cgi/viewcontent. cgi? article = 9255&context = dissertations,2022 年 8 月 20 日。

⑤ Hidayanto and Fitriani and Sandhyaduhita et al. , "Determinants of Intention to Use Open Data Website: An Insight from Indonesia" , *Pacific Asia Conference on Information Systems*,2017.

⑥ Talukder and Shen and Talukder et al. , "Determinants of User Acceptance and Use of Open Government Data (OGD): An Empirical Investigation in Bangladesh", *Technology in Society*, Vol. 56,No. 2,2019,pp. 147 – 156.

⑦ Alatta: "User Perception of the U. S. Open Government Data Success Factors" , https://scholarworks. waldenu. edu/cgi/viewcontent. cgi? article = 9255&context = dissertations,2022 年 8 月 20 日。

⑧ Alatta: "User Perception of the U. S. Open Government Data Success Factors" , https://scholarworks. waldenu. edu/cgi/viewcontent. cgi? article = 9255&context = dissertations,2022 年 8 月 20 日。

表 1 - 7　　个人因素相关的要素

影响因素	定义	相关研究
便利条件	如果具备网络、互联网连接等便利条件，有足够合适的开放数据和合适的开放数据基础设施，那么使用开放数据的意愿就会更高	Saxena①, Saxena 等②, Yang 等③
感知障碍	使用过程中面临的障碍	Saxena④, Wang 等⑤
感知法律障碍	认识到开放政府数据的法律和监管模糊和不确定	Wirtz 等⑥, Zuiderwijk 等⑦
自愿使用	个人或组织认为他们对开放数据技术的使用和接受是自愿的	Saxena⑧, Saxena 等⑨

① Saxena, "Open Government Data (OGD) Usage in India: A Conceptual Framework Using TOE & UTAUT Frameworks", *Scorates*, Vol. 4, No. 3, 2016, pp. 124 - 144.

② Saxena and Janssen, "Examining Open Government Data (OGD) Usage in India Through UTAUT Framework", *Foresight the Journal for Future Studies Strategic Thinking & Policy*, Vol. 19, No. 2, 2017, pp. 421 - 436.

③ Yang and Wu, "Examining the Socio - technical Determinants Influencing Government Agencies' Open Data Publication: A Study in Taiwan", *Government Information Quarterly*, Vol. 33, No. 3, 2016, pp. 378 - 392.

④ Saxena, "Open Government Data (OGD) Usage in India: A Conceptual Framework Using TOE & UTAUT Frameworks", *Scorates*, Vol. 4, No. 3, 2016, pp. 124 - 144.

⑤ Wang and Lo, "Factors Influencing the Adoption of Open Government Data at the Firm Level", *IEEE Transactions on Engineering Management*, 2019, pp. 1 - 13.

⑥ Wirtz and Piehler and Thomas et al., "Resistance of Public Personnel to Open Government: A Cognitive Theory View of Implementation Barriers Towards Open Government Data", *Public Management Review*, 2016, pp. 1 - 30.

⑦ Zuiderwijk and Janssen and Dwivedi, "Acceptance and Use Predictors of Open Data Technologies: Drawing Upon the Unified Theory of Acceptance and Use of Technology", *Government Information Quarterly*, Vol. 32, No. 4, 2015, pp. 429 - 440.

⑧ Saxena, "Open Government Data (OGD) Usage in India: A Conceptual Framework Using TOE & UTAUT Frameworks", *Scorates*, Vol. 4, No. 3, 2016, pp. 124 - 144.

⑨ Saxena and Janssen, "Examining Open Government Data (OGD) Usage in India Through UTAUT Framework", *Foresight the Journal for Future Studies Strategic Thinking & Policy*, Vol. 19, No. 2, 2017, pp. 421 - 436.

续表

影响因素	定义	相关研究
态度	对开放政府数据使用所持待的态度	Hidayanto 等①, Zuiderwijk②
信任	用户在使用互联网时对其安全性的感知（包括信任政府，即认为政府可以履行其义务；信任技术用户认为互联网技术是安全可靠的访问数据的媒介）	Hidayanto 等③
主观规范	个人对于是否使用开放政府数据所感受到社会环境的压力	Hidayanto 等④
感知行为控制	用户有机会和资源（如技能,计算机和网络）访问网站	Hidayanto 等⑤
感知优势	用户对开放政府数据所提供的优势的感知	Jurisch 等⑥
内在动机	因为自身兴趣和价值而去使用开放政府数据	Wirtz 等⑦

① Hidayanto and Fitriani and Sandhyaduhita et al. , "Determinants of Intention to Use Open Data Website: An Insight from Indonesia", Pacific Asia Conference on Information Systems, 2017.

② Zuiderwijk, "The Acceptance and Use of Open Data infrastructures – Drawing uponUTAUT and ECT", Joint Proceedings of Ongoing Research, PhD Papers, Posters and Workshops of IFIP EGOV and ePart 2016, Portugal: Guimarães, 2016, pp. 91 – 98.

③ Hidayanto and Fitriani and Sandhyaduhita et al. , "Determinants of Intention to Use Open Data Website: An Insight from Indonesia", Pacific Asia Conference on Information Systems, 2017.

④ Hidayanto and Fitriani and Sandhyaduhita et al. , "Determinants of Intention to Use Open Data Website: An Insight from Indonesia", Pacific Asia Conference on Information Systems, 2017.

⑤ Hidayanto and Fitriani and Sandhyaduhita et al. , "Determinants of Intention to Use Open Data Website: An Insight from Indonesia", Pacific Asia Conference on Information Systems, 2017.

⑥ Jurisch and Kautz and Wolf et al. , "An International Survey of the Factors Influencing the Intention to Use Open Government", Hawaii International Conference on System Sciences, Hawaii: IEEE, 2015, pp. 2188 – 2198.

⑦ Wirtz and Weyerer and Roesch, "Citizen and Open Government: An Empirical Analysis of Antecedents of Open Government Data", International Journal of Public Administration, 2017, pp. 1 – 13.

续表

影响因素	定义	相关研究
互联网能力	个人获取技术及利用技术的能力	Wirtz 等①
参与期望	公民期望开放政府数据是可参与的	Wirtz 等②
协作期望	公民期望开放政府数据是协作的	Wirtz 等③
透明期望	公民期望开放政府数据是透明的	Wirtz 等④
用户满意度	用户对开放政府数据平台的满意程度	Cartofeanu 等⑤
感知努力	感知政府机构在开放数据实施方面的努力程度	Temiz 等⑥
公务员感知风险态度	公务员感知的风险态度	Wirtz 等⑦
共享意愿	愿意开放共享数据	Sayogo 等⑧

① Wirtz and Weyerer and Roesch, "Citizen and Open Government: An Empirical Analysis of Antecedents of Open Government Data", *International Journal of Public Administration*, 2017, pp. 1 – 13.

② Wirtz and Weyerer and Roesch, "Open Government and Citizen Participation: an Empirical Analysis of Citizen Expectancy Towards Open Government Data", *International Review of Administrative Sciences*, Vol. 85, No. 3, 2019, pp. 566 – 586.

③ Wirtz and Weyerer and Roesch, "Open Government and Citizen Participation: an Empirical Analysis of Citizen Expectancy Towards Open Government Data", *International Review of Administrative Sciences*, Vol. 85, No. 3, 2019, pp. 566 – 586.

④ Wirtz and Weyerer and Roesch, "Open Government and Citizen Participation: an Empirical Analysis of Citizen Expectancy Towards Open Government Data", *International Review of Administrative Sciences*, Vol. 85, No. 3, 2019, pp. 566 – 586.

⑤ Cartofeanu and D. Macrinici: "Evaluating the Success of eGovernment OpenData Platform at Increasing Transparency in Moldova: from the Perspectives of Journalists and Developers", https://www.academia.edu/3443311/Evaluating_the_Success_of_eGovernment_OpenData_Platform_at_Increasing_Transparency_in_Moldova_from_the_Perspectives_of_Journalists_and_Developers, 2022 年 8 月 20 日。

⑥ Temiz and Serdar: "Open Data And Innovation Adoption: Lessons From Sweden", https://www.diva – portal.org/smash/get/diva2: 1282946/FULL-TEXT02.pdf, 2022 年 8 月 20 日。

⑦ Wirtz and Piehler and Thomas et al., "Resistance of Public Personnel to Open Government: A Cognitive Theory View of Implementation Barriers Towards Open Government Data", *Public Management Review*, 2016, pp. 1 – 30.

⑧ Sayogo and Pardo, "Exploring the Motive for Data Publication in Open Data Initiative: Linking Intention to Action", Hawaii International Conference on System Sciences, Hawaii: IEEE, 2012, pp. 2623 – 2632.

表 1 - 8

组织因素相关的要素

影响因素	定义	相关研究
组织准备	IT 基础设施和高层管理支持,前者提供必要的硬件程序、物理建设施和计算机网络,后者可以提供指导、支持和承诺,以创建有利于创新的环境	Wang 等①,Hossain 等②,Temiz 等③
组织能力	政府机构在执行开放数据方面所需的能力和专业知识的程度	Yang 等④,Grimmelikhuijsen 等⑤
组织文化	包括组织惯性在内的影响采纳过程的文化	Yang 等⑥
集中化	组织高度集中决策	Grimmelikhuijsen 等⑦
程序化	日常工作中任务的多样性和一致性较低,组织将经历一个稳定的工作环境	Grimmelikhuijsen 等⑧

① Wang and Jin, " Adoption of Open Government Data Among Government Agencies", *Government Information Quarterly*, Vol. 33, No. 1, 2016, pp. 80 - 88.

② Hossain and Mohammad Alamgir and Chan and Caroline: " Open data adoption in Australian government agencies: an exploratory study", https:// aisel. aisnet. org/acis2015/60, 2022 年 8 月 20 日。

③ Temiz and Serdar: " Open Data And Innovation Adoption: Lessons From Sweden", https://www. diva-portal. org/smash/get/diva2: 1282946/FULL-TEXT02. pdf, 2022 年 8 月 20 日。

④ Yang and Wu, " Examining the Socio - technical Determinants Influencing Government Agencies' Open Data Publication: A Study in Taiwan", *Government Information Quarterly*, Vol. 33, No. 3, 2016, pp. 378 - 392.

⑤ Grimmelikhuijsen and Feeney, " Developing and Testing an Integrative Framework for Open Government Adoption in Local Governments", *Public Administration Review*, Vol. 77, No. 4, 2017, pp. 579 - 590.

⑥ Yang and Wu, " Examining the Socio - technical Determinants Influencing Government Agencies' Open Data Publication: A Study in Taiwan", *Government Information Quarterly*, Vol. 33, No. 3, 2016, pp. 378 - 392.

⑦ Grimmelikhuijsen and Feeney, " Developing and Testing an Integrative Framework for Open Government Adoption in Local Governments", *Public Administration Review*, Vol. 77, No. 4, 2017, pp. 579 - 590.

⑧ Grimmelikhuijsen and Feeney, " Developing and Testing an Integrative Framework for Open Government Adoption in Local Governments", *Public Administration Review*, Vol. 77, No. 4, 2017, pp. 579 - 590.

续表

影响因素	定义	相关研究
创新性	组织具有创新意识的文化	Grimmelikhuijsen 等①
感知官僚决策文化障碍	官僚主义程度高	Wirtz 等②
感知组织透明	感知组织工作程序、过程和结构透明	Wirtz 等③
感知层次障碍	感知组织等级行政结构	Wirtz 等④

① Grimmelikhuijsen and Feeney, "Developing and Testing an Integrative Framework for Open Government Adoption in Local Government", *Public Administration Review*, Vol. 77, No. 4, 2017, pp. 579 – 590.

② Wirtz and Piehler and Thomas et al., "Resistance of Public Personnel to Open Government: A Cognitive Theory View of Implementation Barriers Towards Open Government Data", *Public Management Review*, 2016, pp. 1 – 30.

③ Wirtz and Piehler and Thomas et al., "Resistance of Public Personnel to Open Government: A Cognitive Theory View of Implementation Barriers Towards Open Government Data", *Public Management Review*, 2016, pp. 1 – 30.

④ Wirtz and Piehler and Thomas et al., "Resistance of Public Personnel to Open Government: A Cognitive Theory View of Implementation Barriers Towards Open Government Data", *Public Management Review*, 2016, pp. 1 – 30.

（6）管理因素。政府数据开放平台创新是一种管理创新。开放政府数据揭示了公民和领导者在行为、选择和支出方面的问题，从而可以采取相应行动来实现变更，政治活动参与、公民社交媒体使用、高层领导支持等都会影响用户对开放政府数据的使用。表1-9呈现了管理因素相关的要素，可以看出，现有研究主要关注政治活动、内部规范、高层管理支持、政治领导力这些管理因素对开放政府数据用户行为的影响。

表1-9　　　　　　　　　　　　管理因素相关的要素

影响因素	定义	相关研究
政治活动	有政治兴趣和积极的公民也将更有可能参加公开的政府辩论，并利用这些服务和产品	Jurisch 等①
内部规范	个人社交媒体使用	Grimmelikhuijsen 等②
高层管理支持	高层支持技术采纳决策的态度	Wang 等③
政治领导力	政治领导人及其权力	Hossain 等④

三　关于开放政府数据隐私风险的相关研究

（一）关于政府开放数据隐私的研究

1. 国内外政府开放数据中隐私保护研究。发达国家在数据开放方面都建立了相关机制，确保能保护个人隐私⑤，但不同国家和地区的内容存在许多区别。因此，黄如花和李楠从美国开放政府数据中个人隐私

---

① Jurisch and Kautz and Wolf et al. , "An International Survey of the Factors Influencing the Intention to Use Open Government", Hawaii International Conference on System Sciences, Hawaii：IEEE, 2015, pp. 2188－2198.

② Grimmelikhuijsen and Feeney, "Developing and Testing an Integrative Framework for Open Government Adoption in Local Governments", *Public Administration Review*, Vol. 77, No. 4, 2017, pp. 579－590.

③ Wang and Lo, "Factors Influencing the Adoption of Open Government Data at the Firm Level", *IEEE Transactions on Engineering Management*, 2019, pp. 1－13.

④ Hossain and Mohammad Alamgir and Chan and Caroline："Open data adoption in Australian government agencies：an exploratory study", https：//aisel. aisnet. org/acis2015/60, 2022 年 8 月 20 日。

⑤ 鲍静、贾凌民、张勇进：《我国政府数据开放顶层设计研究》，《中国行政管理》2016 年第 11 期。

保护的法律法规、政策和组织机构设置三个方面对美国个人隐私保护实践进行了调研与分析，总结了美国开放政府数据中个人隐私保护的特点，提出我国应该制定个人隐私保护法律法规、建立整个数据生命周期的隐私分析和审查机制、开展政府数据开放的隐私影响评估的建议①。黄如花和刘龙通过对英国政府数据开放中个人隐私保护的相关政策、法律法规、开放许可协议等方面进行分析，总结其个人隐私保护的有益经验及不足，提出应从个人隐私保护的法律法规、政策、政府数据开放许可协议以及个人隐私保护机构层面着手，构建一个相对完善的、多层次的个人隐私保护体系②。邹东升指出，加拿大政府数据开放政策和实践经验的要义在于目标导向原则，将隐私影响评估政策工具运用于识别、评估和预防政府开放数据中的个人隐私泄露风险；基于加拿大的政策实践经验，构建了开放数据透明性与个人隐私利益的平衡框架③。陈美总结了德国开放政府数据中个人隐私保护的特点，并提出了相应的建议，包括构建完善的个人隐私保护法律体系、设立个人隐私保护机构和职务、提高个人隐私权利意识、平衡政府开放数据与个人隐私保护④。陈美梳理澳大利亚开放政府数据中个人隐私保护的实践，从组织、政策、法律三个方面进行分析和概括；提出设立个人隐私保护机构、注重开放数据与个人隐私的政策协同、制定《个人隐私保护法》的建议⑤。陈朝兵和郝文强从个人隐私相关概念界定，政府数据开放隐私保护的机构设置、基本原则、关键机制几个方面对美英澳政府数据开放隐私保护的政策法规进行系统梳理与分析，指出可从出台隐私保护法、设置隐私保护机构和构建隐私保护机制等方面着手，为政府数据开放隐私保护提供可

---

① 黄如花、李楠：《美国开放政府数据中的个人隐私保护研究》，《图书馆》2017 年第 6 期。

② 黄如花、刘龙：《英国政府数据开放中的个人隐私保护研究》，《图书馆建设》2016 年第 12 期。

③ 邹东升：《政府开放数据和个人隐私保护：加拿大的例证》，《中国行政管理》2018 年第 6 期。

④ 陈美：《德国开放政府数据中的个人隐私保护研究》，《图书馆》2018 年第 8 期。

⑤ 陈美：《澳大利亚政府开放数据中的个人隐私保护研究》，《图书馆》2019 年第 6 期。

靠的政策法规支持①。陈朝兵和郝文强从政府数据开放隐私影响评估的缘起与目标、适用范围与需求识别、实施过程对美、英、澳新四国的政府数据开放隐私影响评估的政策进行系统考察，指出我国可从国外政府数据开放隐私评估政策实践中获取制定隐私影响评估指南、设置隐私影响评估机构、构建多元主体参与机制、健全隐私风险管理体系来加快政府数据开放隐私影响评估的实施进程②。以上学者分别探索了美国、英国、加拿大、德国、澳大利亚的开放数据中个人隐私保护实践，以及美、英、澳新等国政府数据开放隐私保护的政策法规和隐私影响评估的政策。

在进行国外经验移植时，还要论证这些经验在我国具备移植的基础，因而张晓娟等以政府数据开放与个人隐私保护之间互为平衡、彼此促进的相互关系为切入点，梳理了中美在政府数据开放和个人隐私保护方面的各项政策和法律法规，分析了两国在实践中的经验，以及我国在政府数据开放以及数据开放过程中个人隐私保护方面的问题与挑战。立足我国政府信息公开的现状，结合大数据的趋势，对我国政府数据开放和个人隐私保护提出建议③。黄如花和刘龙从政策与法律法规保障、个人隐私保护机构和政府数据开放平台三个方面对我国政府数据开放中的个人隐私保护问题进行了分析，并提出了相应的对策。这些对策包括制定政府数据开放和隐私保护相关政策法规，建立个人隐私保护权威机构，进行严格的数据审查，制定统一的数据脱敏处理标准规范以及规范个人信息的开放④。综上，已有研究侧重探讨成因、提供对策，具有立足宏观、重视案例的特点，处于探索阶段。

---

① 陈朝兵、郝文强：《美英澳政府数据开放隐私保护政策法规的考察与借鉴》，《情报理论与实践》2019 年第 6 期。

② 陈朝兵、郝文强：《国外政府数据开放隐私影响评估的政策考察与启示——以美英澳新四国为例》，《情报资料工作》2019 年第 5 期。

③ 张晓娟、王文强、唐长乐：《中美政府数据开放和个人隐私保护的政策法规研究》，《情报理论与实践》2016 年第 1 期。

④ 黄如花、刘龙：《我国政府数据开放中的个人隐私保护问题与对策》，《图书馆》2017 年第 10 期。

2. 政府开放数据与隐私保护之间的平衡研究。有学者阐明数据开放与个人数据保护平衡关系①②，厘清"公共数据开放"与"个人隐私保护"的矛盾③，以 data. gov. uk 为例探讨公共数据发布与隐私保护两者之间的平衡④，关注开放关联数据的隐私和透明度的本质和影响，认为透明与隐私两者之间是相互依赖且不是二分的关系，而且完全的透明或完全的隐私是不存在的；在透明与隐私之间平衡，就需要深刻理解相关情况⑤，提出政府开放数据与隐私保护之间的平衡框架⑥⑦和平衡策略⑧。相关研究可明确，当前所面临的悖论性难题是，如何平衡开放数据的效用与发布数据时的个人隐私风险，这需要引入风险的概念，以及隐私风险评估的思考。

3. 隐私保护控制措施研究。①技术维度。有学者考察了基于密码学方法的技术方案，对技术层面存在的可能性和局限性进行探讨⑨，提出一个利用 K - 匿名算法和 Hadoop 框架构建的可扩展性开放数据的隐私保护系统，强调关注技术手段并拥有变革的心态⑩。②管理维度。有

① 张毅菁：《数据开放环境下个人数据权保护的研究》，《情报杂志》2016 年第 6 期。

② 迪莉娅：《政府数据深度开放中的个人数据保护问题研究》，《图书馆》2016 年第 6 期。

③ 田新玲、黄芝晓：《"公共数据开放"与"个人隐私保护"的悖论》，《新闻大学》2014 年第 6 期。

④ Simpson，"On Privacy and Public Data：A Study of Data. gov. uk"，*Journal of Privacy & Confidentiality*，Vol. 3，No. 1，2011，pp. 51 - 65.

⑤ Janssen and Hoven，"Big and Open Linked Data（BOLD）in Government：A Challenge to Transparency and Privacy?"，*Government Information Quarterly*，Vol. 32，No. 4，2015，pp. 363 - 368.

⑥ Zuiderveen Borgesius and Van Eechoud and Gray，"Open Data, Privacy, and Fair Information Principles：Towards a Balancing Framework"，*Social Science Electronic Publishing*，No. 4，2015，pp. 1 - 46.

⑦ Al-Jamal，Abu-Shanab，"Open Government：The Line between Privacy and Transparency"，*International Journal of Public Administration in the Digital Age*，No. 2，2018，pp. 64 - 75.

⑧ Scassa and Conroy，"The Privacy/Transparency Balance in Open Government"，In Adegboyega Ojo and Jeremy Millard，eds. *Government 3. 0-Next Generation Government Technology Infrastructure and Services*，Springer，2017，pp. 333 - 353.

⑨ 杨庆峰：《数据共享与隐私保护———一种技术方案的哲学论证》，《自然辩证法研究》2018 年第 5 期。

⑩ Tzermias and Prevelakis and Ioannidis，"Privacy Risks from Public Data Sources"，IFIP International Information Security Conference，2014，pp. 156 - 168.

学者提出隐私保护的概念框架①、先导性理论框架②、隐私保护系统框架③。③政策法规维度。有学者通过内容分析法考察隐私政策的描述性特征和内容特征④，对国内外政府数据开放网站个人隐私保护政策进行系统比较⑤，研究用户最终许可协议在保护用户隐私、合理使用数据方面对政府数据开放所产生的作用⑥。也有学者提出，开展政策研究与技术方面防护，制定相关法律来进行保护⑦。张聪丛等基于生命周期理论，分析开放政府数据共享、使用和管控三个阶段的隐私侵犯问题⑧。

（二）关于政府开放数据隐私风险的研究

有学者从宏观层面识别政府数据开放生命周期的不同阶段存在的风险⑨，分析开放数据中的隐私风险⑩，提出一个隐私风险评估模型来反映开放数据的隐私属性与开放数据利用所获得的利益之间的关系⑪，构建政府数据开放中个人隐私的评判指标体系来进行开放政府数据中个人隐私泄露的风险分析⑫，分析了 DT 时代开放数据中的隐私风险及原因，

---

① Yu and Tsai，"A Privacy Weaving Pipeline for Open Big Data"，Ieee/acm International Conference on Advances in Social Networks Analysis and Mining，IEEE，2016，pp. 997 – 998.

② 刘凌、罗戎：《大数据视角下政府数据开放与个人隐私保护研究》，《情报科学》2017年第 2 期。

③ 王智慧、周旭晨、朱云：《数据自治开放模式下的隐私保护》，《大数据》2018 年第 2 期。

④ 冯昌扬：《政府开放数据门户网站隐私政策比较研究》，《数字图书馆论坛》2016 年第 7 期。

⑤ 张建彬、黄秉青、隽永龙等：《政府数据开放网站的个人隐私保护政策比较研究》，《知识管理论坛》2017 年第 5 期。

⑥ Elliot M. and Mackey E. and Shea S. O. et al.，"End User Licence to Open Government Data？A Simulated Penetration Attack on Two Social Survey Datasets"，*Journal of Official Statistics*，Vol. 32，No. 2，2016，pp. 329 – 348.

⑦ 马丽杰、马海群：《基于 PEST 分析的发达国家开放政府数据政策特点及启示》，《图书馆理论与实践》2018 年第 5 期。

⑧ 张聪丛等：《开放政府数据共享与使用中的隐私保护问题研究——基于开放政府数据生命周期理论》，《电子政务》2018 年第 9 期。

⑨ Wang and Zhao and Zhao et al.，"Building a Holistic Taxonomy Model for OGD-Related Risks：Based on a Lifecycle Analysis"，*Data Intelligence*，Vol. 1，No. 4，2019，pp. 309 – 332.

⑩ 王茜茹：《DT 时代开放数据的隐私安全风险》，《科技情报开发与经济》2015 年第 18 期。

⑪ Ali-Eldin and Zuiderwijk and Janssen，"A Privacy Risk Assessment Model for Open Data"，International Symposium on Business Modeling and Software Design，Springer，Cham，2017，pp. 186 – 201.

⑫ 赵需要、彭靖：《政府数据开放中个人隐私的泄露风险与保护》，《信息安全研究》2016 年第 9 期。

并提出通过提高防范意识、利用隐私安全技术、建立健全隐私立法等全方位的保护措施①。总体来看，学术界已不再满足于从哲学和科学伦理学等人文角度进行定性研究，利用定量化分析的相关研究将成为趋势，具体研究角度及方法的选择会成为研究者关注的重点。

四 述评

政府数据开放平台是公众获取与利用数据的主要渠道，其数据层、平台层及管理层三者之间的协调运作是政府数据开放程度与效率的保障②。政府数据开放的实现是政府与公众互动的结果，离开公众的参与，政府数据也不能发挥出内在的经济和社会价值③。综上所述，已有研究呈现出如下特点和趋势：关于开放政府数据用户采纳行为理论的研究大多基于西方情境，在国外是热点和前沿，已对初始采纳行为进行研究，但对采纳后行为以及基于全过程的用户行为研究不够系统深入，因而中国情境下基于全过程的开放政府数据信息行为将会成为研究者关注的重点。开放政府数据是一个实践超前于理论的领域，尽管有关信息系统用户采纳问题的研究成果不少，但国内学者对开放政府数据的用户采纳等相关问题的研究相对较少。后续研究可以在以下方面进行扩展性研究：研究情境、研究视角、研究方法、研究对象选取。

第一，不少研究者从政策法规、平台建设、数据质量、保障机制、国内外实践、价值创造等方面进行开放政府数据研究，但这些研究只是强调了开放政府数据合理性的一面，并且处于理论构建阶段，较少构建理论模型。情境化的研究是当前针对开放政府数据采纳研究所必须面临的问题，即开放政府数据采纳在中国情境下表现的具体特征有哪些，其

---

① 张学锋：《DT 时代开放数据下个人隐私的全方位保护》，《网络安全技术与应用》2016 年第 9 期。

② 相丽玲、陈梦婕：《中外政府数据开放的运行机制比较》，《情报科学》2017 年第 4 期。

③ 马海群、张涛、李钟隽：《新冠疫情下政府数据开放与安全的系统动力学研究》，《现代情报》2020 年第 7 期。

内涵与不同文化情境下的开放政府数据采纳存在什么样的区别，表明这一主题在国内有愿景。

第二，从用户行为的过程来看，在过去开放政府数据信息行为的领域研究中，主要的焦点在于使用生命周期中的最初阶段，也就是采纳前行为。实际上，在信息管理的领域中，IS 的持续使用一直是相当重要的研究议题。

第三，现有关于开放政府数据采纳方面的研究仍然存在遗漏影响因素、模型解释力不足、结论稳健性和可推广性有待进一步验证等局限。除了已有影响因素，感知风险这个变量也可能影响开放政府数据采纳，但现有研究并未进行探究，需要进一步探析。

第四，数据获取方式包括面对面调查和在线调查，但网上调查会带来重要的优势，比如可以接触到远距离的人。在线调查使我们的调查更灵活、更有选择性、更便宜、分析更快。除了优点，它也有一些缺点。网上问卷调查的人可能不能完全理解所有的问题，他们不太可能提出一些额外的问题。如果我们的研究对象和主要调查对象都在另一个国家，那我们可以考虑进行在线调查而不是传统的书面调查。例如，Temiz 等①通过电子邮件来搜集数据，而且电子邮件是通过几个渠道收集：一份在所有开放数据电话会议期间从 Vinnova 获得资金的组织名单；一份在不同城市参加开放数据相关会议的人员的电子邮件名单；一份在开放数据社区中活跃并互相推荐的人员名单。

第五，在研究对象方面，开放政府数据所面对的用户非常多，因而可以针对具体不同领域的用户开展研究。例如，Cartofeanu 等②选择记者和开发人员作为调查对象，之所以选择记者作为调查对象，是因为他

---

① Temiz and Serdar："Open Data And Innovation Adoption：Lessons From Sweden"，https：//www. diva-portal. org/smash/get/diva2：1282946/FULLTEXT02. pdf，2022 年 8 月 20 日。

② Cartofeanu and D. Macrinici："Evaluating the Success of eGovernment OpenData Platform at Increasing Transparency in Moldova：from the Perspectives of Journalists and Developers"，https：//www. academia. edu/34434311/Evaluating_ the_ Success_ of_ eGovernment_ OpenData_ Platform_ at_ Increasing_ Transparency_ in_ Moldova_ from_ the_ Perspectives_ of_ Journalists_ and_ Developers，2022 年 8 月 20 日。

们制作文章、报告、调查等内容，并通过探索各种可用资源（如报纸、杂志、在线图书馆、数据库等）将其传播给公众；之所以选择开发人员，是因为他们使用来自各种来源的原始数据，如数据库、新闻报道、公共 API，以生成信息图形、移动和 Web 应用程序及服务等内容。

第六，尽管全球许多国家都采用了开放政府数据倡议，他们期望私营技术组织和多个用户在开发能够产生新的社会经济激励的产品和服务方面获得潜在利益，然而，私有技术组织使用开放的政府数据并不容易，因为许多因素会影响组织采用开放的政府数据的决策。国外一些研究的目的是探讨可能影响开放政府数据使用的倾向的因素。但是，这是一个持续的研究工作，未来的工作将集中在检查那些只是构建的模型，然后验证它。

综上，尽管许多研究关注信息系统的使用意图，但关注开放政府数据使用行为的研究数量相对较少。这可能是因为开放政府数据对公民来说仍然是"新"的事实。尽管许多国家的政府已经采取措施在本国实施政府数据开放共享，但人们对开放政府数据的认识程度仍然较浅，政府开放数据平台对开放数据的使用也仍然缺乏热情。开放政府数据隐私风险控制虽然是当前的一个重要话题，实践领域也出台了诸多支持开放政府数据平台建设以及个人隐私保护的政策，但理论研究上仍明显滞后，当前研究者们正加大对隐私风险问题分析，近几年论述增长较快。

本书在以下方面可以进行扩展性研究。

第一，关于开放政府数据采纳的研究，在研究情境、研究视角选取方面可以进一步探索。情境化的研究是当前针对开放政府数据采纳研究所必须面临的问题，即开放政府数据采纳在中国情境下表现的具体特征有哪些，其内涵与不同文化情境下的开放政府数据采纳存在什么样的区别。关于开放政府数据用户采纳行为理论的研究大多基于西方情境，在国外是热点和前沿，已对初始采纳行为进行研究，但对采纳后行为以及基于全过程的用户行为研究不够系统深入，因而中国情境下基于全过程的开放政府数据信息行为将会成为研究者关注的重点。这表明，这一主题在国内有愿景。

第二，针对开放政府数据隐私风险的相关研究，偏重隐私风险评估模型和隐私风险分析，较少关注主动监测隐私风险，以及基于负面效应的隐私风险评估与制度安排的匹配研究，系统性研究不够。本书将从如下两个方面展开系统研究：一方面，对国外开放政府数据隐私风险控制进行宏观的分析与预测，达到"主动式防护"的目的；另一方面，从保障层面，探讨开放政府数据隐私风险评估的优化途径和匹配性保障制度创新，进而对隐私风险控制进行较为全面系统的分析论证。

第三节　研究思路与研究内容

一　研究思路

本书透过新的社会现象凝练共性科学问题，将开放政府数据用户使用过程纳入统一的信息行为理论框架，构建开放政府数据用户使用的动态整合模型，基于这一理论模型及严谨的实证研究，探索用户使用开放政府数据的影响因素及行为模式，对开放政府数据过程中潜在的隐私风险进行控制，设计与之相匹配的保障制度。技术路线如图1-2所示。

二　研究内容

本书研究的基本思路是"从实践中发现现实问题—从文献中寻找理论依据，提出研究问题—利用科学的、规范的研究方法解决问题"。研究内容重点解决开放政府数据用户使用行为机理、开放政府数据隐私风险控制两个问题。研究内容包括开放政府数据用户使用行为建模、开放政府数据用户使用行为机理实证研究、开放政府数据隐私风险控制研究、开放政府数据隐私风险评估的匹配保障制度创新研究。

第一章为引言。本章从我国开放政府数据用户采纳率不高以及开放政府数据的隐私泄露事件频繁爆发两方面介绍本书的研究背景，阐述了该研究意义，随后对国内外相关研究进行梳理，总结其特点以及当前存在的不足和借鉴之处。最后提出本书的研究框架和内容，并对研究方法、研究难点以及可能的创新点进行阐述。

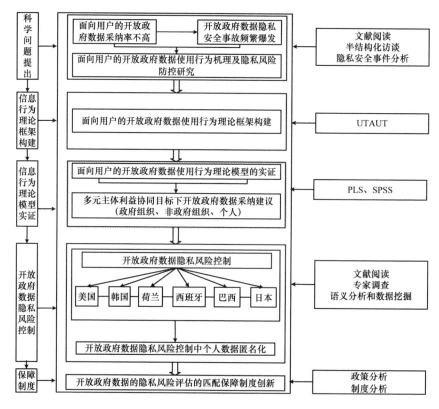

图 1-2　技术路线

　　第二章为面向用户的开放政府数据采纳模型。本章在技术采纳与应用整合理论（UTAUT）的基础上，结合开放政府数据的特点，提出了开放政府数据的用户采纳模型。本章指出了感知风险、绩效期望、努力期望、社会影响等因素对用户采纳意愿的影响以及便利条件和采纳意愿对采纳行为的影响，通过 PLS - SEM（偏最小二乘法—结构方程模型）的方法，对收集的问卷进行分析。结果显示：绩效期望、努力期望、社会影响对开放政府数据的采纳意愿的影响作用显著，采纳意愿对采纳行为的影响作用显著，然而，感知风险对开放政府数据的采纳意愿的影响作用不显著，便利条件对开放政府数据的采纳行为的影响作用不显著。

　　第三章为美国开放政府数据的隐私风险控制。本章阐述美国开放政府数据中隐私风险控制的经验。为了在"政府开放数据"与"隐私风险"之间进行平衡，美国通过个人隐私评判、隐私影响评估和风险识别、去识别化等方面来实现个人隐私保护。在此基础上，提出美国的经验在于将隐私影响评估政策工具应用于政府开放数据的隐私风险控制。通过总结和归纳美国的经验，结合在政府开放数据中存在的隐私风险隐患，我国应在推进政府开放数据的同时，加强隐私风险控制。

第四章为韩国开放政府数据的隐私风险控制。本章以韩国为例，阐述韩国政府开放数据中隐私风险防控的经验，对政府开放数据中个人隐私的评判标准、隐私影响评估（PIA）框架和去识别化、隐私风险应对的数据处理机构与职位进行分析和概括。在此基础上，提出启示，包括为政府数据开放平台提供隐私政策保障，构建多层次的个人隐私保护法律体系，整合个人隐私保护机构职责。

第五章为荷兰开放政府数据的隐私风险控制。本章以荷兰为例，阐述荷兰政府开放数据中隐私风险防控的经验，对政府开放数据中个人隐私保护政策法规、隐私风险应对的数据处理规范与机构进行分析和概括。荷兰开放政府数据的隐私风险控制的优势在于，注重数据存储安全、关注数据聚合、个人数据保护制度比较灵活、强化国际合作；劣势在于，隐私保护政策缺乏更新、政府数据收费政策模糊、没有任命国家首席数据官、内政和王国关系部承担的决策和咨询责任非常少。在此基础上，提出优化个人信息保护的政策法规，确定个人数据处理原则，完善个人数据处理机构。

第六章为西班牙开放政府数据的隐私风险控制。本章以西班牙为例，阐述西班牙政府开放数据中隐私风险防控的经验，对政府开放数据中个人隐私的评判标准、隐私风险应对的数据处理规范与机构、隐私影响评估和风险识别进行分析和概括。通过从优势分析和劣势分析两个方面对西班牙开放政府数据隐私风险控制的特征进行归纳，从而得出对我国的启示，包括明确开放政府数据环境下个人隐私权、注重各个领域的数据监管、注重利用匿名化技术、积极开展隐私影响评估（PIA）。

第七章为巴西开放政府数据的隐私风险控制。本章以巴西为例，通过对文献资料和网站内容的调查，获取一手资料阐述巴西政府开放数据中隐私风险防控的经验，对政府开放数据中个人隐私的评判标准、数据保护影响评估（DPIA）和风险评估、隐私风险应对的数据处理规范、隐私风险应对的机构与职位进行分析和概括。在此基础上总结其经验，包括修订开放数据政策，完善隐私风险评估，制定详细的数据处理规范。

第八章为日本开放政府数据的隐私风险控制。本章以日本为例，阐述日本政府开放数据中隐私风险控制的经验，对日本个人隐私保护法律体系、政府开放数据中个人隐私的评判标准、隐私风险应对的匿名化技术、隐私风险应对的机构与救济制度、隐私风险应对的安全控制措施与认证机制进行分析和概括。在此基础上总结其经验，包括制定统一的《个人信息保护法》，就个人隐私范围、保障措施等进行规范。在开放政府数据时，任命熟悉个人隐私保护的专家担任开放数据政策执行的管理者，以便于在各个阶段能针对隐私保护具有周全的考虑。另外，在开放数据前，应当先去除数据的可识别性，将相关数据匿名化，以避免对个人隐私的侵害。

第九章为开放政府数据隐私风险控制中个人数据匿名化研究。本章从个人数据匿名化在开放政府数据隐私风险控制中的保障，为我国开放政府数据和隐私保护提供参考。首先阐述相关概念和时代背景，然后分析面向开放政府数据隐私风险控制的个人数据匿名化需求，探讨开放政府数据隐私风险控制中个人数据匿名化的文义分析。得出开放政府数据隐私风险控制中个人数据匿名化路径，包括引入多元匿名化技术、采取有效的匿名化策略、预防个人数据匿名化的法律风险、提升对个人数据匿名化的认识。

第十章为开放政府数据隐私风险控制的保障制度：隐私影响评估。本章以加拿大为例，阐述加拿大隐私影响评估政策的发展历程，对政策目标、政策主体、政策内容进行梳理，并在此基础上分析加拿大隐私影响评估政策的优势和不足。在此基础上提出开放政府数据隐私风险控制的保障制度，包括提高政策执行人员技能、尽早制定 PIA 政策、加强 PIA 政策认同。

第四节 研究方法与研究目标

一 研究方法

根据研究目标、研究内容和拟突破的重难点，本书在广泛深入的文献总结和调查研究的基础上，采用定性和定量分析相结合、规范性理论研究和实际应用分析相结合、计量模型与建模仿真相结合的方式进行研究。具体研究方法如下。

（一）文献研究法

采用 SSCI 和 CSSCI 索引期刊为文献来源，搜索相关文献，并在此基础上，重点阐释已有研究存在理论交叉的可能之处，从而进一步改进和完善本书的研究框架和情境变量。

（二）问卷调查法

采用问卷调查与访谈等搜集数据，通过问卷分析来测量潜在变量。经过科学研究的量表开发过程，设计调查问卷，对开放政府数据用户采纳行为进行调查，搜集一手样本数据，为本书提供科学、翔实的研究数据。

（三）结构方程模型

通过结构方程模型与内容分析等进行数据分析，验证模型的有效性并检验假设关系，发现模型潜在变量间的关系，揭示影响开放政府数据用户采纳行为背后的主要动因和作用机理。结构方程模型主要步骤如图 1-3 所示。

（四）比较制度分析方法

比较制度分析方法是新制度经济学和交易费用经济学对制度的分析范式，本部分将传统的比较制度分析方法拓展到开放政府数据隐私风险评估制度绩效评价，与典型国家和地区开放政府数据隐私风险评估的制度创新机制比较，从制度内生变迁视角探讨开放政府数据隐私风险评估的匹配制度设计，指出现有制度的变迁与创新方向，并提出相应的政策建议。

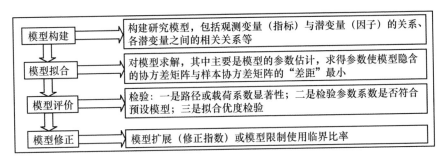

图 1 - 3   结构方程模型构建

二   研究目标

本书结合开放数据环境的特点以及我国开放政府数据的现状，从开放政府数据与隐私安全融合的角度，以面向用户的开放政府数据使用及隐私风险控制为主线展开研究，力求在管理科学建模和方法体系等方面取得突破，以丰富和发展信息资源管理理论。具体研究目标包括如下。

（1）基于技术接受模型、理性行为理论、信息系统成功模型和期望确认理论等，从采纳机理、持续使用影响因素及行为转变等角度对开放政府数据用户行为及其影响机理开展系列实证研究，提出利益协同下开放政府数据采纳建议。

（2）从信息生命周期的管理视角出发，对开放政府数据隐私风险主动预测展开深入研究，提出一套适用于我国开放政府数据的隐私风险评估方法，设计开放政府数据隐私风险评估的支撑性制度安排与优化途径。

第五节   本书的创新点

（1）研究视角创新。本书从信息行为视角研究开放政府数据使用问题；区别于传统基于成本效益评估方法来解决开放政府数据的隐私保护问题的研究视角，设法加入风险的概念以及隐私保护技术的思考，力图在开放政府数据和隐私保护两者之间进行权衡，避免过度保护。

（2）研究方法新颖。①在文献收集整理的基础上，全面梳理项目研究所需相关文献，进一步明晰研究开展的理论内涵和相互关系；②采用问卷调查与访谈等方式搜集数据，并通过结构方程模型与内容分析等进行数据分析，实证研究开放政府数据用户使用行为机理；③将传统的比较制度分析方法拓展到开放政府数据隐私风险评估的匹配制度设计。

（3）研究内容创新。开放政府数据不同于 G2G 等传统电子政务，这意味着传统的信息系统持续使用理论已不足以准确地刻画开放政府数据等一类新型信息系统用户的心理和行为规律。因此，本书扬弃既有理论成果，拟从用户使用决策的角度入手，对用户使用行为进行动态建模。一方面，希望通过追踪性研究来扩展与改进 TAM、TRA 等 IT/IS 采纳模型，使其适用于解释采纳之后的用户持续使用行为，但仍以原有影响因素作为研究切入点；另一方面，引入新的参考理论框架以及完全不同的研究变量（包括信任、用户习惯等）来构建 IS 使用理论模型，并进行严谨的数据处理和检验，从微观层面打开开放政府数据用户使用行为的黑箱，力图促进开放政府数据生态系统中各利益主体的用户保持，从而为可持续发展提供理论指导。此外，本书探索开放政府数据隐私风险评估与其保障制度间的互动匹配机制，针对开放政府数据隐私风险评估的优化途径与保障制度提出相关对策建议，从而达到通过制度和技术两方面来完善开放政府数据的隐私风险防范机制的目的。

第二章 面向用户的开放政府数据采纳模型

——基于 UTAUT 理论[*]

　　开放政府数据是指，政府通过加大对未开放的政府数据进行初始发布，或致力于使这类数据得到发布，促使政府自身或外部能较为便利地获取和再利用这些数据，从而实现负有透明度、参与性、协作性的开放型政府[①]。作为新的"钻石矿"，大数据的意义不在于本身庞大的数据资源，而在于通过对这些数据进行开放利用；开放数据不是政府对拥有的数据进行利用，而是政府开放数据，社会公众、企业、社会组织和政府机构来对数据进行开发利用[②]。换言之，开放政府数据服务的关键是如何将数据与用户需求相匹配，从而将政府数据的供给侧与数据开放的利用端连接起来[③]。因此，本章关注如何提升用户对开放政府数据的采纳率，以用户采纳问题中解释力较强的 UTAUT 为基础，结合开放政府数据的具体特点加入感知风险角度的其他影响因素，构建开放政府数据用户采纳模型，探讨影响用户采纳开放政府数据的意愿及实际采纳行为的因素。

---

　　[*] 本章相关内容已发表于论文。具体参见陈美、梁乙凯《面向用户的开放政府数据采纳模型研究——基于 UTAUT 理论》，《现代情报》2021 年第 8 期。

　　[①] 陈美：《美国开放政府数据的保障机制研究》，《情报杂志》2013 年第 7 期。

　　[②] 陈美：《政府数据开放利用：内涵、进展与启示》，《图书馆建设》2017 年第 9 期。

　　[③] 陈美、曹阳赤：《治理理论与开放政府数据服务的社会参与》，《现代情报》2020 年第 6 期。

第一节　研究理论

随着技术的发展，产生了用来探讨新信息技术的接受、使用与推广的相关理论。其中，被使用最多的一个理论便是技术接受模型（TAM），主要用来预测使用者接受新技术的程度。总体来看，不同时期出现了与技术接受模型相关的不同理论，如理性行为理论（TRA）①、计划行为理论（TPB）②、技术接受模型（TAM）③、动机理论（MM）④、技术接受模型和计划行为理论整合模型（C-TAM-TPB）⑤、计算机利用理论（MPCU）⑥、创新扩散理论（IDT）⑦、社会认知理论（SCT）⑧。由于用户行为研究的复杂性和研究者的局限性，上述理论没有一个可以完全覆盖所有的影响因素，每个理论都存在一定的局限性⑨。因此，Venkaesh 针对以上八个理论模型的观点进行整合，提出技术采纳与应用整合理论（UTAUT）⑩。这一理论中四个影响行为意愿的维度分别为绩效

---

① Fishbein and Ajzen, *Belief, Attitude, Intention, and Behavior: An Introduction to Theory and Research*, MA: Addison-Wesley, M Reading, 1975, p. 6.

② Bandura, *Social Foundations of Thought and Action*, Englewood Cliffs, NJ: Prentice-Hall, 1986, p. 65.

③ Davis and Bagozzi and Warshaw, "User Acceptance of Computer Technology: A Comparison of Two Theoretical Models", *Management Science*, No. 8, 1989, pp. 982 – 1003.

④ Davis and Bagozzi and Warshaw, "Extrinsic and Intrinsic Motivation to Use Computers in the Workplace", *Journal of Applied Social Psychology*, No. 14, 1992, pp. 1111 – 1132.

⑤ Taylor and Todd, "Todd. : Understanding Information Technology Usage: A Test of Competing Models. Information Systems Research 6 (2), 144 – 176", *Information Systems Research*, Vol. 6, No. 2, 1995, pp. 144 – 176.

⑥ Thompson and Higgins and Howell, "Personal Computing: Toward a Conceptual Model of Utilization", *MIS Quarterly*, No. 1, 1991, pp. 125 – 143.

⑦ Rogers, *The diffusion of innovations*, New York: Free Press, 1983, p. 54.

⑧ Bandura, *Social Foundations of Thought and Action*, Englewood Cliffs, NJ: Prentice-Hall, 1986, p. 65.

⑨ 苏婉、毕新华、王磊：《基于 UTAUT 理论的物联网用户接受模型研究》，《情报科学》2013 年第 5 期。

⑩ Venkatesh and Morris and Davis et al., "User Acceptance of Information Technology: Toward a Unified View", *MIS Quarterly*, Vol. 27, No. 3, 2003, pp. 425 – 478.

期望、努力期望、社会影响、便利条件，其中绩效期望、努力期望、社会影响是影响技术使用的主要决定因素；便利条件与行为意愿则影响技术采纳行为。经过实证研究发现，UTAUT 对技术采纳和使用行为的解释能力高达 70%，使得 UTAUT 能够在技术采纳和使用的研究上被有效应用。当使用者在采纳和使用技术时，会受到性别、年龄、经验和自愿性四个调节变量影响，因而需要依据不同的研究情境，对四个调节变量进行考虑和修正。即便如此，已有的研究也并不是直接照搬 UTAUT 而在相关模型中呈现上述调节变量。同样地，本章虽然以 UTAUT 作为理论基础，但在研究模型中也并未放入 UTAUT 模型中的调节变量。

当前，有学者以 TAM 作为基础模型，研究感知有用性、感知努力、组织文化、感知利益、外部影响、便利条件、感知风险、组织能力对政府部门发布开放数据意愿的影响[①]。这一研究在命题或具体所涉及内容上，均为本章展开深入的研究提供了有益的参考和启迪，但现有研究忽略了西方理论在中国情境的适用性，这意味着来源于西方的采纳理论在中国情境的适用性也有待进一步实证检验，而且对开放政府数据用户影响因素的分析和研究仍然有限。因此，本章将从这方面开展研究。

第二节 研究假设与模型

一 研究假设

（一）感知风险

感知风险的概念首先由 Bauer 提出，他认为消费者在实施消费行为时，购买决策的结果可能是无法预测且可能是不愉快的，意味着在消费行为上承担了某些风险。[②] Roselius 反驳以往学者将感知风险作为不确

---

① Yang and Wu，"Examining the Socio-technical Determinants Influencing Government Agencies' Open Data Publication: A Study in Taiwan"，*Government Information Quarterly*，Vol. 33，No. 3，2016，pp. 378 – 392.

② Bauer，*Consumer Behavior as Risk Taking: Dynamic Marketing for a Changing World*，Chicago: American Marketing Association，1960，pp. 34 – 36.

定感的界定，其认为感知风险是一种损失，即消费者在采取消费行为时可能遭受到的损失风险，而且这个风险会影响消费者对于购买决策的选择。① Jacoby 和 Kaplan 将消费者的感知风险分为五个重要类别：财务风险、功能风险、身体风险、心理风险和社会风险。② Peter 和 Tarpey 提出第六个重要的风险为时间风险。③ Stone 和 Grønhaug 指出前五个风险加上时间风险可以解释 88.8% 的整体消费者感知风险。④ Featherman 和 Pavlou 将感知风险分为七个方面：绩效风险、财务风险、时间风险、心理风险、社会风险、隐私风险、整体风险。⑤

大数据时代的来临，为用户提供了更便利的数据获取模式的同时，也使用户在通过数据门户获取数据时出现了各种风险。这使得用户会产生不安与疑虑，害怕因数据获取而产生一些损失。夏义堃认为，政府数据开放风险包括国家安全风险、政治风险、行政风险、隐私风险、社会风险。⑥ 因此，本章结合开放政府数据的特性，依据 Featherman 和 Pavlou 的观点，采取其所提出的绩效风险、时间风险、心理风险、社会风险、隐私风险五个层面来进行分析。

（1）绩效风险：使用的开放政府数据不符合原本预期的需求。

（2）时间风险：需要花费很多时间才能使用开放政府数据。

（3）心理风险：使用开放政府数据时，在数据还未下载以前，会让我心里感到焦虑。

（4）社会风险：因不能有效使用开放政府数据而受到他人嘲笑、

---

① Roselius, "Consumer Rankings of Risk Reduction Methods", *Journal of Marketing*, No. 1, 1971, pp. 56 - 61.

② Jacoby and Kaplan, "The Components Of Perceived Risk", *Advances in Consumer Research Association for Consumer Research*, No. 3, 1972, pp. 382 - 393.

③ Peter and Tarpey, "A Comparative Analysis of Three Consumer Decision Strategies", *Journal of Consumer Research*, No. 1, 1975, pp. 29 - 37.

④ Stone and Grønhaug, "Perceived Risk: Further Considerations for the Marketing Discipline", *European Journal of Marketing*, No. 3, 1993, pp. 39 - 50.

⑤ Featherman and Pavlou, "Predicting E-services Adoption: A Perceived Risk Facets Perspective", *International Journal of Human-Computer Studies*, No. 4, 2003, pp. 451 - 474.

⑥ 夏义堃：《论政府数据开放风险与风险管理》，《情报学报》2017 年第 1 期。

疏远而产生社会分化。

（5）隐私风险：使用开放政府数据，会担心网络黑客可能入侵我的账户及资料。

由于用户对风险承担的程度与能力都不相同，因而在相同的情况下，如果用户面临选择，决策结果往往因人而异。用户的感知风险对其是否采纳开放政府数据会产生影响。用户感知的风险越大，采纳开放政府数据的可能性就越小。因此，本章提出如下假设：

H1：用户对开放政府数据的感知风险会对其采纳意愿呈负向的影响。

（二）绩效期望

绩效期望指个人相信使用技术产品或服务会有助于提升工作、学习绩效或对日常生活有帮助。就开放政府数据的采纳而言，如果人们不相信开放数据技术和应用程序会帮助他们更好地改进绩效或获取更多利益，那么他们更可能使用传统的工作方式。在 UTAUT 模型中，就绩效期望对行为意愿的影响而言，男性比女性明显[①]。因此，本章提出假设：

H2：用户对开放政府数据的绩效期望对其采纳意愿呈正向的影响。

（三）努力期望

努力期望指个人使用技术产品或服务的容易程度。假如开放数据平台、软件、工具和接口等开放数据技术是可用的，那么个人想表现更好的期望也会增加。开放政府数据的格式、语义、多样性、质量、可获得性等方面都影响了用户采纳开放政府数据的偏好。因此，本章提出假设：

H3：用户对开放政府数据的努力期望对其采纳意愿呈正向的影响。

（四）社会影响

社会影响指个人感知的重要他人认为自己应该使用技术产品或服务

①　Venkatesh and Viswanath and Morris et al., "Why Don't Men Ever Stop to Ask for Directions? Gender, Social Influence, and Their Role in Technology Acceptance and Usage Behavior", *MIS Quarterly*, No. 1, 2000, pp. 115 – 139.

的程度。用户在工作上可能受到同事、主管和他人的影响，使其产生采纳开放政府数据的意愿。已有研究显示，社会影响对技术使用和接受的行为意愿有影响，社会影响会受到性别、年龄、使用经验等变量的影响，也会因相关经验的增加而降低①。在 UTAUT 模型中，由于女性比较在乎他人的看法，因而社会影响对行为意愿的影响也较明显②。因此，本章提出假设：

H4：开放政府数据用户的社会影响对其采纳意愿呈正向的影响。

（五）便利条件

便利条件指个人所感受到组织、技术上相关设备对其使用的产品或服务的支持程度。尽管已有研究显示，便利条件并不是电子政务服务采纳意愿的最佳预测指标③，但研究表明，诸如网络、互联网连接、充分和适当的开放数据、开放数据基础设施等便利条件越好，开放数据使用意愿就越高④。此外，由于互联网的接入方式不同，用户对开放政府数据的使用也可能不同⑤。因此，本章提出假设：

H5：开放政府数据用户的便利条件对其采纳行为有正向的影响。

（六）采纳意愿

采纳意愿指个人从事某项特定行为所呈现的意愿强度。就本章而言，采纳意愿指用户愿意采纳开放政府数据的意愿强度，即意味着个人在多大程度上认为开放政府数据的使用和接受能够体现自愿或自由意

① Venkatesh and Morris and Davis et al. ，"User Acceptance of Information Technology：Toward a Unified View"，*MIS Quarterly*，Vol. 27，No. 3，2003，pp. 425 – 478.

② Venkatesh and Viswanath and Morris et al. ，"Why Dont Men Ever Stop to Ask for Directions？Gender，Social Influence，and Their Role in Technology Acceptance and Usage Behavior"，*MIS Quarterly*，No. 1，2000，pp. 115 – 139.

③ Rana and Williams and Dwivedi et al. ，"Theories and Theoretical Models for Examining the Adoption of E-Government Services"，*e – Service Journal：A Journal of Electronic Services in the Public and Private Sectors*，No. 2，2012，pp. 26 – 56.

④ Huijboom and Broek，"Open Data：an International Comparison of Strategies"，*European Journal of ePractice*，No. 1，2011，pp. 4 – 16.

⑤ Parycek and Sachs，"Open Government – Information Flow in Web 2. 0"，*European Journal of ePractice*，No. 9，2010，pp. 1 – 12.

志。实际研究也表明，个人的实际行为表现会受到本身的行为意愿的直接影响。这意味着，要预测个体是否实际执行某项行为，就要了解个体从事某项行为的行为意愿。如果用户有采纳开放政府数据的行为意愿，在无其他条件影响下，将会出现实际的采纳行为。因此，本章提出假设：

H6：采纳意愿对开放政府数据的采纳行为有正向的影响。

（七）采纳行为

根据 Venkatesh 等[1]对于采纳行为的定义：采纳行为是一个可以直接测量的观测变量，可以用使用次数、频率等指标来加以衡量，本章中采纳行为是用"每周开放政府数据的使用次数"来测量的。

二 研究模型

有关信息技术采纳行为意愿影响的研究蓬勃发展，因不同领域所提出的框架与变量也越来越多，使研究者在研究上面临建构、挑选模式的困难，意味着研究者必须从这些理论模式中挑选变量，从而建立新模式或选择较为适合的模型进行相关研究，但选择某个变量或模式时，经常忽略其他模式所具有的贡献，而 Venkatesh 等通过全面考虑，搜集了已有八大技术接受模式，进而提出一个整合性的理论——技术采纳与应用整合理论。与其他八大模式相比，UTAUT 的解释力高达 70%，因而 UTAUT 在技术接受模式研究上的重要性大大增加，并且被应用于不同领域。就国内而言，目前尚未有以 UTAUT 为基础的模型对开放政府数据用户采纳的研究，因而本章以 UTAUT 为基础，选取模型中绩效期望、努力期望、社会影响、便利条件作为自变量，并且考虑开放政府数据的特点以及信息技术采纳问题中的其他相关因素，从感知风险的五个维度作为新的自变量：绩效风险、时间风险、心理风险、社会风险、隐私风

---

① Venkatesh and Morris and Davis et al. , "User Acceptance of Information Technology: Toward a Unified View", *MIS Quarterly*, Vol. 27, No. 3, 2003, pp. 425 – 478.

· 66 ·

险。研究模型如图 2-1 所示。

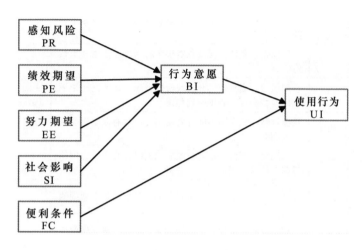

图 2-1　开放政府数据用户采纳模型

第三节　研究方法

一　量表设计

要研究用户在开放政府数据决策使用过程中的特征及规律，关键在于能否开发出具有较好信度和效度并且适合中国开放政府数据情境的量表。因此，本章设计的观测变量参考自国外相关文献研究，具有理论依据；另外，充分考虑开放政府数据的独特特点，并将共性因素最大限度情境化，最终设计了 22 个观测变量（见表 2-1）。为了保证问卷效度，本章进行了 20 人的预调查，结果表明量表具有较好的信度效度水平，并结合反馈意见对表达不准确、含义不明确的题项进行了调整。

表 2 – 1   观测变量

变量	编号	问卷题项	参考文献
感知风险	PR1	绩效风险：我认为使用开放政府数据不符合我原本预期的需求	Featherman 和 Pavlou（2003）
	PR2	时间风险：我认为需要花费很多时间才能使用开放政府数据	
	PR3	心理风险：当我使用开放政府数据时，在数据还未下载以前，会让我心里感到焦虑	
	PR4	社会风险：我会因不能有效使用开放政府数据而受到他人嘲笑、疏远	
	PR5	隐私风险：当我使用开放政府数据时，我会担心网络黑客可能入侵我的账户及资料	
绩效期望	PE1	我发现使用开放政府数据对我的日常生活是有帮助的	Venkatesh 等（2012）①
	PE2	使用开放政府数据，可以使我更快速地完成要做的事	
	PE3	使用开放政府数据，可以使我把事情做得更好	
努力期望	EE1	对我来说，学习如何使用开放政府数据是容易的	Venkatesh 等（2012）
	EE2	对我来说，使用开放政府数据是容易的	
	EE3	对我来说，我很容易就能熟练使用开放政府数据	
社会影响	SI1	对我而言重要的人，喜欢我使用开放政府数据	Venkatesh 等（2012）
	SI2	对我的行为有影响力的人，认为我应该使用开放政府数据	
	SI3	我很在乎他们想法的那些人，喜欢我使用开放政府数据	
便利条件	FC1	当我需要使用开放政府数据时，可以方便地获得	Venkatesh 等（2012）
	FC2	我具备使用开放政府数据所需要的知识	
	FC3	开放政府数据的使用技术和其他我用过的技术的使用方式是相通的	
	FC4	当我使用开放政府数据遇到问题时，可以找到其他人来协助我	
采纳意愿	BI1	我打算以后继续使用开放政府数据	Venkatesh 等（2012）； Davis（1986）
	BI2	我会在日常生活中一直尝试使用开放政府数据	
	BI3	我打算以后继续频繁地使用开放政府数据	
采纳行为	UB	请问您每周开放政府数据的使用次数	Venkatesh 等（2003）

---

① Venkatesh and Thong and Xu, "Consumer Acceptance and Use of Information Technology: Extending the Unified Theory of Acceptance and Use of Technology", *MIS Quarterly*, No. 1, 2012, pp. 157 – 178.

二 数据收集

问卷调查采用网络问卷的形式进行发放。数据收集工作从 2020 年 10 月 21 日至 31 日。本次问卷调查共发放了 132 份问卷，实际回收 110 份，剔除因信息填写不完整等原因造成的无效问卷后，剩余 80 份有效问卷，样本描述性统计如表 2 - 2 所示。

表 2 - 2 　　　　　　　　　　　描述性统计

	选项	小计	比例（%）		选项	小计	比例（%）
性别	男	37	46.25	每周开放政府数据的使用次数	从不使用	30	37.50
	女	43	53.75		1—2 次	42	52.50
年龄	18—25 岁	70	87.50		3 次及以上	8	10.00
	26—30 岁	5	10.00%	开放政府数据的应用形式	数据查询	41	82
	31—40 岁	5	6.25		分析报告	25	50
学历	专科及以下	1	1.25		创新方案	7	14
	本科	56	70.00		移动应用	13	26
	硕士及以上	23	28.75		Web 应用	17	34
职业	单位领导干部	4	5.00		其他	4	8
	专业技术人员	7	8.75				
	企事业职员	5	6.25				
	学生	56	70.00				
	其他	8	10.00				

第四节 数据分析与结果

基于方差的结构方程模型对复杂模型、非正态分布数据、小样本数据、形成性测量模型、单一测量指标的处理具有一定的优势，因此，PLS-SEM 方法已广泛用于各种研究中。由于本章概念模型复杂且样本相对较少（已满足 PLS-SEM 分析的最低标准）以及含有单一测量指标，因此，本章选用 PLS-SEM 进行数据分析。具体而言，利用 Smart PLS 3.0 软件对数据进行两步法分析。第一步是通过测量模型来评估构念的信度和效度；第二步是评估结构模型。

一 测量模型

PLS-SEM 评估测量模型的第一步是指标信度（Indicator Reliability），因子载荷量越大，代表潜在变量对测量变量的解释能力越强，表示"指标信度"越好。如表 2-3 所示，因子载荷大于 0.7，表明有较好的指标信度。

表 2-3　　　　　　　　　　　因子载荷与交叉载荷

指标	感知风险	绩效期望	努力期望	社会影响	便利条件	采纳意愿	采纳行为
PR1	**0.748**	-0.207	-0.069	-0.168	-0.026	-0.160	-0.290
PR2	**0.860**	-0.209	-0.104	-0.180	-0.064	-0.189	-0.241
PR3	**0.670**	-0.096	-0.098	0.077	-0.129	-0.096	-0.201
PR5	**0.614**	-0.153	-0.086	0.007	-0.076	-0.094	-0.192
PE1	-0.184	**0.857**	0.247	0.472	0.271	0.523	0.241
PE2	-0.222	**0.897**	0.262	0.518	0.313	0.542	0.242
PE3	-0.226	**0.897**	0.367	0.568	0.305	0.489	0.192
EE1	-0.006	0.242	**0.775**	0.280	0.286	0.269	-0.060
EE2	-0.169	0.294	**0.865**	0.342	0.518	0.367	0.084
EE3	-0.105	0.292	**0.892**	0.452	0.572	0.523	0.117
SI1	-0.113	0.436	0.449	**0.874**	0.292	0.562	0.129
SI2	-0.146	0.606	0.324	**0.893**	0.325	0.621	0.192
SI3	-0.078	0.474	0.379	**0.832**	0.423	0.574	0.165
FC1	0.019	0.214	0.425	0.285	**0.722**	0.334	0.249
FC2	-0.146	0.319	0.542	0.352	**0.873**	0.604	0.278
FC3	-0.067	0.216	0.457	0.269	**0.810**	0.523	0.136
FC4	-0.040	0.283	0.347	0.338	**0.706**	0.498	0.147
BI1	-0.240	0.530	0.520	0.576	0.618	**0.894**	0.357
BI2	-0.169	0.554	0.331	0.669	0.566	**0.888**	0.311
BI3	-0.088	0.434	0.409	0.506	0.489	**0.818**	0.286
UB	-0.320	0.256	0.076	0.188	0.256	0.368	**1.000**

注：斜对角线上的粗体字即因子载荷，其他数字为交叉载荷。

测量模型的内部一致性信度一般通过 Cronbach's α（CA）、组合信度（Composite Reliability，CR）、ρA 来衡量（Hair，2019）。表 2－4 显示所有构念的 CA、ρA 和 CR 在 0.7 以上，表明测量模型具有较好的信度。

表 2－4　　　　　　　　构念信度、效度和共线性统计（VIF）

构念	CA	ρA	CR	AVE	VIF（意愿）	VIF（行为）
感知风险	0.713	0.769	0.817	0.531	1.063	
绩效期望	0.860	0.861	0.914	0.781	1.600	
努力期望	0.810	0.891	0.882	0.715	1.218	
社会影响	0.834	0.836	0.900	0.751	1.705	
便利条件	0.786	0.810	0.861	0.609		1.601
采纳意愿	0.835	0.846	0.901	0.752		1.601
采纳行为	1.000	1.000	1.000	1.000		

聚合效度（Convergent Validity）是指不同的观测变量可否用来测量同一潜变量，其判别标准是潜变量的平均提取方差（Average Variance Extracted，AVE），AVE 值在 0.5 以上表示可以接受的水平。表 2－4 表明 AVE 均大于 0.5，测量模型具有较好的聚合效度。

区别效度（Discriminant Validity）是指潜变量根据实证标准真正区别于其他潜变量的程度。本章利用 Fornell-Larcker 标准、交叉载荷（Cross-Loadings）、HTMT（Heterotrait-Monotrait Ratio）三种方法来评估区别效度。Fornell-Larcker 标准要求各潜变量的 AVE 的平方根应大于潜变量间的相关系数；交叉荷载是指一个指标对其所属潜变量的贡献，要求指标在相关潜变量上的载荷应大于其在其他潜变量上的所有载荷；HTMT 是指特质间相关（Between-Trait）与特质内（Within-Trait）相关的比例，是不同潜变量间指标相关的均值相对于相同潜变量间指标相关的均值的比值，要求两潜变量间的 HTMT 不能大于 0.85；表 2－3、表 2－5 和表 2－6 显示均达到标准，测量模型具有较好的区别效度。

表2-5　　　　　　　　　　**Fornell - Larcker 标准**

构念	感知风险	绩效期望	努力期望	社会影响	便利条件	采纳意愿	采纳行为
感知风险	**0.729**						
绩效期望	-0.238	**0.884**					
努力期望	-0.119	0.328	**0.845**				
社会影响	-0.131	0.587	0.440	**0.867**			
便利条件	-0.089	0.336	0.571	0.400	**0.781**		
采纳意愿	-0.196	0.587	0.484	0.677	0.646	**0.867**	
采纳行为	-0.320	0.256	0.076	0.188	0.256	0.368	**1.000**

注：斜对角线上的粗体字即 AVE 的平方根。

表2-6　　　　　　　**Heterotrait-Monotrait Ratio（HTMT）**

构念	感知风险	绩效期望	努力期望	社会影响	便利条件	采纳意愿	采纳行为
感知风险							
绩效期望	0.290						
努力期望	0.173	0.392					
社会影响	0.192	0.690	0.515				
便利条件	0.171	0.402	0.673	0.493			
采纳意愿	0.254	0.687	0.552	0.806	0.769		
采纳行为	0.373	0.274	0.114	0.205	0.293	0.401	

二　结构模型

当评估测量模型后，下一步是对结构模型进行评估，结构模型用于观察变量与变量之间的路径系数及显著性、模型拟合度等。由于用于潜变量之间关系的结构模型系数是通过估计一系列回归方程式得出的，因此，在评估结构模型前，必须检查是否存在多重共线性，以确保其不影响回归结果。由表2-2可知方差膨胀因子（VIF）在1.063—1.601之间，远小于5的临界值，这表明模型不存在多重共线性问题。

本章利用 Bootstrapping 重复抽样的方法构造 5000 个新样本对模型进行估计。从图 2 - 2 可知研究模型能解释行为意愿 55% 的方差、解释使用行为 14% 的方差，这说明研究模型具有较好的解释效果。

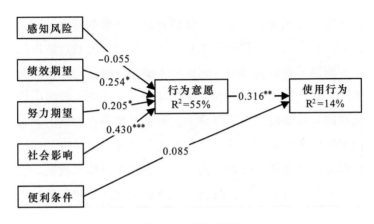

图 2 - 2　结构模型

注：∗ 表示 p < 0.05；∗∗ 表示 p < 0.01；∗∗∗ 表示 p < 0.001。

本章提出的 H2、H3、H4 和 H6 得到验证，即绩效期望、努力期望、社会影响对开放政府数据的采纳意愿的影响作用显著，采纳意愿对采纳行为的影响作用显著。另外，感知风险对开放政府数据的采纳意愿的影响作用不显著，便利条件对开放政府数据的采纳行为的影响作用不显著，由此拒绝 H1、H5。

表 2 - 7　　　　　　　　　研究假设结果

假设	路径关系	路径系数	标准方差	T 值	P 值	是否成立
H1	感知风险——采纳意愿	- 0.055	0.089	0.615	0.538	否
H2	绩效期望——采纳意愿	0.254	0.123	2.067	0.039	是
H3	努力期望——采纳意愿	0.205	0.087	2.358	0.018	是
H4	社会影响——采纳意愿	0.430	0.120	3.576	0.000	是
H5	便利条件——采纳行为	0.085	0.133	0.636	0.524	否
H6	采纳意愿——采纳行为	0.316	0.103	3.055	0.002	是

在本章中，我们发现开放政府数据用户对使用开放数据表现更好的期望对使用开放政府数据的行为意愿的影响最大。从实际意义上说，这一发现可能指导政策和决策者采取相关行动来提高预期绩效。例如，设立促进开放政府数据使用的相关非营利组织，定时提供开放政府数据相关信息，并提供使用建议，让用户觉得开放政府数据有助于其日常生活及实践活动，提升其绩效期望。本章发现，使用开放政府数据的行为意愿的一个预测因子是努力期望。它证明了使用开放政府数据的努力的增加会导致开放政府数据的接受和使用的减少。这表明，政府应该把重点放在消除使用开放政府数据的障碍上，而不是集中在数据的发布上。需要减少使用开放政府数据的工作量，例如，通过以容易再利用的格式发布政府数据，并优化开放政府数据平台，方便用户检索数据。为了减少使用开放政府数据的工作量，政府可以考虑设立开放政府数据咨询协助专责人员，在用户使用开放政府数据遇到问题或困难时，能提供其及时迅速的协助，提升其努力期望。例如，澳大利亚开放政府数据网站设置了用户联系窗口，以了解用户使用数据的情况并回答用户提问①。此外，社会影响是预测开放政府数据接受和使用的重要因素。因此，政府可以通过政府网站、电子邮箱、政务微博、政务微信等网络渠道以及政府接待厅、电话等传统渠道传达社会信息，鼓励用户使用开放数据集，并使他们认识到需要创造这些数据集的公共价值。此外，政府还可以举办各种开放数据创新应用大赛，不仅能将各地擅长开放数据开发利用的群体集合起来寻找挖掘数据的完美方案，还可以吸引媒体针对这个比赛进行宣传，从而产生积极的口碑。

本章小结

本章以 UTAUT 为基础构建了开放政府数据用户采纳模型，而且通

---

① 相丽玲、李彦如、陈梦婕：《中外政府数据开放运行机制的实证分析》，《现代情报》2020 年第 1 期。

过问卷调查的方式来进行实证研究。具体而言，以开放政府数据的使用者为问卷对象，问卷内容包括绩效期望、努力预期、社会影响、感知风险与人口统计变量等；各问卷项参考国内外学者的研究来建构，为配合研究主题稍微修改并进行小范围测试以进行初步分析和探讨，并于修正后作为正式问卷发放；人口统计变量因属类别数据，不必进行量化，其余应采用李克特五点尺度计分予以量化，分别为非常同意、一般、同意、不同意、非常不同意五个类别，依序给予1分到5分作为问卷测量方式。最后对回收的问卷加以整理及分析，依据实证研究成果提出结论与建议。未来的研究可以朝着如下方面改进：第一，可朝着开放政府、开放数据技术、开放数据基础设施等方面开展用户采纳研究。第二，由于研究人员、公民、公务员、企业家、开发人员等个体会采纳开放政府数据来进行统计分析、整合数据、论文写作，因而可以将用户进一步细分，关注这些用户的采纳行为。第三，扩大研究对象，本章的研究架构属于验证性因素分析，研究成果为探索性的现况解释，但本书受限于时间、物力，仍然有不甚完备的地方。建议未来的研究可以扩大范围及样本数，比较其差异。第四，本章以技术采纳与应用整合理论来编制调查问卷，编制完成后，虽经信效度检验，但仍有进步空间。技术采纳与应用整合理论不断地演变，未来研究者可以通过其他技术接受理论为研究工具，从而对开放政府数据的接受度进行更佳预测。

第三章 美国开放政府数据的
隐私风险控制[*]

自美国领先全球建构政府开放数据平台以来，世界各国皆陆续着手推动各项开放数据措施。但是，政府开放数据在提高经济效益和社会效益的同时，也给个人和团体的隐私保护带来了极大风险和挑战[①]。

第一节 美国政府数据开放中个人隐私的
评判标准

一 个人隐私界定

美国对于个人数据并没有一个通用的定义，但 2015 年 2 月 27 日所发布的《消费者隐私权法》（Consumer Privacy Bill of Rights Act）草案中对于个人数据进行了定义。依照第四条的规定，所谓个人数据是指：覆盖实体（Covered Entity）所管理的数据，而且一般公众无法合法地获取，它包括覆盖实体的链接，或是实践上得以链接到个人，或关系个人，或得以链接个人日常使用机器的数据。这些数据种类包括但不限于姓名、地址、电话、社会安全号码、护照号码、指纹、声纹等生理识别

---

　　[*] 本章相关内容已发表于论文。具体参见陈美《开放政府数据的隐私风险控制：美国的经验与启示》，《情报杂志》2021 年第 8 期。
　　[①] 陈美：《德国开放政府数据中的个人隐私保护研究》，《图书馆》2018 年第 8 期。

数据，数字或字母的网络识别数据，个人计算机的识别数据等①。

就保护内容而言，美国《宪法》的若干个修正案中都有隐私权的相关规定。

（1）根据第一修正案（First Amendment），人们享有其社团和信仰方面的隐私权②。在 1958 年全国有色人种协会与亚拉巴马州政府的案子（NAACP v. Alabama，357 U. S. 449）③ 中，NAACP 是一个纽约州的公司，通过当地一些没有登记的社团法人团体在亚拉巴马州进行运营。1956 年，亚拉巴马州要求法院禁止 NAACP 继续在亚拉巴马州进行这种活动，原因是 NAACP 没有符合相关规定：外国公司如果要经营商业，那么必须进行本州岛登记。在这个诉讼停止的过程中，亚拉巴马州要求 NAACP 提供很多的记录，如 NACCP 的会员名册等重要数据，但 NAC-CP 认为，亚拉巴马州要求公开的这些信息是违宪的。最终，美国最高法院在对这个案子做出裁决后，结社自由就成为基本权利，而且这个权利受到美国第一修正案的保护。这个案件就是一个典型的悖论及其合理性诉求：在"信息公开"与"隐私保护"之间存在冲突的情况下，如何在信息公开中保护个人隐私。

（2）公民对家中的隐私和个人物品也可有合理的期望。根据美国宪法第四修正案第四条规定：人民有保护其人身、住宅、文件与财物的权利，不受不合理拘捕、搜索与扣押，而且不得非法侵犯；除非有正当理由，经过宣誓或确认过的证据支持下的合理原因存在，并详细说明搜索的地点、被拘捕人或收押物，才能进行搜索及扣押④。因此，美国联邦最高法院 John Marshall Harlan 大法官在 1967 年的 Katz v. United States

---

① "Consumer privacy bill of rights act"，https：//obamawhitehouse. archives. gov/sites/default/files/omb/legislative/letters/cpbr-act-of-2015-discussion-draft. pdf，2022 年 8 月 20 日。

② "National ass'n for advancement of colored people v. state of ala. ex rel. patterson，357 u. s. 449（1958）"，https：//supreme. justia. com/cases/federal/us/357/449/，2022 年 8 月 20 日。

③ "NAACP v. patterson，357 u. s. 449（1958）"，https：//supreme. justia. com/cases/federal/us/357/449/，2022 年 8 月 20 日。

④ "Fourth amendment"，https：//www. law. cornell. edu/constitution/fourth_ amendment，2022 年 8 月 20 日。

案中提出"合理隐私期待"（Reasonable Expectation of Privacy）来判断国家机关行为是否构成属于前述条款"搜索"的保护范围，即搜索不限于家、办公室或其他场所，甚至可能在任何有合理隐私期待的地方实施，即使这个地方是非特定人可进出的公共场所①。

（3）在第五修正案和第十四修正案中体现的是，隐私权以自由和正当程序而存在。在 1965 年 Griswold v. Connecticute② 一案中，涉及的是康乃迪克州的心理医生及耶鲁大学医学院的教授。他们为了避免夫妇怀孕，向已婚夫妇提供相关信息以及医疗建议。尽管这些夫妇中有几对是免费的，但这些服务通常要收取费用。这个案件中涉及宪法的有两个问题：一方面，如果使用药物、药剂或设备来预防怀孕，那么会被罚款或处相应刑罚；另一方面，主犯罪者以其他协助犯罪者负共犯的刑事责任。可见，这个隐私权的指标性判决涉及的是女性是否自由享有生育的权利，也肯定了联邦宪法第十四修正案中所保障的权利，即身体自主是隐私权的范畴。在 2003 年 Lawrence v. Texas③ 一案中，也明确指出，宪法所保障的隐私权旨在确保同性恋者在其住宅内及其私人生活中自由选择并形成亲密关系，从而保有作为一个自由人所应享有的人性尊严。

二 开放数据政策中个人隐私保护

2009 年 12 月 8 日，美国发布的《开放政府指令》指出，无限制性的开放将会妨碍一些被合法保护的数据，而这些数据一旦释放，会威胁国家安全、侵犯个人隐私、违反保密或损害其他真正引人注目的利益④。2011 年 9 月 16 日，美国发布的《奥巴马政府的开放政府承诺》中指出，政府追求开放政府时，必须平衡那些影响公民福利的事项，如

---

① "Katz v. united states, 389 u. s. 347（1967）", https：//supreme. justia. com/cases/federal/us/389/347/，2022 年 8 月 20 日。

② "Griswold v. connecticut, 381 u. s. 479（1965）", https：//supreme. justia. com/cases/federal/us/381/479/，2022 年 8 月 20 日。

③ "Lawrence v. texas, 539 u. s. 558（2003）", https：//supreme. justia. com/cases/federal/us/539/558/，2022 年 8 月 20 日。

④ "Open government initiative", https：//www. state. gov/open/，2022 年 8 月 20 日。

国家安全、执法需要、政府特权、个人隐私和商业机密保护、鼓励健康和坦诚的讨论以及其他重要的关注事项①。2011 年 9 月 20 日，美国颁布的《开放政府伙伴关系——美国国家行动计划》规定，通过美国政府开放数据网站 Data. gov 获取的所有数据必须符合当前的隐私要求，而且政府机构负责确保通过 Data. gov 获取的数据集有任何所需的隐私影响评估（PIA）或记录通告（SORN），并且很容易在其网站上被获取②。

2013 年 5 月 9 日，美国发布的《执行 M-13-13 数据开放政策备忘录的执行指导纲要》指出，为了遵守《隐私法》、《电子政务法》（E-Government Act）、《联邦信息安全管理法案》、《保护机密信息和统计效率法》，机构应当基于《公平信息实践原则》（Fair Information Practice Principles，FIPP）和《针对联邦信息系统和组织的安全和隐私控制的 NIST 指南》③ 来执行信息政策；各个政府机关应指定专门部门与高级隐私官员或相关官员合作，从而为隐私及机密提供完全的安全保障，与首席信息安全官（Chief Information Security Officer）及相关任务负责人评估释放潜在敏感数据以及依风险进行决定的影响④。

2018 年 12 月，美国参议院、众议院通过《开放、公共、电子化与必要的政府数据法》（Open，Public，Electronic，and Necessary Government Data Act），随后由时任美国总统特朗普于 2019 年 1 月 14 日签署并公布，成为具有约束力的联邦法律。这部法律不只是美国走向开放政府的一步，也是《基于证据的政策制定基础法案》（Foundations for Evi-

---

① "The obama administration's commitment to open government"，https：//obamawhitehouse. archives. gov/sites/default/files/opengov_ report. pdf，2022 年 8 月 20 日。

② "The open government partnership national action plan for the united states of America"，https：//www. opengovpartnership. org/sites/default/files/US_ National_ Action_ Plan_ Final. pdf，2022 年 8 月 20 日。

③ "Security and privacy controls for federal information systems and organizations"，https：//nvl pubs. nist. gov/nistpubs/specialpublications/nist. sp. 800－53r4. pdf，2022 年 8 月 20 日。

④ "M-13-13 memorandum for the heads of executive departments and agencies"，https：//obamawhitehouse. archives. gov/sites/default/files/omb/memoranda/2013/m-13-13. pdf，2022 年 8 月 20 日。

dence-Based Policymaking Act of 2017）的一部分。这部法律促使开放数据不再只是行政法规，而是成为具全国强制力的统一法律。这部法律明文要求，除国家安全与个人隐私的考虑外，其他数据都应该以机器可读的开放格式在网络上开放。

美国政府开放数据网站 Data. gov 试图将各个政府机构所提供的数据集整合成一个数据目录，让公众及企业可以使用这些原始数据，并可按照个人用途进行再次开发和利用，从而提供新的基于数据的服务①。对于 Data. gov 而言，其关注点不只是过去强调的公众可以广泛使用数据，而且在更加高效提供更多数据的同时，保证和提高隐私、保密和安全。通过对 Data. gov 隐私政策进行研读发现，其内容主要包括自动收集和存储的信息、Cookies、个人信息、在线评论、评论和职位的审核、网站上收集的浏览器信息、网站安全、外部链接、儿童隐私、禁止事项、政策变更②。

第二节　美国政府开放数据中隐私影响评估（PIA）和风险应对原则

一　隐私影响评估（PIA）的运行逻辑与流程框架

"隐私影响评估"（Privacy Impact Assessment，PIA）是衡量隐私风险的有效工具，实践中已发展为标准化操作流程，成为国际上日益认同的理念与最佳实务③。美国于 2002 年颁布的《电子政务法》在 "Findings and Purposes" 的第 11 款规定：本法的目的在于，以符合个人隐私保护、国家安全、记录保存、残疾人获取以及其他相关法律的方式来促进政府信息和服务的获取。该法第 208 条隐私条款（Privacy Provisions）要求，美国政府机构要为使用个人可识别信息的新方案或重大变化方案

---

① 陈美：《美国开放政府数据的保障机制研究》，《情报杂志》2013 年第 7 期。
② "Privacy and website policies"，https：//www. data. gov/privacy-policy，2022 年 8 月 20 日。
③ 范为：《大数据时代个人信息保护的路径重构》，《环球法律评论》2016 年第 5 期。

的技术进行隐私影响评估（PIA）；首席信息官（CIO）或相关人员对PIA进行审查；除非有必要保护评估中所涉及的机密、敏感或私人信息，否则评估结果应当进行公开①。这意味着，各个机构需要向其主管请求提供信息供给系统的PIA副本。此外，每一机构主管也必须向其机构发布指南，具体说明PIA所要求的内容。这一做法也被推荐为所有组织处理个人数据的最佳实践，并将有助于捍卫与隐私侵犯有关的索赔。2018年6月，美国司法部将PIA的执行过程划分为七个步骤②。

第一步，信息系统描述：提供非技术性系统整体描述，以实现：（1）记录或系统设计想要实现的特定目的；（2）想要实现特定目的的系统运作方式；（3）通过系统来搜集、处理、利用或传播的信息的类型；（4）在系统中获取信息的人；（5）用户在系统中如何萃取信息；（6）系统如何传输信息；（7）与其他系统的任何相互连接。

第二步，系统的信息。（1）通过检查表来表明系统中被搜集、处理或传播的信息，这些检查表包括不同类型的表，分别检查识别码（Identifying Numbers）、一般个人数据（General Personal Data）、工作相关数据（Work-Related Data）、区别性特征（Distinguishing Features）、生物统计（Biometrics）、系统管理（System Admin）、审计数据（Audit Data）、其他信息（Other Information）。（2）通过检查表来说明系统中信息来源，这些检查表包括三类：获取方式、政府来源、非政府组织来源。（3）分析：识别与评估前述信息隐私的潜在威胁，描述将采用预防或降低隐私威胁的组成部分。

第三步，系统的特定目的与使用。（1）通过检查表来说明系统中信息的搜集、处理或传播的特定目的。（2）分析：解释关于信息利用的规范与其实现特定目的的理由。（3）通过检查表来说明系统中信息

---

① Department of homeland security（dhs）："privacy technology implementation guide"，https://www.dhs.gov/sites/default/files/publications/privacy-technology-implementation-guide.pdf，2022年8月20日。

② "Privacy impact assessment for forfeiture systems（fs）"，https://www.justice.gov/JMD_FS%20PIA/download，2022年8月20日。

被搜集的政策法规或协议。（4）阐述如何为实现特定目的来处理信息保存期限与到期信息（如果可以的话，须提出保存时间表的国家档案与记录管理的参考文献）。（5）描述各个组成部分信息利用结果的潜在威胁，而且确保存在适当的操纵、保存、处理信息的控制措施（如系统用户的强制性训练、信息清除的自动化设施）。

第四步，信息共享。（1）通过检查表来说明共享系统中信息的单位及其共享的方式，该表关注四个方面：个案（Case-by-Case）、批量传输（Bulk Transfer）、直接获取（Direct Access）与其他。（2）分析：描述因信息共享所增加的衍生风险，而且提供预防或降低隐私可能威胁其组成部分的控制措施。

第五步，告知、同意与矫正。（1）通过检查表来告知数据当事人，利用系统来搜集、处理或传播信息的情况。（2）通过检查表来详述当事人是否存在拒绝提供信息的方法或理由。（3）通过检查表来详述当事人是否存在拒绝同意其特别利用其信息的方法或理由。（4）分析：当事人信息被搜集与利用的告知/免予告知、同意与矫正权利。

第六步，信息安全。（1）通过"信息安全"检查表来检查，具体内容包括：信息已达到美国《联邦信息安全管理法（FISMA）》要求的安全性，而且提供近期的验证与认证报告；是否已进行安全风险评估；描述已识别与实践的适当安全控制措施来应对通过安全风险评估出的风险；详述如何来监视、测试或评估预防信息误用的保护机制；已有确保的遵循安全标准的审核程序，而且包含基于角色的获取（Role-Based Access）与预防数据误用的测量；存取系统的合约商的契约已遵守《隐私法》的条款；存取系统的合约商的契约已遵守司法部要求的信息安全规范；被授权存取或接收系统信息的用户应要求接受相关训练，包括信息安全一般性训练、被授权使用系统的单位内人员的规范性训练、被授权使用系统的单位外人员的规范性训练以及其他相关训练。（2）描述如何利用获取和安全控制措施来保护隐私以及降低非自动化获取和披露所产生的风险。

第七步，《隐私法》。（1）通过检查表来确定系统中的记录的合法性。（2）分析：描述系统中信息如何合法。

二　隐私风险应对的原则

《执行 M-13-13 数据开放政策备忘录的执行指导纲要》[①] 中指出，数据开放会涉及隐私保障问题，如果想避免政府所持有的个人数据因开放而造成的伤害，那么应当使用《公平信息实践原则》（FIPP）[②] 来减轻信息系统及程序可能产生的隐私风险，并以"马赛克效应"（Mosaic Effect）来评估那些可能识别出特定人的风险，因而政府在发布敏感数据之前应考虑并决定某些既有数据与即将发布的数据在对比后是否可能造成识别个人身份或造成安全顾虑问题。FIPP 最早源自 1973 年由美国健康、教育与福利部所发布的报告《记录、计算机以及公民权》（Records，Computers，and the Rights of Citizens：Report of the Secretary's Advisory Committee on Automated Personal Data Systems）[③]，并影响经济合作与发展组织于 1980 年发布的《隐私与个人数据跨境流动保护纲领》（Guidelines Governing the Protection of Privacy and Transborder Flows of Personal Data）以及亚太经济合作会议（Asia-pacific Economic Cooperation，APEC）所颁布的《隐私框架》（Privacy Framework）。FIPP 在个人信息保护方面确立了两项重要规则：一是透明规则，即在收集个人信息时应当告知个人其个人信息被收集、利用以及共享的范围和方式等；二是个人参与规则，即他人在收集与利用个人信息时，应当征得个人同意[④]。FIPP 主要包括五条原则。（1）告知/察觉（Notice/Awarnece）：任何网

---

① "M-13-13 memorandum for the heads of executive departments and agencies"，https：//obamawhitehouse. archives. gov/sites/default/files/omb/memoranda/2013/m-13-13. pdf，2022 年 8 月 20 日。

② "Fair information practice principles"，https：//web. archive. org/web/20090331134113/http：//www. ftc. gov/reports/privacy3/fairinfo. shtm，2022 年 8 月 20 日。

③ "Records，computers，and the rights of citizens：report of the secretary's advisory committee on automated personal data systems"，https：//www. justice. gov/opcl/docs/rec-com-rights. pdf，2022 年 8 月 20 日。

④ 王叶刚：《网络隐私政策法律调整与个人信息保护：美国实践及其启示》，《环球法律评论》2020 年第 2 期。

站在收集个人信息之前，必须明确说明其信息使用政策。（2）选择/同意（Choice/Consent）：必须让个人能自由决定系统内属于他自身的信息除支持所需的交易用途之外，愿不愿意让组织再拿去做其他的用途。（3）存取/参与原则（Access/Participate）：必须提供一个方便快捷的渠道，让消费者能随时去检视、审阅其本身数据的正确性与完整性。（4）安全原则（Security）：为了确保数据的正确性和安全，必须采取负责的措施，防范未授权的第三者撷取这些信息。（5）强化原则（Enforcement）：无论是通过行业本身的自律或者政府立法管制，都要为消费者产生私人补救措施，以及通过民事和刑事制裁可强制执行的监管计划。

第三节　隐私风险应对的去识别化

一　去识别化过程

2010年4月，美国国家标准与技术局（National Institute of Standards and Technology，NIST）制定并发布了《个人可识别信息机密性保护指引》（Guide to Protecting the Confidentiality of Personally Identifiable Information（PII））（NIST SP800 – 122），指导联邦政府部门及其相关外包单位进行个人信息保护。该文件以风险为基础，建议使用操作性与隐私相关的保护与事故回应计划。其中一个措施是个人信息去识别化：当不再需要有关个人的全部记录时，组织需要通过去除足以识别个人的相关信息，加以去识别化，使留下来的信息无法识别出特定个人。2015年，NIST所发布的个人信息去识别化研究报告（NISTIR 8053）指出，当组织编制、利用、归档、分享及开放含有个人数据的数据时，通过去识别化去技术，不仅可移除个人敏感信息，降低个人隐私风险，从而在数据利用与个人隐私保护之间进行平衡，而且去识别化数据在收集后经过最小加工处理，从而能降低数据利用与归档的成本，降低数据外泄的隐私风险①。

---

① "Nistir 8053 de-identification of personal information"，https：//nvlpubs. nist. gov/nistpubs/ir/2015/nist. ir. 8053. pdf，2022年8月20日。

在去识别化的程度与风险方面（见图3-1），左侧是与个人无关的数据（如历史天气记录），因而没有隐私风险，右侧是直接识别特定个体的数据。在这两端之间的是可以关联到人群的数据或那些基于个人但不能与个人关联起来的数据。通常而言，去识别化方法在于，将数据推向左侧的同时，保留一些所需的数据效用。

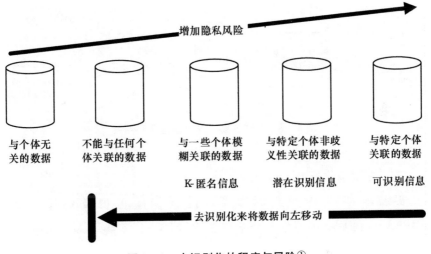

图3-1 去识别化的程度与风险①

图3-2概述了去识别过程。来自"数据主题"（Data Subject）的数据是涉及个人的数据，这些个人数据合并为包含个人信息的数据集。去识别化创造了一个新的被认为没有识别数据的数据集。组织内部可以使用该数据集（不是原始数据集），以降低隐私风险。数据集也可以提供给诸如数据使用协议之类的其他管理控制约束的受信任数据接受者（Trusted Data Recipients）。另外，该数据可能会被广泛提供给大量未知和未经审查的数据接收者使用，如通过在互联网上发布去识别的数据，这时被重新识别的风险比较高，因而对去识别化程度也要求较高。如

---

① "Nistir 8053 de-identification of personal information"，https：//nvlpubs. nist. gov/nistpubs/ir/2015/nist. ir. 8053. pdf，2022年8月20日。

图 3 - 2 所示，不需要公开发布去识别数据，而且去识别化只是用于保护数据身份的若干控制措施之一。去识别化可以由人工进行或自动化处理，或两者的结合。一旦完成去识别化，就可以手动审查数据或以其他方式审核数据，以确定是否仍然存在任何标识信息。

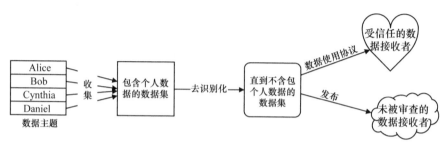

图 3 - 2　数据收集、去识别化及利用①

二　去识别化标准

美国国会在 1996 年颁布了《健康保险可携及责任法案》（HIPAA），随后美国卫生与公众服务部（HHS）实施了多部法规，以便在实践中贯彻该法案。HIPAA 的主要规定包括安全规则、隐私规则和违规通知规则。HIPAA 将 18 种识别信息移除来判断是否去识别化，这些信息包括姓名、地理信息、日期信息、电话号码、传真号码、电子邮件地址、设备编号或序号、网络地址（URLs）、IP 地址、社会安全号码、病历号码、医疗计划或健保号码、账号、证照编号、车牌、车籍信息、生物辨识信息（如指纹、声纹）、脸部照片、其他可识别个人的编号或特征。换言之，HIPAA 要求通过去除 18 种个人信息，从而达成去识别化。尽管去识别化有助于隐私保护，但过度强调去识别化也会使这些数据变得毫无意义，降低了数据的价值。HIPAA 隐私准则明文规定去识别化的标准或方式：以个人医疗信息为例，该准则 45 CFR

① "Nistir 8053 de-identification of personal information"，https：//nvlpubs. nist. gov/nistpubs/ir/2015/nist. ir. 8053. pdf，2022 年 8 月 20 日。

164.514（b）中，明确以专家判断法或安全港准则来判定。此外，HIPAA 还针对受保护医疗信息（PHI）的安全和隐私制定了相应的国家标准。PHI 是识别个人身份并与个人的过去、现在或未来的身体或精神健康状况有关，与向个人提供医疗保健服务有关或者与支付过去、现在或未来的医疗服务费用有关的信息，这意味着，PHI 包括相关实体以电子、纸面或口头陈述形式持有或传送，可以确定个人身份的健康或心理健康信息，不包括无法识别个人身份的信息。

从国际上来看，美国是政府开放数据发展的先驱，通过开放个人数据来促进公民安全获取个人数据，如"蓝色按钮"（Blue Button）和"绿色按钮"（Green Button），这得益于其较为完善的隐私风险控制体系。一方面，公私分立的立法模式。美国在 1974 年通过的联邦《隐私法》范围较广且主要规范政府部门。伴随近年来个人数据泄露的事件频繁爆发，美国开始针对私人企业的个人数据保护采取立法，如《健康保险便利和责任法案》（HIPAA）、《金融服务现代化法》（GLBA）、《公平信用报告法》（FCRA）、《有线通信政策法》（CCPA）、《儿童线上隐私保护法》（COPPA）、《金融隐私权法》（RFPA）、《家庭教育权利及隐私法》（FERPA）。通过不同领域的立法，巩固不同政府开放数据领域的个人数据搜集、处理和利用，修正联邦隐私法，从而完善政府开放数据中个人数据保护机制。另一方面，注重隐私侵犯的救济。在美国，基于确凿的证据，在数据泄露的情况下，诉讼变得越来越普遍。例如，美国的 ChoicePoint 公司发生过客户数据泄露事件，并为此支付了超过 2600 万美元的费用和罚款，其中包括联邦贸易委员会采取的行动①。

美国政府开放数据的隐私风险控制也面临许多挑战。一方面，存在法律冲突。如前所述，美国为各种类型的数据分别制定了隐私管理，这

---

① "ChoicePoint settles data security breach charges; to pay ＄10 million in civil penalties, ＄5 million for consumer redress"，https：//www.ftc.gov/news-events/press-releases/2006/01/choicepoint-settles-data-security-breach-charges-pay-10-million，2022 年 8 月 20 日。

些类型的数据受到不同甚至相互冲突的联邦和各州政府的监管，包括财务隐私（GLBA）、儿童隐私权（COPPA）及医疗隐私（HIPAA），而且执法主要取决于私营部门和自律。另一方面，忽略隐私政策的可选择性。美国企业制定自己的隐私政策，其他企业和个人负责通知自己并采取相应行动。这种方式存在的问题是，个人处于相对较弱的地位，因为他们很少意识到隐私政策所提供选择的重要性，并且在不通知自己的情况下普遍同意这些选择。

总体来看，开放政府数据问题是近期学界的研究热点，特别是如何解决政府数据充分利用和个人隐私保护的冲突，是学界的难点问题。本章通过梳理和介绍美国立法通过隐私评判、隐私保护影响评估和风险识别、去识别化等制度保障政府数据开放过程中的个人隐私，对我国立法提供了借鉴，因而有必要在借鉴美国相关制度的基础上，提出我国开放政府数据个人隐私保护的具体制度设计。因此，在对美国政府开放数据的隐私风险控制进行梳理的同时，我国应借鉴其经验来保障政府开放数据的隐私安全，包括形成完善的立法模式，及时修订和完善隐私保护的相关法律，避免法律之间相互冲突的情形；积极参与国际隐私保护规则体系构建，提高中国在这一领域的话语权；增强救济力度，完善政府开放数据中侵犯隐私权的救济体系；对企业、公民、非政府组织等政府开放数据利益相关者进行隐私政策咨询，增加隐私政策的可选择性，加强隐私政策的认同；允许用户针对政府开放数据提出原始数据分析需求，其分析结果经去识别化后提供，以发挥数据的效益，而不是一味强调去识别化。从制度层面来说，尽管中国民法草案及专家建议稿有列出一些个人信息保护的规定，但因仅是草案且民法是基本法，不能如专法那样可详尽规定，也不如专法辅以民法及其他法律共同保护的方式完善，因而中国应尽快制定发布个人信息保护法，并制定和完善不同领域的个人信息保护立法，使能完整维护人民的个人信息权利。幸运的是，第十三届全国人大常委会第二十二次会议对《中华人民共和国个人信息保护法（草案）》进行了审议，并向社会公开征求意见。此外，尽管我国已经颁布并修订了《政府信息公开条例》，但这只是行政法规，而且停留在政府信息公开而非开放政府数据层面，因而可以考虑借鉴美国的做法将其上升为法律或修改为开放政府数据法。

本章小结

之所以选择美国作为政府开放数据的隐私风险控制的案例研究，原因在于：从国际实践角度来看，美国政府开放数据起步相对较早，而且在万维网基金会于2017年5月发布的《开放数据晴雨表：全球报告》（第四版）中，美国在全世界综合排名第四[①]；从国内研究情况来看，目前有学者对美国开放政府数据中个人隐私保护进行了研究，但主要分析美国个人隐私保护的法律法规、政府数据开放政策、隐私保护机构[②]，而本章则侧重从美国在政府数据开放中个人隐私评判、隐私影响评估和政策逻辑分析来梳理理论和实践经验。因此，本章利用文献调研和案例分析的方法，以美国为研究对象，对其政府开放数据隐私风险控制进行分析，以期为我国政府开放数据的隐私保护提供借鉴。

[①]　"ODB global report fourth edition"，https：//opendatabarometer. org/doc/4thEdition/ODB-4thEdition-GlobalReport. pdf，2022年8月20日。

[②]　黄如花、李楠：《美国开放政府数据中的个人隐私保护研究》，《图书馆》2017年第6期。

第四章　韩国开放政府数据的隐私风险控制[*]

　　随着越来越多的开放数据变得可用，数据用户出现了难题。个人隐私应像公共物品一样得到对待，而且应当认识到许多带有个人可识别信息（PII）的数据集也包含了一些非常有用的信息。在政府开放数据的过程中，隐私问题使得各国政府机构陷入灰色地带。这是因为他们在是否主动开放政府数据上做出了不同的决定，在如何处理版权和隐私方面也有不同的行动，以及他们对政府数据的发布具有何种影响也没有明确的评估。

　　因此，本章借鉴刘文云等[①]的分析框架，以控制论为依据，从控制器、执行器和反馈这三个部分对韩国开放政府数据隐私风险控制进行具体分析。具体而言，由政策和法律构成系统的控制器，根据控制器中个人隐私界定及开放政府数据中个人数据而确定控制指令，由执行机制作为执行器来执行这一指令，实现开放政府数据中隐私影响评估及去识别化而对执行器所产生的偏差进行处理，反馈给控制器，控制器按照控制任务对偏差信号进行处置，使之符合控制参数条件，最终实现开放政府数据隐私风险控制的目的（见图 4 - 1）。

---

　　* 本章相关内容已发表于论文。具体参见陈美《韩国开放政府数据的隐私风险控制研究》，《情报理论与实践》2021 年第 8 期。

　　① 刘文云、岳丽欣、马伍翠等：《政府数据开放保障机制在数据质量控制中的应用研究》，《情报理论与实践》2018 年第 4 期。

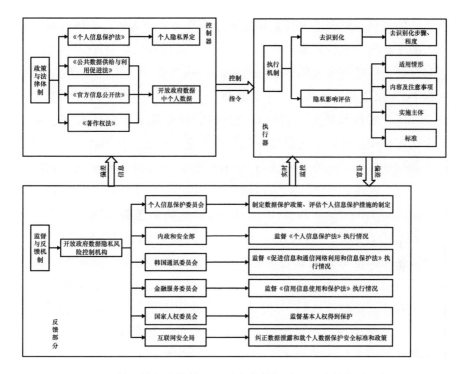

图4-1　基于控制论的韩国开放政府数据隐私风险控制分析框架

第一节　个人隐私界定及开放政府数据中的个人数据

一　个人隐私界定

韩国的《个人信息保护法》（PIPA）[①] 于 2011 年 9 月 30 日颁布，并先后于 2013 年 3 月 23 日、2013 年 8 月 6 日、2014 年 3 月 24 日、2014 年 11 月 19 日、2015 年 7 月 24 日、2016 年 3 月 29 日得到修订，被认为是世界上最严格的数据保护制度之一。该法分为 9 章 75 条，由总则、数据保护政策制定、个人信息的处理、个人信息的安全保障、数

---

① "Personal Information Protection Act（General Law）"，https：//www. privacy. go. kr/cmm/ fms/FileDown. do? atchFileId = FILE_ 000000000830758&fileSn = 1&nttId = 8186&toolVer = &toolCn tKey_ 1 = ，2022 年 8 月 20 日。

据主体的权利保障、个人信息纠纷调停委员会、个人信息集体诉讼、附则、刑事条款组成。根据 PIPA 第 1 条，本法旨在规定对个人信息的处理和保护，以增进个人的权利和利益，进一步实现个人的尊严和价值。根据 PIPA 第 2 条第 1 项，"个人数据"是指与任何有生命的人有关的信息，可以通过其姓名、居民登记号码、图像等来识别该人（包括本身无法直接识别特定个人但如果与其他信息轻松结合使用就可以识别特定人的信息）。根据 2016 年 3 月 22 日颁布的《促进信息和通信网络利用和信息保护法》（The Act on the Promotion of the Use of the Information Network and Information Protection，ICNA）的第 2 条第 6 款，"个人信息"是与活着的个人有关的信息，包含以代码、字母、语音、声音、图像或任何其他形式标识姓名、国家识别码或类似名称的特定人的信息，这包括本身无法识别特定人员但如果将其与其他信息结合使用则很容易识别该人员的信息①。尽管以上两部法律中的定义措辞存在细微差别，但这两部法律中个人数据结构是相同的。根据 PIPA 第 23 条第 1 项，敏感数据涉及意识形态、信仰、加入或退出工会或政党、政治见解、健康、性生活以及总统令（Presidential Decree）规定的其他可能会侵犯数据主体隐私的个人信息。PIPA 执行法令将遗传信息和犯罪记录作为敏感个人数据。从这个角度来看，韩国的一个典型特点是，授权以总统令的方式，增列新的敏感数据。由于数据涉及受影响者，因而根据 PIPA 第 2 条第 3 项，数据主体是指可以通过处理后的信息来识别的人，因而是给定信息的主体。类似地，根据《促进信息和通信网络利用和信息保护法》，"用户"是指使用由信息和通信服务提供商提供的信息和通信服务的人。

二 政府数据开放中的个人数据

在开放政府数据准备阶段，需要识别公共数据，对数据进行分类、

---

① "Act on Promotion of Information and Communications Network Utilization and Information Protection"，https：//elaw. klri. re. kr/eng_ service/lawView. do? hseq = 38422&lang = ENG，2022 年 8 月 20 日。

筛查，研判哪些数据可以开放或禁止开放。韩国于2013年7月30日签署并于10月31日生效的第11956号法《公共数据供给与利用促进法》（The Act on Promotion of the Provision and Use of Public Data）①。这是一部开放数据领域的专门性法律，旨在规定促进公共机构持有和管理的数据的提供和使用的事项，以保证公民有权获取公共数据而改善其生活质量的同时，能够通过私营部门利用此类公共数据而发展国民经济。根据该法第17条"开放数据范围"，每个公共机构的负责人应向公民提供由公共机构持有和管理的公共数据，而且不适用于包括以下任何信息的数据：根据《官方信息公开法》（Official Information Disclosure Act）第9条规定的不予公开的信息；涉及受《著作权法》或任何其他法规保护的未得到相关法律的适当授权的任何第三者权利的信息。

　　根据《官方信息公开法》第9条"保密信息"第1款第6项，由公共机构保存和管理的所有信息均应向公众公开。但前提是，不得公开以下任何信息：相关信息中包含的个人信息，如姓名、居民登记号码等，如果被公开，则被认为可能损害个人的隐私或自由，而且前提是，以下个人信息应排除在其中：根据法令和从属法规提供给公众阅读的信息；公共机构为公开宣布而准备或获取的信息，应公正地干扰个人的隐私或自由；由公共机构准备或获取的信息，为了补偿公共利益或个人权利，有必要公开这些信息；履行职责的公职人员的姓名和职务；国家或地方政府根据本法和从属法规委托或委托部分职责的个人的名称和职业，出于公共利益的考虑，必须对其进行公开②。根据《著作权法》第24－2条第1款第2项，未经许可，不得使用由国家或地方政府公开发布的或者已由国家或地方政府公开发表的作品或者由国家或地方政府根据合同将作者的经济权利全部拥有的作品。但是，当所提供的作品属于下列任何一种情况时，该规定将不适用：与个人隐私或机密商业信息相

---

①　"Act on Promotion of the Provision and USE of Public Data"，http：//elaw. klri. re. kr/eng_ mobile/viewer. do？hseq = 37882&type = part&key = 4，2022年8月20日。

②　"Official Information Disclosure ACT"，http：//elaw. klri. re. kr/eng_ service/lawView. do？ hseq = 29982&lang = ENG，2022年8月20日。

对应的地方①。

第二节　政府数据开放隐私风险评估及应对

一　隐私影响评估（PIA）的框架

PIA 已经成为隐私和数据保护领域的重要组成部分，也被证明是一个有用的工具，有助于处理个人信息的机构妥善考虑及处理这些信息所带来的隐私风险。可见，PIA 是一个帮助机构识别和降低项目隐私风险的过程。韩国 PIA 制度内容主要存在于《个人信息保护法》（PIPA）及其执行令中。《个人信息保护法的执行令》于 2011 年 9 月 29 日颁布，并先后经过数次修订②，历次修改的要点等信息如表 4 - 1 所示。

表 4 - 1　　　　个人信息保护法的执行令历年修订内容

修订时间 修订条款	2013 年3 月23 日	2014 年8 月6 日	2014 年11 月19 日	2015 年3 月11 日	2015 年12 月22 日	2015 年12 月30 日	2016 年7 月22 日
第 11 条第 1 款	√		√				√
第 11 条第 2 款	√		√				√
第 11 条第 3 款	√		√				√
第 12 条第 1 款	√		√				√
第 13 条第 1 款	√		√				√
第 13 条第 5 款第 2 项	√		√				√
第 13 条第 5 款第 3 项	√		√				√

---

① " COPYRIGHT ACT ", https：//elaw. klri. re. kr/eng ＿ service/lawView. do? hseq ＝42726&lang ＝ ENG，2022 年 8 月 20 日。

② "Enforcement Decree of the Personal Information ACT", https：//www. privacy. go. kr/cmm/fms/FileDown. do? atchFileId ＝ FILE＿ 000000000830758&fileSn ＝ 3&nttId ＝ 8186&toolVer ＝ &toolCntKey＿ 1 ＝，2022 年 8 月 20 日。

续表

修订时间 / 修订条款	2013年3月23日	2014年8月6日	2014年11月19日	2015年3月11日	2015年12月22日	2015年12月30日	2016年7月22日
第24条第4款				√			
第32条第2款							√
第37条第1款					√		
第38条第1款							√
第38条第2款	√		√				
第39条第2款						√	√
第40条第2款			√				
第40条第3款			√				
第40条第4款		√					
第49条第1款							√
第50条							√
第53条第2款						√	
第60条第2款						√	
第62条第2款						√	
第62条第3款						√	
第62-2条第1款			√			√	
第62-3条第2款						√	

注："√"表示该条款在相应时间得到修订。

（一）PIA 适用情形

根据 PIPA 第 33 条第 1 项，如果出现因按照符合规定的标准来处理个人信息文件而导致数据主体的个人信息可能遭到违反的情况，公共机构负责人应进行评估，以分析和改善风险因素，并将其结果提交给内政和安全部（Ministry of the Interior and Safety，MOIS）。在这种情况下，公共机构的负责人应向内政和安全部指定的任何机构（PIA 机构）要求进行 PIA。根据《个人信息保护法的执行令》第 35 条"PIA 的对象"，PIPA 第 33 条第 1 项中的"符合总统令规定标准的个人信息文件"是指可以电子方式处理的以下任何个人信息文件：（1）将被建立、操作或修改的个人信息文件，其中包含敏感信息或至少五万个数据主体的个人身份信息，以供处理；（2）建立并运行的个人信息文件，将与在相关公共机构内部或外部建立并运行的其他个人信息文件相匹配并通过匹配，包含至少五万个数据的个人信息主体；（3）将建立、操作或修改的个人信息文件，其中包含至少一百万个数据主体的个人信息；（4）根据PIPA第33条第1项而进行PIA以后，将更改其操作系统（包括数据检索系统）的个人信息文件，在这种情况下，PIA应限于更改后的系统。

（二）PIA包含内容及注意事项

根据PIPA第33条第2项，PIA应涵盖以下事项：正在处理的个人信息的数量；个人信息是否提供给第三方；侵犯数据主体权利的可能性和风险程度；总统令规定的其他事项。《个人信息保护法的执行令》指出，本法第33条第（2）项第四款所述的"总统法令规定的其他事项"系指下列任何一项：是否会处理敏感数据或唯一标识符；个人信息的保留期限。

此外，PIPA第33条第3项至第8项也规定了相关内容：内政和安全部在收到根据第（1）款进行的PIA结果后，可根据个人信息保护委员会的意见和解决方案提出其意见；公共机构负责人应当依照第32条第1款注册个人信息文件，并根据第32条第1款对其进行PIA，并附上PIA结果；内政和安全部应采取必要措施，如培养相关专家、制定和传播PIA标准，以促进PIA；根据第（1）款，与PIA有关的必要事项，如指定为PIA机构的标准、撤销指定、评估标准、方法和程序等，应由总统令规定；由国民议会、法院、宪法法院和全国选举委员会（包括其附属实体）进行的有关PIA的事项应由国民议会条例、最高法院条例、宪法法院条例和国家选举委员会条例进行规范；如果在操作个人信息文件中存在极有可能违反数据主体的个人信息，则公共机构以外的个人信息控制者应积极进行PIA。

（三）PIA实施主体

根据《个人信息保护法的执行令》第37条"PIA机构的指定和指定的撤销"，内政部和安全部可以指定一个公司，满足以下所有要求才可以担任 PIA 机构：（1）在过去五年中，通过相关业务活动获得的总收入超过 2 亿韩元的公司；（2）至少聘有指定的十名全职专家的公司；（3）具有识别和访问控制设施以及安全管理记录和材料的设施的公司。有意被指定为 PIA 机构的人，应按照《内政和安全部条例》规定的格式，向内政和安全部部长提出指定为 PIA 机构的申请，并附上以下内容：公司章程；代表姓名；相关证明文件；《内政和安全部条例》规定的其他文件。收到提交的指定为 PIA 机构的申请后，内政和安全部部长应通过共享行政信息来验证以下文件：公司注册证书；根据《移民法》第 88 条第 2 款签发的外国人登记证书（仅适用于外国人）。指定 PIA 机构后，内政和安全部部长应立即向相关申请人发出书面指定，并在《官方公报》上发布以下事项：PIA 机构的名称、地址和电话号码以及其代表的姓名；名称附带的条款和条件。在以下任何一种情况下，内政和安全部部长可以撤销第（1）款规定的 PIA 机构的指定：通过欺诈或其他不正当手段指定的 PIA 机构；PIA 机构希望撤销该指定或已关闭其业务的地方；PIA 机构不满足第（1）款规定的指定要求的；PIA 机构未按照第（6）款提交报告的；PIA 机构故意或由于重大过失而无意识地进行了 PIA，并且被认为无法适当地进行 PIA；PIA 机构违反该法或本法令规定的任何职责。

（四）PIA 标准

《个人信息保护法的执行令》第 38 条对 PIA 标准进行了规范。第一，PIPA 第 33 条第 6 款提及的 PIA 标准如下：（1）相关个人信息文件中包含的个人信息的类型和性质、数据主体的数量以及后续数据泄露的可能性；（2）PIPA 第 24 条第 3 款、第 25 条第 6 款和第 29 条所采取的确保安全的措施水平，以及随后发生数据泄露的可能性；（3）针对数据泄露风险因素的对策；（4）受 PIPA 或《个人信息保护法的执行令》约束的其他必要措施，或影响违反职责的任何因素。第二，PIA 机构收到根据 PIPA 第 33 条第 1 项要求进行 PIA 的请求时，应根据规定的 PIA 标准来分析和评估由个人信息文件的操作引起的数据泄露风险因素，编写一份包含相关事项的 PIA 报告，并将报告提交给相关公共机构的负责人。该公共机构的负责人应在建立、操作或更改所提供的个人信息文件之前，向内政和安全部部长提交报告如下内容：与个人信息文件有关的项目摘要以及目的；受 PIA 的个人信息文件的大纲；根据 PIA 标准对数据泄露风险因素进行分析和评估，以及需要改进的事项；进行 PIA 所需的人力资源和成本。第三，除非 PIPA 和《个人信息保护法的执行令》另有明确规定，否则内政和安全部部长可以建立并公开通知指定 PIA 机构的详细标准、PIA 程序等。

二　隐私风险应对的去识别化

过去，业界一直抱怨个人信息的概念含混不清，并且没有明确提出去识别措施的标准，这使得大数据利用变得困难。学术界和媒体不断提出这样的观点，即在大数据和物联网（IoT）时代需要去识别化措施的指南。在大数据时代，已经建立了用于不识别个人信息的明确标准、支持和管理系统。因此，韩国政府行政和内政部等相关部门已经发布了有关去识别化措施的准则，以消除企业对个人信息的不确定性并促进 ICT 融合行业的发展，防止在使用数据的过程中侵犯个人信息。韩国科学、信息通信技术与未来计划部和通讯委员会于 2016 年 6 月 30 日发布了《个人数据去识别化指南》①。该指南明确指出，这是行动标准，打算通过适当的去识别化措施而使用和提供个人信息的公司必须遵循该行动标准。此外，这一指南将去识别化步骤分为 4 个，并在每个步骤中介绍了详细的操作和注意事项（见图 4 - 2）。

（1）初步审查。这个阶段审查特定数据是否属于个人数据。如果经确认为非个人数据的数据，那么可在不受任何法律限制的情况下尽可能得到使用。（2）去识别化。通过单独使用或组合使用各种去识别化技术来删除个人身份验证的元素，如匿名化、数据删除、分类和数据屏

---

①　"Guidelines for De-identification of Personal Data"，https：//www. privacy. go. kr/cmm/fms/ FileDown. do？atchFileId = FILE_ 000000000830764&fileSn = 0&nttId = 8190&toolVer = &toolCntKey_ 1 = ，2022 年 8 月 20 日。

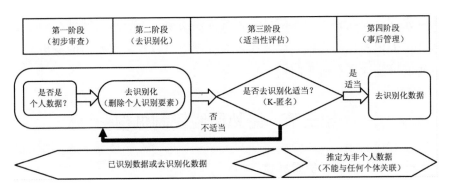

图 4 - 2　个人数据去识别化和后续管理的程序

蔽。（3）适当性评估。通过外部评估小组进行客观评估，以确定是否正确执行了去识别化措施。在这个评估过程中，使用了 K - 匿名，这是一种客观而定量的评估方法。K - 匿名意味着具有相同值的多于 K 条记录，因而很难推断出特定的个人。例如，如果将 K 的值设置为 5，从而执行去识别化，那么在数据集中的情况下，不存在个人识别元素，而且至少有 5 条记录相同，从而使得识别困难。（4）事后管理。为安全使用不可识别数据和防止滥用提供了必要的保障措施。第四阶段意味着即使经过去识别化处理后的数据在开放后也要得到管理。

　　如上所述，尽管韩国政府于 2016 年发布了《个人数据去识别化指南》，但许多公司仍在使用个人信息方面面临歧义，因为这个指南的内容经常与韩国《个人信息保护法》相冲突，使得去识别化这一概念仍然模糊。例如，在首尔高等法院于 2019 年 5 月 3 日判决的第 2017Na2074963 / 2017Na2074970 号决定中，高等法院裁定韩国药品信息中心因提供敏感的个人信息即患者的处方药数据未经第三方同意而违反《个人信息保护法》。同时，高等法院指出，如果个人信息已经采取了诸如加密之类的适当的去识别措施，使得无法识别特定的个人，那么未经同意就将这些去识别化的数据提供给第三方的数据主体，则不应被视为违反《个人信息保护法》。高等法院裁定，这一案件中的所有数据（无论加密阶段如何）均违反了《个人信息保护法》，因为被告未经个人事先同意即收集了个人信息并将其提供给第三方。这一案件有助于了解准许去识别化的程度，以及在多大程度上可以根据解密后的身份数据解密的可能性而有所不同①。

第三节 隐私风险控制机构

一 个人信息保护委员会

个人信息保护委员会（PIPC）②是根据《个人信息保护法》（PI-PA）成立的独立机构，旨在保护个人的隐私权。PIPC的关键作用是审议和解决与个人数据有关的政策，协调其他政府机构之间在个人数据处理方面的意见分歧。接下来，将从如下几个方面对该机构进行阐述。第一，地位。根据PIPA第7条第1项，总统办公室下设个人信息保护委员会，审议和解决有关数据保护的问题，独立行使属于其职权的职能。第二，任免。根据PIPA第7条第2项，个人信息委员会应由不超过15名委员组成，包括1名委员长和1名常务专员；前者是依据第7条第3项规定而由总统从非政治任命的委员中选定，后者是政治任命官员。根据PIPA第7条第4项，这个委员会成员由总统从国会所制定的候选人中确定5名委员，而且最高法院首席大法官也要从指定的候选人中确定5名委员。委员的资格条件包括：（1）由与隐私有关的民间组织或消费者团体推荐的人士；（2）由个人信息控制者组成的行业协会推荐的人员；（3）其他在个人信息保护方面有丰富学术知识和经验的人员。根据第7条第5项，委员长和委员的任期是3年，可续任1次。第三，组织架构。根据PIPA第7条第6项，当委员长认为必要时或有超过四分之一的委员要求时，可以召集人员召开会议。根据第7条第7项，关于

---

① "De-identification of personal information and corporate compliance", https://www.inhousecommunity.com/article/de-identification-personal-information-corporate-compliance/，2022年8月20日。

② "Korea，South-Personal Information Protection Commission", http://www.pipc.go.kr/cmt/main/english.do#，2022年8月20日。

委员会会议的决议，如果出席会议的委员超过半数，那么以出席委员的过半数来表决通过。根据第7条第8项，委员会内设立一个秘书处，以支助委员会的行政工作。

二　其他机构

作为《个人信息保护法》（PIPA）的主管机构，内政和安全部（Ministry of the Interior and Safet，MOIS）① 负责个人数据政策的制定和调查，以及个人数据保护法规的执行。作为《促进信息和通信网络利用和信息保护法》的主管机构，韩国通讯委员会（Korea Communications Commission，KCC）② 负责监管广播和通信服务提供商，保护广播和通信服务的用户，并制定和实施与广播和通信有关的个人数据保护政策。作为《信用信息使用和保护法》（The Credit Information Use and Protection Act，UPCIA）的主管机构，金融服务委员会（Financial Services Commission，FSC）③ 负责信用信息保护。作为国家人权保护宣传机构而成立的机构，国家人权委员会④的关键作用是确保所有人的不可侵犯的基本人权得到保护，人权标准得到改善。作为《促进信息和通信网络利用和信息保护法》的法定组织，韩国互联网安全局（Korea Internet & Security Agency，KISA）⑤ 在个人数据保护方面的作用是为政府和地方政府机构提供支持和帮助，以纠正数据泄露和就个人数据保护安全标准和政策进行研究并提供建议。具体见表4－2。

---

① "Ministry of the Interior and Safet"，https：//www.mois.go.kr/eng/a01/engMain.do，2022年8月20日。

② "Korea Communications Commission"，https：//eng.kcc.go.kr/user/ehpMain.do，2022年8月20日。

③ "Financial Services Commission-About Korea"，http：//www.fsc.go.kr/eng/index.jsp，2022年8月20日。

④ "National Human Rights Commission of Korea"，https：//www.humanrights.go.kr/site/main/index002，2022年8月20日。

⑤ "Korea Internet & Security Agency-KISA English"，https：//www.kisa.or.kr/eng/main.jsp，2022年8月20日。

表4-2   韩国个人信息保护机构职责

机构	职责
PIPC	制定数据保护政策；评估与保护个人信息有关的法律和行政措施的制定/修订
MOIS	执行《个人信息保护法》；处理有关正式解释的问题；处以行政罚款、附加费、整改令和其他行政制裁
KCC	加强《促进信息和通信网络利用和信息保护法》的执行；处理有关正式解释的问题；处以行政罚款、附加费、整改令和其他行政制裁
FSC	实施《信用信息使用和保护法》；解决有关正式解释的问题
KISA	执行 MOIS、KCC 和 PIPC 委托给它的任务

第四节　评价与启示

以韩国所构建的系统化开放政府数据隐私风险控制内容为参照，整合我国开放政府数据隐私风险控制相关内容，将中韩两国开放政府数据隐私风险控制进行横向比较，可以发现，中韩两国在平台、法律、组织层面存在诸多不同。

一　平台层面

韩国政府先后通过了《开放公共数据指令》（Open Public Data Directive）和《社会使用原则》（Societal Use Principles），以促进政府机构的数据开放。2011 年 9 月，在联合国大会上，印度、墨西哥、巴西、南非、菲律宾、美国、英国、挪威八个国家联合签署《开放数据声明》，成立"开放政府合作伙伴"（简称 OGP）。通过向开放政府伙伴关系提交行动计划，韩国已经建立了一个具有重要公民信息的 24 小时公共在线服务网站，并发布了开放数据门户网站。此外，中央和地方政府机构在各自的网站上有专门的部分，标题为"政府 3.0/信息公开"，其中包含主动开放的公共数据。在韩国公共数据门户网站上，由不同政府机构开放的数据集中在一个平台上，使公民更方便地搜索和使用数据。公共数据门户网站建立并公开了以下个人信息处理准则，以便根据

《个人信息保护法》第 30 条保护数据主体的个人信息，并迅速而顺利地处理与之相关的投诉①。总体而言，韩国开放数据网站具有较为完善的隐私政策，包括 13 条：处理个人信息的目的；个人信息的处理和保存期限；由第三方提供的个人信息；委托个人信息处理；信息主体和法定代表人的权利、义务和行使方法；要处理的个人信息；销毁个人信息；关于安装、操作和拒绝自动个人信息收集设备的事项；确保个人信息安全的措施；侵犯权益的救济；个人信息保护官；个人信息请求；个人信息处理政策的变更。就我国而言，虽然有许多地方开放政府数据平台，且各个地方开放政府数据平台隐私政策完善程度各不相同，但无国家级开放政府数据平台。根据复旦大学《中国地方政府数据开放报告》的监测分析，我国各级政府的数据开放呈现加速趋势，但还存在着发展不均衡、数据供给不充分和平台功能亟须优化等问题。因此，我国应当尽快发布国家级开放政府数据平台，并且在该平台上配有完善的隐私政策。幸运的是，2021 年 2 月 9 日，为推动政府、机构、企事业单位数据向社会开放，加快建设统一的国家数据开放平台，国家信息中心在严格遵守相关保密、隐私规定的前提下，开展系列问卷调研，广泛征求社会各界对于各级开放平台的意见建议及对国家公共数据开放的具体需求②。

二　法律层面

韩国曾经很难获得某些数据，因为存在与数据发布相关的复杂程序和许多限制性条款。因此，公民太多的时间花在了行政进程上，而且在某些情况下，某些数据的开放是禁止的，如不得以营利为目的而使用数

---

① 《공공데이터포털정책》，https：//www. data. go. kr/ugs/selectPortalPolicyView. do#indvdlinfo_process，2022 年 8 月 20 日。

② 《国家公共数据开放平台建设用户问卷调查通知》，https：//mp. weixin. qq. com/s？__biz = MzI3MDY2MTk1NQ = = &mid = 2247495057&idx = 1&sn = cd2bdeeb9e7170fd1a7da2859b0e7cc4&chksm = eacf0dbdddb884ab628150eedc02968875775b1375b370de4f90c4ea98dae626ab672e1a5fbd&mpshare = 1&scene = 23&srcid = 0209Yw2gZHbFOHbq9DWTgC4B&sharer_sharetime = 1614055666907&sharer_shareid = 1dc9fa001ae5fd975b750b31f41b9811#rd，2022 年 8 月 20 日。

据。但是，随着韩国在2013年颁布了专门的开放数据法《公共数据供给与利用促进法》，有效协调政府的相关开放数据政策，以及彻底改革韩国的数据开放实践，这种限制制度在韩国发生了改变。如今，韩国的公共机构，包括中央政府和地方行政机构，必须在法律保护下开放公共数据供企业使用①。《公共数据供给与利用促进法》促进了公共机构创建的电子处理数据或数据的发布，旨在促进公共获取和"智能产业"。它着重于为公共和商业目的发布和免费重用15个战略领域中的数据，包括交通、天气、空间、福利、健康、食品、旅游和环境。总体来看，韩国个人信息保护法律体系包括两个部分。一个部分是通用的个人信息保护法，即个人数据的收集和处理受《个人信息保护法》管辖。由于法律规定可能存在过于原则和模糊、涵摄不全面等问题，因而《个人信息保护法》的一个典型特点是，在相应条款中注明由其他补充文件来规范，如该法第23条、第24条第1项至第3项、第25条第2项至第4项与第7项及第8项、第26条第1项第3款与第2项至第4项、第27条第1项及第2项分别指出"相关事项由总统令规定"。另一个部分是特定行业的法律，即有专门的法律规范某些特定行业中的个人数据处理，最著名的是2001年颁布并于2005年进行修订的《促进信息和通信网络利用和信息保护法》以及2009年颁布的《信用信息使用和保护法》。就我国而言，没有专门的《开放政府数据法》和《个人信息保护法》，但有《网络安全法》《数据安全法草案》。因此，我国可以考虑将《政府信息公开条例》提升为《政府信息公开法》，或者颁布专门的《开放政府数据法》；另外，尽管我国于2020年5月28日第十三届全国人民代表大会第三次会议通过了《中华人民共和国民法典》②，但并没有关于个人信息保护的专项法律。幸运的是，2020年10月21日，全国人大法工委公开就《中华人民共和国个人信息保护法（草案）》征求

---

① "Open Data: An Introductory, Practical Guide for Solutions", https://www.uraia.org/documents/10/1580_ arquivoB. pdf, 2022年8月20日。

② 《两会受权发布 | 中华人民共和国民法典》, https://xhpfmapi. zhongguowangshi. com/vh512/share/9140589? channel = weixin, 2022年8月20日。

意见①。

三　组织层面

2013 年 11 月，韩国开放数据中心成立，为公众数据的提供和获取提供法律、技术咨询和咨询服务。由于这一努力，韩国开发了新的移动应用程序，为用户提供基于公共数据的有用信息。例如，"Hidoc"提供颗粒污染信息，"Hwahae"详细显示化妆品成分，"Smart Parcel Tracker"提供包裹跟踪信息。2013 年 12 月，开放数据战略委员会（ODSC）成立，负责审查和协调有关公共数据的主要政府政策和计划，并评估这些政策和计划的执行情况。ODSC 包括 34 个成员，分别来源于公共部门和非公共部门（新闻媒体、学术界和贸易协会），从而形成公私合作的组织。为了应对开放政府数据中隐私风险，内政和安全部（MOIS）、韩国通讯委员会（KCC）、金融服务委员会（FSC）、互联网安全局（KISA）分别负责个人信息保护不同事宜，但亦会隐性或显性地存在职能重叠与功能错位问题。因此，2020 年 2 月 4 日，韩国对三大主要个人隐私法进行了修订，即《个人信息保护法》《促进信息和通信网络利用和信息保护法》《信用信息使用和保护法》，并于 2020 年 8 月 5 日生效。这一修订能够简化韩国个人信息保护监管机构。修正案的重点是将个人信息保护委员会（PIPC）提升为直接向韩国总理汇报的中央管理机构，以及对数据泄露（包括滥用个人信息和泄露）的监管机构。当前由多个机构（即 MOIS 和 KCC）处理的个人信息保护问题将全部由 PIPC 处理②。修正案通过后，内政和安全部、韩国通讯委员会、金融服务委员会和个人信息保护委员会等相关部门于 2020 年 1 月 21 日宣布，相关部门将迅速进行后续行动，以提供更多详细信息和说明。更具体地说，政府在 2020 年 2 月起草《总统令》的修正案，并于 2020 年 3 月对

---

① 《〈中华人民共和国个人信息保护法〉（草案）全文及说明》，http：//fuxiinstitution. org. cn/media_ 371600347451494400，2022 年 8 月 20 日。

② "South Korea：The long road to adequacy"，https：//www. dataguidance. com/opinion/south-korea-long-road-adequacy，2022 年 8 月 20 日。

较低的法规和细则进行修订的草案，而且还出版了相关指南和手册①。就我国而言，没有专门的机构负责隐私管理。具体来说，我国个人信息保护职责分散于工信部、公安部、中央网信办、市场监管总局等部委，容易出现政出多门、职能分散甚至互相推诿的局面，这一情形与韩国过去情况类似，因而我国可以考虑独立设置专门的个人信息保护机构，提升这个机构的独立性、公正性和权威性，为开放政府数据隐私安全提供组织保障。

本章小结

之所以选择韩国作为政府开放数据的隐私风险控制的案例研究，有两个原因。一方面，韩国是全球开放政府数据实践的领先者，如在经合组织（OECD）成员国的"开放政府数据 OURdata 指数（2019）"评估中，韩国位列第1②；2018 年 9 月，在万维网基金会发布的《开放数据晴雨表：全球报告》（领导版）中，韩国在全世界综合排名第5③。另一方面，从国内研究现状来看，有论文对韩国开放政府数据的发展历程、管理体制和内容以及特点进行研究④，但尚未对韩国开放政府数据中的隐私风险控制进行研究。因此，本章借鉴刘文云等⑤的分析框架，以控制论为依据，从控制器、执行器和反馈部分这三个部分对韩国开放政府数据隐私风险控制进行具体分析。

---

① "Amendments to Three Data Privacy Laws to Come into Force on August 5, 2020", https：//www. kimchang. com/en/insights/detail. kc? sch_ section = 4&idx = 20885，2022 年 8 月 20 日。

② "Open Government Data"，https：//www. oecd. org/gov/digital-government/open-government-data. htm，2022 年 8 月 20 日。

③ "Open Data Barometer. Leaders Edition"，https：//opendatabarometer. org/doc/leadersEdition/ODB-leadersEdition-Report. pdf，2022 年 8 月 20 日。

④ 陈美、江易华：《韩国开放政府数据分析及其借鉴》，《现代情报》2017 年第 11 期。

⑤ 刘文云、岳丽欣、马伍翠等：《政府数据开放保障机制在数据质量控制中的应用研究》，《情报理论与实践》2018 年第 4 期。

第五章　荷兰开放政府数据的
隐私风险控制*

　　"开放数据"是伴随先进分析技术的发展而逐渐流行起来的概念，它鼓励公共部门和私营部门尤其是政府机构将数据开放到公共领域，以提升"透明度"和"开放性"。"透明度"和"开放性"等词经常出现在官方文件当中，但迈向更大程度的开放需要仔细考虑积极数据开放和隐私、大数据以及政府与公民社会之间的关系等问题。这意味着，不能自动在实践中实现"开放"，而是需要一些支持和帮助。隐私已经成为开放政府数据所面临的一个问题。

第一节　政府数据开放中个人隐私
保护政策法规

一　个人隐私保护的法律内容

　　荷兰个人隐私保护相关法律包括《宪法》①《个人数据保护法》②

　　* 本章相关内容已发表于论文。具体参见陈美、梁乙凯《荷兰开放政府数据的隐私风险控制研究》，《情报杂志》2022 年第 2 期。

　　① "Netherlands-Constitution", https：//www. servat. unibe. ch/icl/nl00000_. html，2022 年 8 月 20 日。

　　② "Wet bescherming persoonsgegevens", https：//wetten. overheid. nl/BWBR0011468/2018-05-01，2022 年 8 月 20 日。

《情报和安全服务法》①《市政个人记录法》②《警察数据》③《司法和起诉数据法》④《选举法》⑤。

《宪法》。《宪法》于 1983 年制定，第 10 条明确赋予公民的隐私权：（1）人人应有权尊重自己的隐私，但不影响《国会法》所规定或依据的限制；（2）《国会法》针对个人数据的记录和传播制定了隐私保护规则；（3）《国会法》规定了有关知情权的规则，即个人有权获知有关其记录的数据及其使用情况，并有权纠正这些数据。第 12 条涉及住宅隐私：（1）仅在依据《国会法》规定及该法指定用于相应目的的情况下，才允许违反居住者的意愿而进入住宅；（2）除非属于《国会法》规定的例外情况，否则必须事先确认和通知才能依照前款规定而进入民宅；（3）进入居民住宅前，应向居住者出具书面报告。第 13 条涉及通信保密：（1）除非属于《国会法》规定或法院命令规定，否则不得侵犯通信的隐私；（2）除非属于《国会法》规定或《国会法》指定目的或授权，否则不得侵犯电话和电报的隐私。

《个人数据保护法》。荷兰数据保护框架的核心是 1989 年颁布的《个人数据保护法》，这是荷兰关于数据保护的第一部法律。后来，该法数次得到修订，如荷兰根据《欧洲数据保护指令》（95/46/EC）于 2000 年 7 月 6 日进行修订并于 2001 年 9 月 1 日生效；2016 年和 2017 年又分别进行了一些其他修订。尽管该法已进行了多次修订，但基本结构没有改变。这部法强调了在信息过程中由于技术发展而要对个人数据进行保护，并继承了先前的《保护包含个人数据的注册管理机构法》

---

① "Wet op de inlichtingen-enveiligheidsdiensten 2017"，https：//wetten. overheid. nl/BWBR 0039896/2020-01-01，2022 年 8 月 20 日。

② "Wet politiegegevens"，https：//wetten. overheid. nl/BWBR0022463/2012-04-01，2022 年 8 月 20 日。

③ "Wet justitiëleenstrafvorderlijkegegevens"，https：//wetten. overheid. nl/BWBR0014194/2020-01-01，2022 年 8 月 20 日。

④ "Wet gemeentelijkebasisadministratie persoonsgegevens"，https：//wetten. overheid. nl/BW BR0006723/2014-01-01，2022 年 8 月 20 日。

⑤ 《Kieswet》，https：//wetten. overheid. nl/BWBR0004627/2019-02-22，2022 年 8 月 20 日。

的相关规定。

《情报和安全服务法》。2017 年 7 月 26 日，荷兰颁布《情报和安全服务法》，取代 2002 年的旧法。该法第 40 条至第 56 条确定了有关个人的权利。例如，在一定条件下，个人有权注意其卷宗中的信息（第 47 条），但无权更正此个人数据。根据第 57 条，如果未批准此请求，那么个人可以进行民事上诉。

《市政个人记录法》。该法第 78 条至第 86 条确定了有关公民个人的权利。第 83 条确定市政府的执政团队针对个人的要求可以在行政法院提出质疑。市政府的执政团队由市议员及由议员遴选的市长及舍芬型陪审官所组成。

《警察数据法》。该法第 25 条至第 31 条确定了数据主体的权利。例如，第 25 条和第 28 条规定，个人有权通知和更正；第 29 条确定排除了初审程序，因为个人应要求荷兰数据保护局进行调解。

《司法和起诉数据法》。该法第 18 条至第 26 条确定数据主体的权利。根据该法第 18 条和第 22 条，在一定条件下，个人有权发出通知并进行更正；该法第 39n 条确定排除了初审程序，因为个人应要求荷兰数据保护局进行调解。

《选举法》。根据该法的 D3 条第 2 款和第 3 款，个人可以要求市长委员会和议员不被列入旨在投票的登记册当中或从登记册中删除；第 D9 条规定，个人还可以针对相应事项向司法部门提出上诉。

二　个人隐私界定

在荷兰个人隐私保护政策法规中，涉及个人隐私的相关概念包括个人数据、特殊类别个人数据、数据、数据主体。（1）个人数据及特殊类别个人数据。根据《个人数据保护法》第 1 条第 a 款，"个人数据"是指与已识别或可识别的自然人相关的任何信息。针对这个界定，需要明确哪一个人是"可识别的"，但该法没有说明。因此，荷兰发布相关指导文件并指出，"可识别"需要考虑两个因素：个人数据的性质；数据控制者有何可能导致身份被识别。如果一个人的数据单独或与其他数据联合后具有某一特定人的特征，那么这个人就是可识别的①。基于"可识别"这一维度，可以将数据划分为直接识别数据和间接识别数据。广为人知的直接识别数据集如姓名、地址和出生日期；间接识别数据集包括电子邮件地址、电话号码、车牌号和邮政编码，或包括涉及一个人的特点、信仰或行为的数据，如一个以特定人姓名命名的公司。通常而言，个人数据包括一般个人数据和特殊个人数据。针对后者，根据《个人数据保护法》第 16 条，除非本节另有规定，否则禁止处理与某人的宗教或生活哲学、种族、政治说服力、健康和性生活，或有关工会会员资格的个人数据。这个条款也适用于关于某人的犯罪行为，或与某人有关的非法或令人反感或禁止的行为。（2）数据。与 GDPR（《通用数据保护条例》）一样，《个人数据保护法》没有明确提到"匿名化数据"或"数据"，而提及相近的概念。根据《个人数据保护法》第 1 条第 c 款，"文件"是指任何结构化的个人数据集，无论该数据集是否根据功能或地理区域集中或分散，或者该数据集是否根据具体标准而涉及不同的人。（3）数据主体。由于数据涉及受影响者，因而《个人数据保护法》第 1 条第 f 款将"数据主体"定义为与个人数据有关的人。

三　开放数据政策中个人隐私保护内容

2015 年 9 月，荷兰发布名为《我们的政府，我们的信息》的开放政府社会联盟宣言②，该宣言有 11 个方面的内容，其中第 7 点为"保证隐私"：由公共财政提供资金的数据和产品应向公众开放，除非这样做会损害隐私或安全等合法利益；私有领域的宪法权利必须明确适用于数字领域，以汇总形式来发布数据，能够提高政府的可控性和加强公民的地位。

---

① "Dutch dpa publication of personal data on the internet"，https：//autoriteitpersoonsgegevens. nl/sites/default/files/downloads/mijn_ privacy/en_ 20071108_ richtsnoeren_ internet. pdf，2022 年 8 月 20 日。

② "Onzeoverheid, onze informatie!"，https：//waag. org/sites/waag/files/media/publicaties/onze-overheid-onze-informatie. pdf，2022 年 8 月 20 日。

2019 年 2 月 28 日，内政和王国关系部代表内阁发布了《政府数据议程》①。该文件第三个方面提到：一些政府数据是开放的，这意味着免费提供给公众使用并且没有版权或第三方权利；将数据作为开放数据，它们必须易于找到、可获取且可重用，如根据隐私法规，开放数据不得追溯到个人或公司，这要覆盖到荷兰开放数据网站 data. overheid. nl 上所有可能的主题，包括经济、安全、交通和健康。该文件第四个方面提到：安全的多方计算可以成为分析敏感数据的解决方案，这样就可以在不开放数据的情况下对其进行分析。这使组织可以在解决方案上共同努力，同时保留隐私并保护每个参与人员的利益。

2019 年 9 月 1 日，荷兰发布《开放政府 2018—2020 年行动计划》②，在"默认开放"行动计划时提及行动点：要取得正确的政府数据，在设计信息系统时，必须尽量考虑开放和开放的标准；为了确定这对信息系统意味着什么，必须通过一些试点来收集经验；开放标准、可再利用的开放格式、可查找性和内聚性的元数据和关联数据、隐私、安全和可获取性是这里要考虑的方面；在信息系统需求方面，明确哪些技术路线是可能以及如何处理隐私和安全。

在荷兰开放数据网站 data. overheid. nl 上，有专门隐私条款。（1）个人数据和 Cookie。在网站 data. overheid. nl 上，用户会找到有关 UBR｜KOOP（网站 www. overheid. nl 背后的组织）如何对那些通过网站所获得的个人数据进行处理和 Cookie 的信息。（2）个人数据。如果用户对网站做出响应或订阅，那么将处理用户的电子邮件地址、姓名和邮政编码。这些个人数据用于回答用户的答复或向用户发送用户所请求的信息。（3）Overheid. nl 使用 Cookie。Cookie 是随网站页面一起发送并由

①　"Data agenda overheid"，https：//www. rijksoverheid. nl/binaries/rijksoverheid/documente n/rapporten/2019/02/28/rapport-nl-digitaal-data-agenda-overheid/rapport-nl-digitaal-data-agenda-over heid. pdf，2022 年 8 月 20 日。

②　"Action plan for open government 2018－2020 'It must be open'"，https：//www. opengovpart nership. org/wp-content/uploads/2001/01/Netherlands_ Action-Plan_ 2018－2020_ NL. pdf，2022 年 8 月 20 日。

浏览器存储在计算机硬盘上的一个小文件。但是，如果用户不希望 Overheid. nl 放置 Cookie，则可以通过浏览器的隐私选项进行设置，而且不接受 Cookie 可能会对 Overheid. nl 的功能产生影响①。

第二节　隐私风险应对的数据处理原则

根据《个人数据保护法》第 1 条第 b 款，"个人数据的处理"是指涉及对个人数据进行的操作，包括收集、记录、组织、存储、更新或修改、检索、咨询、使用、通过传播、分发或其他的形式转让、合并、链接以及屏蔽、擦除或销毁数据。针对个人数据处理，《个人数据保护法》提出了一些原则。

（1）目的限制原则。根据《个人数据保护法》第 7 条，个人数据的收集应出于特定、明确定义以及合法目的。根据《个人数据保护法》第 9 条第 1 款，不得以与获取该数据的目的不符的方式进一步处理他们已经获得的个人数据。这一条款实质上是兼容性规定，而且《个人数据保护法》第 9 条第 2 款还针对这一规定列出了详细考虑的情况。根据第 9 条第 2 款，为了评估数据处理是否与数据获取目的兼容（如第 9 条第 1 款所述），数据控制者至少应考虑以下事项：预期处理目的与已获取数据目的之间的关系；有关数据的性质；如果对数据主体进行处理，将产生的预期影响；数据获取方式；对数据主体具有的适当保证程度。

根据《个人数据保护法》第 9 条第 3 款，如果数据控制者已做出必要安排来确保只以历史、统计或科学目的来进行进一步处理，那么以历史、统计或科学目的而对个人数据进行进一步处理，就不得视为不相容。这项豁免条款适用于最初为历史、统计或科学研究以外目的而收集的数据。《个人数据保护法》第 27 条还针对自动化处理和非自动化处理两种情况进行区分：一方面，如果出于单一目的或其他不同相关目的

① "Privacy & Cookies"，https：//data. overheid. nl/ondersteuning/algemeen/privacy-en-cookies，2022 年 8 月 20 日。

而对个人数据进行完整或部分自动化处理，那么必须在开始处理之前通知数据保护局或数据保护官；另一方面，如果出于单一目的或其他不同相关目的而对个人数据进行非自动化处理，那么必须事先进行调查后再进行通知。

（2）数据最小化原则。根据《个人数据保护法》第 11 条第 1 款，仅出于收集目的或相应处理目的且这些数据足够、相关且不过多的情况下，才能处理个人数据。可见，这意味着数据最小化原则：只有那些足够、相关且不过度的数据才能被处理。根据《个人数据保护法》第 10 条第 1 款，个人数据的保存形式不得使识别数据主体所耗费时间比实现收集目的或进行相应处理所需时间更长。根据《个人数据保护法》第 11 条第 2 款，数据控制者需要采取必要措施，以确保数据的正确性和准确性。

（3）以科学用途来长期储存个人数据的原则。根据《个人数据保护法》第 10 条第 2 款，如果出于历史、统计或科学目的，而且数据控制者已采取必要措施来确保相关数据仅用于这些特定目的，那么个人数据的存储时间可以比所规定的时间长。

（4）依据法律来合法处理个人数据。《个人数据保护法》针对一般类别个人数据和特别类别个人数据提出不同处理原则。一方面，针对前者，《个人数据保护法》第 8 条第 a 款规定，当数据主体已明确表示同意进行处理时，个人数据能得到处理。这意味着，在开放政府数据的背景下，这些法律依据中最相关的是"明确同意"。另一方面，针对后者，《个人数据保护法》包含两种禁止处理特殊类别个人数据的豁免条款：第 17—22 条是对某种特殊类别数据的豁免条款；第 23 条是针对各种特殊类别个人数据的其他一般豁免规定。另外，根据荷兰所发布《个人数据保护法指导手册》的 4.7.5 部分，如果所处理特殊类别的个人数据不能根据第 17—22 条规定的其中一个法律条款提出合理的理由，那么应检查是否符合《个人数据保护法》第 9 条第 3 款的规定，即《个人数据保护法》第 23 条的一般豁免是否提供了这种可能性。如果第 17—22 条的一项豁免条款适用，那么就不应从第 23 条的角度来评价这一事项①。

（5）个人数据处理透明原则。这一原则在《个人数据保护法》第33条和第34条中有所阐述，其中规定了数据控制者向数据主体提供有关个人数据处理的信息的义务。这项义务也是《个人数据保护法》第6条规定的"合法处理"原则的一个重要组成部分。就上述条款的适用情况来讲，第33条适用于直接从数据主体获得数据的情况；第34条适用于以任何其他方式获得数据的情况，如从第三方或通过观察获得的数据。

第三节　隐私风险应对的机构

数据保护管理局监督是否遵守诸如《个人数据保护法》之类的相关法律，并就数据立法事项向政府提供建议。当然，这一机构还有其他的事务流程，如要求省部级官员考虑外部研究人员使用政府收集的数据的请求。这些工作重于数据收集和使用的合法性，并需要其他注重数据伦理的机构予以补充，以促进数据处理中超越法律合规的远景。数据保护局于2001年9月开始运作，它根据《个人数据保护法》而成立，并接替了先前负责数据保护的机构②。

一　机构组成

《个人数据保护法》第51—61条对数据保护局的组成进行规定。根据第53条第1款，数据保护局由一名局长和两名成员组成。另外，可以任命特别成员。在任命特别成员时，应努力反映社会的各个方面。根据第53条第3款，局长应根据司法和安全部部长提名且根据皇家法令任命，任期六年，可连任。其他两名成员和特别成员应由皇家法令任

---

① "Wet bescherming persoonsgegevens"，https：//wetten. overheid. nl/BWBR0011468/2018-05-01，2022年8月20日。

② "Peter hustinx, law of the future forum"，http：//www. lawofthefuture. org/191/，2022年8月20日。

命且根据部长提议，为期四年，可连任。如果他们有请求，可以由司法和安全部部长解雇。根据第 56 条第 2 款，局长指导数据保护局及其秘书处的工作。数据保护局是一个独立的行政机构，分为 4 个部门：客户联络与控制调查部；系统监督、安全和技术部；法律事务和立法咨询部；政策、国际、战略和沟通交流部①。根据《个人数据保护法》第 62 条，责任方或责任方所属组织可以任命自己的数据保护官，但不影响数据保护局在本法第 9 章和第 10 章中的职责。例如，根据《警察数据法》第 34 条第 1 款，警察局负责人任命隐私官，隐私官代表数据控制者根据法律规定来监督警察数据的处理；根据该法第 34 条第 4 款，该官员向数据保护局首席隐私官进行报告。根据《个人数据保护法》第 51 条第 1 款，数据保护局下设办公室，其任务是根据该法案规定的条款监督个人数据处理；数据保护局还根据另一个欧盟成员国的法律监控在荷兰进行的此类处理。

二　机构职权

数据保护局的任务和权力可以大致分为四个部分：监督；提供建议；提供信息，教育和问责制；国际任务②。《个人数据保护法》相应条款对数据保护局的职权进行了规范。根据第 65 条、第 66 条和第 75 条第 1 款，数据保护局可就有关的立法建议提出建议；通过处以罚款、使用行政胁迫或侦查针对《个人数据保护法》的刑事犯罪来实施法律。根据第 25 条，数据保护局可以宣布组织针对社会各阶层制定的个人数据处理的行为守则。根据第 27—30 条以及第 31—32 条，数据保护局可以针对个人数据处理有关事项进行通知和初步审查。根据第 47 条，数据保护局可以调解与个人数据保护相关的权利行使方面的争议。根据第 60 条第 1 款，数据保护局还有权主动发起对法律遵守情况的调查。根

---

① "Organisatie"，https：//autoriteitpersoonsgegevens. nl/nl/over-de-autoriteit-persoonsgegevens/organisatie，2022 年 8 月 20 日。

② "Taken en bevoegdheden"，https：//autoriteitpersoonsgegevens. nl/nl/over-de-autoriteit-persoonsgegevens/taken-en-bevoegdheden，2022 年 8 月 20 日。

据第 64 条第 4 款，数据保护官可以向责任方提出建议，以改善对正在处理数据的保护；如有疑问，数据保护官应咨询数据保护局。根据第 77 条第 2 款，当安全和司法部部长在咨询了数据保护之后，即可向没有提供足够保护水平的保证的成员国签发个人数据转移许可。根据第 58 条，这一活动要提供相应的年度报告。根据第 23 条，数据保护局也有权豁免对敏感数据的处理。尚不清楚的是，数据保护局在执行其功能时专注于在线服务提供商的程度。附加此许可证是保护个人隐私和人的基本权利和自由，并保证相关的实施权利。

第四节　荷兰开放政府数据的隐私风险控制的特征

一　优势分析

（一）注重数据存储安全

以水利数据为例，荷兰国家水利局每天测量水位、桥梁荷载以及高速公路的交通强度，而且收集大量数据，并将许多数据进行开放。该机构允许每个人自由查看这些开放数据，通常允许再利用而无须引用数据来源，唯一例外的是涉及隐私。荷兰国家水利局的大部分数据都可以在数据寄存器中找到。该寄存器提供对开放数据的访问权限，并具有查看器，可以使用该查看器查看数据。在寄存器中，用户还可以找到可能被授权使用的封闭数据①。

（二）关注数据聚合

与 2013 年相比，荷兰在犯罪、国际贸易、国家统计和卫生部门绩效方面得分尤其高。这在一定程度上得益于由荷兰国家卫生保健研究所发起的 zorginzicht. nl 网站。这个网站提供了一些关于医疗保健的开放数据。其他组织也提供卫生保健政策领域的聚合数据集，如荷兰 Vektis 发布了与《健康保险法》规定的所有被保险人的"开放"数据集。Vektis

---

① "Open data rijkswaterstaat"，https：//www. rijkswaterstaat. nl/zakelijk/open-data，2022 年 8 月 20 日。

是国家信息中心，旨在帮助保险公司、提供者和公众了解荷兰的医疗保健；它也是一家虚拟公司，提供灵活的工作机会。但是，其最关键的任务是保护敏感的健康信息①。严格地说，这个数据集不包含开放数据：用户必须注册，并且对数据的再利用有限制。它所包含的数据是按邮政编码区（邮政编码的前三位数字）将被保险人的医疗保健费用进行划分，从而形成汇总数据，因而可以保证隐私，并且永远无法通过数据追溯到个人和健康保险公司②。此外，假名化也可以帮助降低隐私风险。不同的国家有不同的传统：在荷兰，许多法院判决都在一个集中的网站上在线发布③。但是，如果诉讼方是个人，其名称则会更改为中性短语，如"原告"和"被告"④。在其他国家，诉讼当事人的名字经常出现在法庭文件中，甚至出现在网上⑤。

（三）个人数据保护制度比较灵活

与新西兰相比，荷兰的个人信息保护制度大都相似，但荷兰稍微灵活一点。荷兰的个人隐私保护准则对法院没有正式约束力，如果一个组织能够证明它已经满足了其准则的要求，那么它就有充分的理由去说明。例如，当荷兰警方使用来自汽车导航系统供应商 TomTom 收集的数据的汇总信息时，荷兰公众反应愤怒，因为警方利用这些数据选择安装超速摄像头的最佳地点⑥。TomTom 将其收集的数据提供给第三方，其中间接提供给警方。因此，荷兰数据保护局调查了 TomTom 向第三方提

①　"Playing a critical role in Dutch healthcare"，https：//www. okta. com/customers/vektis/，2022 年 8 月 20 日。

②　"Open data over de zorg"，https：//www. vektis. nl/open-data，2022 年 8 月 20 日。

③　"Externeopenbaarheid in het strafproces"，http：//dspace. library. uu. nl/bitstream/handle/1874/29324/lent. pdf；jsessionid＝1C21CC1FCF202827E016280A8E988EB9？sequence＝1，2022 年 8 月 20 日。

④　"Anonimiseringsrichtlijnen rechtspraak. nl－de rechtspraak"，https：//www. rechtspraak. nl/Uitspraken-en-nieuws/Uitspraken/Paginas/Anonimiseringsrichtlijnen. aspx，2022 年 8 月 20 日。

⑤　Marder，"From 'Practical Obscurity' to Web Disclosure：A New Understanding of Public Information（symposium）"，*Syracuse Law Review*，2009，p. 59.

⑥　"TomTom satnav data used to set police speed traps"，https：//www. theguardian. com/technology/2011/apr/28/tomtom-satnav-data-police－speed－traps，2022 年 8 月 20 日。

供地理定位数据的方式是否违反了隐私立法。最后，得出的结论是，提供给第三方的数据已被去除其识别特征，仅在聚合级别提供。在这种情况下，这些不构成个人数据，《个人数据保护法》不适用。因此，Tom-Tom 并未违反《个人数据保护法》①。此外，荷兰个人数据保护制度也关注利益平衡的问题。以基因数据保护为例，荷兰允许进行基因检测，但受《体检法》的限制。根据这项法律第 3 条，禁止对个人隐私进行不成比例的医疗检查和问题；在任何情况下，如果要求方的利益（即雇主利益）超过被检查人员的利益，包括旨在找出无法治愈或无法通过医疗干预阻止其发展的疾病信息的检查的情况，那么就禁止进行检查②。

（四）强化国际合作

在开放政府数据方面，内政和王国关系部协调制订国家开放政府行动计划。没有许多合作伙伴的参与，就无法制订此行动计划。因此，荷兰设立利益相关者论坛，目标是建立一个广泛的开放政府网络，在不同级别的政府和社会伙伴之间进行的活动之间建立联系，并加强开放政府行动计划的行动内容。利益相关者论坛的成员来自三级政府（中央、省、市）、1 所大学和最多 3 名民间社会组织成员③。由于各种原因和目的，个人数据在全球范围内得到越来越多的处理。因此，数据保护与隐私权执行机构之间的国际合作非常重要，以确保每个人的个人数据都得到适当的保护。荷兰数据保护局在国际上进行了大量合作，并参加了许多国际论坛，尤其是在欧洲范围内④。

---

① "Following report by dutchdpa, tomtom provides user with better information"，https：//autoriteitpersoonsgegevens. nl/en/news/following-report-dutch-dpa-tomtom-provides-user-better-information，2022 年 8 月 20 日。

② "Netherlands-medical examinations act. – ILO"，http：//www. ilo. org/dyn/natlex/natlex4. detail？p_ lang = en&p_ isn =68977&p_ country = NLD&p_ count =2273，2022 年 8 月 20 日。

③ "Stakeholderforumactieplan open overheid"，https：//www. open-overheid. nl/multi-stakeholder-forum/，2022 年 8 月 20 日。

④ "Internationale samenwerking"，https：//autoriteitpersoonsgegevens. nl/nl/over-de-autoriteit-persoonsgegevens/internationale-samenwerking，2022 年 8 月 20 日。

二　劣势分析

由上述可知，荷兰在开放政府数据的隐私风险控制方面做了许多工作，但在如下方面还存在问题。第一，隐私保护政策缺乏更新。在最近的一份咨询报告中，国际事务咨询委员会概述了互联网发展对互联网自由等方面的影响[1]。它发现，互联网已经为一个社会做出了贡献，使得在这个社会中，每个人可以更容易地相互交换和产生数据。这为开放数据和经济增长提供了许多机会，但也引发了新的隐私问题。这些数据中有许多是保存在大型（通常是美国）公司的服务器上的，但尚不清楚的是，荷兰公民和企业的隐私将如何得到保护。最后，咨询委员会的结论是，现有的通信和隐私宪法框架已不再适用。第二，政府数据收费政策模糊。在荷兰，没有明确的政府数据收费规定，使得并非所有开放数据都是免费的。例如，土地注册处的数据是公共的，但不是开放的，也不是免费的。第三，与许多其他国家不同的是，荷兰没有任命国家首席数据官，并且对于是否在整个公共部门强制设立这一职位也一直犹豫不决。相反地，荷兰选择在中央政府层面加强首席信息官制度，包括重新评估中央、部门和执行机构首席信息官的任务和责任[2]。第四，根据经合组织的调查，与各自国家负责数字政府战略的其他机构相比，内政和王国关系部承担的决策和咨询责任非常少。正如前面所述，这个机构在开放政府数据和隐私保护中发挥重要作用，但似乎很难把事情做好。它面临的挑战是，在展示远景和不向其他利益相关者说明每一个细节之间找到平衡[3]。

---

[1] "The internet: a global free space with limited state control", https://pure. uva. nl/ws/files/2642123/177908_ Internet_ a_ global_ free_ space. pdf, 2022 年 8 月 20 日。

[2] "Kamerstuk 26643", https://zoek. officielebekendmakingen. nl/kst-26643-656. html, 2022 年 8 月 20 日。

[3] "Government at a glance 2019", https://www. oecd-ilibrary. org/governance/government-at-a-glance–2019_ 8ccf5c38-en, 2022 年 8 月 20 日。

第五节 评价与启示

综上所述，在对荷兰政府开放数据的个人隐私保护进行梳理的同时，我国应借鉴其经验来推动政府开放数据和个人隐私保护，优化个人信息保护的政策法规，明确个人数据处理原则，完善个人数据处理机构。

一 优化个人信息保护的政策法规

第一，注重数据主体的权利。有学者对"开放政府"进行了界定：政府信息的普遍可得性是人民主权和被统治者同意赖以生存的基本基础，但这一一般规则受到若干重要限制，即得到权利机关和高级官员的宪法权力的允许；保护个人、公司和协会的人身和财产权利；承认在特定条件下是否发布、保留或部分发布特定类型的信息的行政复杂性；保护政府内部通信的机密性；承认当文件的部分应该发布而部分不应该发布时，区分信息是困难的①。可见，开放政府数据时，需要关注数据主体的隐私权利。荷兰就比较注重维护数据主体的权利：当个人希望获取、更改或删除其个人数据时，荷兰相关法律规定提供了可能性。例如，荷兰《个人数据保护法》规定了与个人数据保护相关的多项权利，如告知有关人员的义务（第30、第33和第35条）；请求信息或通知书（第35条）；更正权、补充权、删除或封锁信息的权利（第36条）和反对权（第40条）。

如果出现侵犯数据主体的权利，会受到相应惩罚。2017年，荷兰数据保护局在对Windows 10家庭版和专业版进行调查后得出的结论是：微软处理在其计算机上使用Windows 10操作系统的人员的个人数据，从而违反了《个人数据保护法》，因为微软没有明确告知用户关于微软

---

① Parks W. , "The open government principle: applying the right to know under the constitution", *Geo. wash. l. rev*, Vol. 26, No. 1, 1957, p. 1.

使用的数据类型和目的①。2019 年 7 月 1 日，荷兰司法和安全部部长以及内政和王国关系部部长在致荷兰议会众议院的一封信中表示，经过与微软的讨论，已经满足了荷兰中央政府使用 Office 365 专业增强版、Windows 10 企业版和 Azure。部长们在信中表示，微软通过合同条款和最近发布的产品变更，从而解决了对微软如何处理个人和客户数据的最初担忧②。

第二，明确个人数据概念。要进行政府开放数据的隐私保护，至关重要的是明确个人数据这一概念。就荷兰而言，如果没有个人数据，那么《个人数据保护法》就不适用。《个人数据保护法》第 1 条遵循了较早的国际提法的定义，包含了个人数据这一概念的广义定义。根据这些定义，个人数据是指"与已识别或可识别的自然人有关的任何信息"。根据这一概念可知，"有关任何信息"和"已识别或可识别"这两个要素有助于回答政府准备开放的数据是不是个人数据。但是，荷兰《个人数据保护法》没有进一步对这两个要素进行回答。幸运的是，荷兰通过发布相应指导方针对这两个问题进行解释，从而能为政府开放数据中个人隐私评判提供指导。

第三，提升个人数据保护制度的灵活性。荷兰属于大陆法系传统，其中成文法是主要的法律依据。荷兰的数据保护相关法律与一般的荷兰法具有相同的渊源，而且作为欧盟的一员，荷兰的数据保护相关法律框架在不断发展的过程上，以欧洲和欧盟法律为基础。

二　明确个人数据处理原则

2007 年 12 月 7 日至 8 日，30 位开放政府倡导者齐聚加利福尼亚

---

①　"Dutch dPA：microsoft breaches data protection law with windows 10"，https：//autoriteitper-soonsgegevens. nl/en/news/dutch-dpa-microsoft-breaches-data-protection-law-windows-10，2022 年 8 月 20 日。

②　"How microsoft works with customers to keep their trust：A story from the netherlands"，https：//blogs. microsoft. com/eupolicy/2019/07/02/how-microsoft-works-with-customers-to-keep-their-trust-a-story-from-the-netherlands/，2022 年 8 月 20 日。

州塞瓦斯托波尔，撰写了一套开放政府数据的八项原则，其中第 1 条和第 8 条原则都强调，所有开放数据受到合理的隐私限制。此外，该原则对"开放"进行了界定，强调"开放政府数据原则并未解决哪些数据应该开放。隐私、安全和其他问题可能会合法并正确地阻止数据集与公众共享。相反地，这些原则明确了公共数据应满足的条件才能被视为'开放'"①。过去，地方和区域政府以及个别机构采取了不同的做法，但政府现在广泛鼓励所有以前无法获取的公共数据都可以通过开放政府数据网站获取。因此，可以考虑在开放政府数据网站中强调，除个人和敏感信息外，公共部门机构创建的所有数据原则上均可再利用。为了提升公务员的信息素养和隐私保护意识，荷兰国家数字化和信息化研究院还提供了几个关于数据相关主题的在线和离线课程，如数据治理、GDPR 和数据促进政策，以及一个专门的数据网络研讨会②。这些模块处于比较基础的水平，因为课程开发人员发现公务员的基础知识低于预期。

就我国而言，可以考虑制定完善的个人数据处理原则，而且必须针对每种用途的每种再利用类型对这些原则进行权衡。在具体制定时，可以考虑两个原则。（1）特定目的原则。荷兰《个人数据保护法》提供了有关何时以及在什么条件下可以处理个人数据的规则，这为政府开放数据提供参考。例如，第 7 条涉及"目的限制"；第 9 条涉及数据进一步使用的规定；第 16 条涉及特别个人数据处理规范。此外，第 3 条规定了数据处理的有限范围：本法不适用于专门为新闻、艺术或文学目的处理个人数据，除非本章和第 6 条至第 11 条、第 13 条、第 15 条、第 25 条和第 49 条另有规定；禁止处理第 16 条所提述的个人数据，并不适用于为前述目的而有需要处理的情况。（2）目的兼容原则。荷兰法律进一步详细说明了应考虑的情况：确定以次要目的所进行的数据处理

---

① "Open government data principles"，https：//public. resource. org/8 _ principles. html，2022 年 8 月 20 日。

② "RijksAcademie voor digitalisering en informatisering overheid"，https：//www. it-academieoverheid. nl/，2022 年 8 月 20 日。

是否与数据获取主要目的"相兼容"。这里涉及相关关系：主要目的和次要目的之间的关系；数据性质；数据处理当事人的后果；数据获取方式；为保障数据当事人利益而提供"适当保障"的程度。换句话说，在荷兰法律下，"兼容性"问题与信息保护标准下的"平衡"问题非常相似。事实上，这两个问题是紧密相连的：根据兼容使用规定，保险公司不得使用在保险索赔范围内获得的医疗信息，以便就同一客户提出的不同保险要求做出决定；在销售过程中获得的信息不得未经明确同意而用于推销责任方提供的无关商品和服务；基于此类销售信息创建个人简介也是不兼容的；就像在邮件中根据敏感的标准进行选择一样。

三　完善个人数据处理机构

荷兰有多个机构致力于执行公共部门的相关原则，包括首席信息官和内政及国王关系部内部的 ICT 审查办公室，后者负责审查监督政府部门 ICT 项目。然而，这些都没有监督数据的收集和使用。荷兰审计院发布了几份对 ICT 政策持批评态度的声明和报告，但其评论更多地关注于可能性、可行性以及政府在实际战略方面应该做些什么，而不太关心反映或应该反映在政府政策或政策责任方面的价值。例如，荷兰于 2015年 3 月 31 日发布《开放数据趋势报告》，提供国际案例探讨如何以开放数据形式发布①。但是，荷兰的法规受到欧盟影响很大，许多欧盟法律及规定都适用于荷兰的员工。欧盟有关隐私的新立法已于 2018 年 5月 25 日生效：GDPR 和《关于为调查和起诉刑事犯罪而处理的个人数据的保护指令》。这项新立法导致荷兰个人数据保护发生了深远的改变，这也影响了监管部门。随后，荷兰数据保护局进行了内部组织改革，以促进该新法规的有效实施。这项工作包括起草新的监管框架，阐

---

① "Trendrapport open data 2015"，https：//www. rekenkamer. nl/binaries/rekenkamer/docum
enten/rapporten/2015/03/31/trendrapport-open-data-2015/Trendrapport_ open_ data. pdf，2022 年 8
月 20 日。

明数据保护局的使命和野心，执行任务时坚持的核心价值观以及打算重点关注的领域①。荷兰数据保护局的重点是合法性，而不是伦理。这个机构有一定的重要性，因为它必须提出积极的意见，才能使一项部门行为守则在数据保护遵守制度中发挥其预期的作用。例如，2020 年 7 月 6 日，荷兰数据保护局因荷兰信用登记局不遵守 GDPR 第 12 条第 2 款和第 5 款所涉及数据主体的数据获取权而对荷兰信用登记局罚款 83 万欧元②。

可见，为了推进开放政府数据，需要关注准备、响应和变更管理。通常而言，实施开放数据项目，需要所有利益相关者在收集、共享和使用数据的方式上做好一定程度的准备，并进行文化转型。但是，对于发展中国家来说，在缺乏明确的机构准备或对反馈表现出反应能力的发展中经济体中，很难对高潜力的开放数据倡议做出决定。通过对开放政府数据发展的进程进行观察发现，开放数据计划会因那些可能受益最多的人缺乏能力和准备而受到限制。通常而言，这仅仅表现为缺乏意识：那些不了解开放数据潜力的人可能很少使用它并从中获益。重要的是要认识到，低技能是开放数据价值链的需求端和供应端都面临的一个问题——政策制定者和那些负责发布数据的人往往与预期的受益者一样毫无准备。因此，应当完善个人数据处理机构，让其在指导政府数据开放主体完善个人数据处理流程的同时，提升政府数据供给端和需求端的数据处理能力和意识，从而尽可能释放开放政府数据的价值。

本章小结

之所以选择荷兰作为政府开放数据的隐私风险评估与防控的案例进

---

① "Supervisory framework 2018 – 2019", https：//autoriteitpersoonsgegevens. nl/en/about-dutch-dpa/supervisory-framework-2018-2019，2022 年 8 月 20 日。

② "Dutch dpa Fines dutch credit registration bureau 830，000 euros for non-compliance with data subject rights"，https：//www. huntonprivacyblog. com/2020/07/15/dutch-dpa-fines-dutch-credit-registration-bureau-830000-euros-for-non-compliance-with-data-subject-rights/，2022 年 8 月 20 日。

行研究，原因在于：一方面，从实践角度来看，荷兰开放政府数据发展较好。2017年5月，在万维网基金会发布的《开放数据晴雨表：全球报告》（第四版）中，荷兰在全世界综合排名第8位①。另一方面，从国内研究情况来看，有研究分析了荷兰政府开放数据政策法规②，但目前尚无专门对荷兰开放政府数据中个人隐私保护进行研究。因此，本章对荷兰政府开放数据中隐私保护进行研究，以期为我国政府数据开放和个人隐私保护工作提供参考。

---

① 孙浩、陈美：《荷兰政府开放数据的政策法规保障及启示》，《情报杂志》2021年第2期。

② "ODB global report fourth edition"，https：//opendatabarometer. org/doc/4thEdition/ODB－4thEdition-GlobalReport. pdf，2022年8月20日。

第六章　西班牙开放政府数据的
隐私风险控制[*]

　　开放数据具有这样一种思想：对任何人来说，他们都能如自己所愿免费使用和再次发布某些数据，而不受版权、专利或其他控制机制的限制。开放数据运动的目标与诸如开放源代码、开放内容、开放存取这样的"开放"运动的目标相类似。开放数据背后的理念早就确定，但术语"开放数据"一词是最近兴起，而且是随着互联网和万维网的崛起而逐渐流行，尤其随着诸如 Data. gov 这样的美国开放政府数据倡议发起之后更为突出。从任何开放数据计划开始，确保公民的隐私是首要任务。

第一节　西班牙政府开放数据中个人隐私的
评判标准

一　个人隐私界定

　　大数据时代个人数据的全样本收集与分析技术的不断升级，使得"个人数据"与"个人信息"之间的界限模糊化[①]。西班牙《宪法》

<hr />

　　[*] 本章相关内容已发表于论文。具体参见陈美、梁乙凯《西班牙开放政府数据的隐私风险控制研究》，《情报杂志》2021 年第 12 期。
　　[①] 相丽玲、贾昆：《中外个人数据保护标准研究进展与未来趋势分析》，《情报杂志》2020 年第 2 期。

（Spanish Constitution）和《关于个人数据保护的组织法》（de desarrollo de la ley Orgánica 15/1999，简称《组织法》）① 则对个人数据、个人信息、特定个人数据种类分别进行了界定。根据《组织法》的第3（a）条，个人数据是有关已识别或可识别个人的任何信息。根据《组织法》第5（f）条，个人信息是任何有关已识别或可识别个人的数字、字母、图形、摄影、声学或任何其他信息。针对这一定义中的"可识别"，《组织法》第5（o）条也进行了界定：可识别的人是可以被识别身份的人，其识别方式是直接或间接地通过利用他的身体、生理、心理、经济、文化或社会身份的任何信息，如果这种识别过程需要不成比例的期限或活动，那么自然人将不被视为可识别身份。就个人数据范围而言，《组织法》第2.4条强调，死人的数据一般不属于个人数据，但有例外：属于死者家属或基于类似原因而与死者相关联的人为了发布死亡通告。就特定个人数据种类而言，《宪法》第16.2条规定，没有人有义务去公开他们自身的意识形态、宗教、信仰；《组织法》也指出，涉及受保护的特定个人数据类别包括意识形态、工会归属、宗教和信仰、种族、健康、性生活②。

二　个人隐私保护的法律内容

在西班牙，个人隐私保护的法律框架包括：《里斯本条约》（Lisbon Treaty）、《宪法》、《组织法》、《刑法》。《宪法》是西班牙于1978年颁布的，将原本高度集权的西班牙转变为自治的分权化国家。隐私权主要涉及西班牙《宪法》第18.1条，即保障荣誉权、个人和家庭隐私权以及个人自身形象，并将这些人格权作为基本权利。《宪法》第18（4）

---

① "Real decreto 1720/2007，de 21 de diciembre，porel que se apruebaelreglamento de desarrollo de la ley orgánica 15/1999，de 13 de diciembre，de protección de datos de carácter personal"，https://www. boe. es/buscar/act. php？ id = BOE-A-2008-979，2022 年 8 月 20 日。

② "Ley orgánica 15/1999，de 13 de diciembre，de protección de datos de carácter personal"，https：//www. boe. es/buscar/act. php？ id = BOE-A-1999-23750，2022 年 8 月 20 日。

条承认个人数据保护权，并且将其与隐私权分开："法律将限制信息技术使用，旨在保护荣誉和公民的个人隐私和家庭隐私。"① 从具体条文来看，《宪法》中所使用的术语是"intimacy"而不是"privacy"。《组织法》是在1999年颁布且在2000年1月14日生效，将欧盟《数据保护指令》（Data Protection Directive）转化为西班牙法律并确立了数据保护的范围。《组织法》为荣誉权、个人和家庭隐私权以及个人自身形象提供了民事保护②。此外，根据《刑法》（Criminal Code）第197条，可能会在刑事指控下起诉侵犯隐私权的不披露行为。

除上述法律外，西班牙特定行业法规也包含数据保护规定（见表6–1）。

---

① "Constitution passed by the cortesgenerales in plenary meetings of the congress of deputiesand the senate held on october 31, 1978", http: //www. congreso. es/portal/page/portal/Congreso/Congreso/Hist_ Normas/Norm/const_ espa_ texto_ ingles_ 0. pdf, 2022 年 8 月 20 日。

② "Right of publicity", https: //gettingthedealthrough. com/area/45/jurisdiction/21/right-publicity-spain/, 2022 年 8 月 20 日。

表6-1　西班牙特定行业的数据保护规定

相关法律及其条文	具体内容
《关于信息社会服务和电子商务的34/2002号法律》①	在2002年6月11日生效，涵盖内容包括电子营销传播机制、互联网服务提供商（ISP）责任和反垃圾邮件监管
《西班牙消费者权利法案》第96条②③ 《关于不公平竞争的1月10日第3/1991号法律》第29条④	营销电话必须明确地充分披露其自身的公司身份；在每次交流中，接受者都应该被提供商会去反对被告知受到营销电话呼入；运营商只能进行电话营销；录音性电话营销活动需要提前让被呼叫者选择加入
《电信法》⑤	第41条制定了用于电信的隐私标准：当出现安全违规或违法行为时，强制通知到数据保护机构和数据主体。第48条规定，客户规定位置信息（维度数据）应当始终匿名处理。此外，仅当确实是向客户提供所需增值服务而必不可少时，才允许进行名义上的客户定位。在这种情况下，客户应当被告知数据处理的程度、目的和持续时间
《6/2004号法律》⑥ 《26/2006号法律》⑦	包含针对保险行业的数据保护规定

① "Ley de servicios de la sociedad de la información y del comercio electrónico", https://www.boe.es/buscar/act.php?id=BOE-A-2002-13758, 2022年8月20日。

② "Real decreto legislativo 1/2007": de 16 de noviembre, porel que se apruebaeltextorefundido de la ley general para la defensa de los consumidores y usuarios y otras leyes complementarias, http://noticias.juridicas.com/base_datos/Admin/rdleg1-2007.l2t3.html#cpa96, 2022年8月20日。

③ "Ley 3/1991": de 10 de enero, de competencia desleal, http://noticias.juridicas.com/base_datos/Privado/13-1991.html#a29, 2022年8月20日。

④ "Ley 3/1991": de 10 de enero, de competencia desleal, http://noticias.juridicas.com/base_datos/Privado/13-1991.html#a29, 2022年8月20日。

⑤ "Ley 9/2014": de 9 de mayo, general de telecomunicaciones, https://www.boe.es/buscar/act.php?id=BOE-A-2014-4950, 2022年8月20日。

⑥ "Real decreto legislativo 6/2004": de 29 de octubre, por el que se aprueba el texto refundido de la Ley de ordenación y supervisión de los seguros, privadoshttp://noticias.juridicas.com/base_datos/Privado/rdleg6-2004.html, 2022年8月20日。

⑦ "Ley 26/2006": de 17 de julio, de mediación de segurosy, http://noticias.juridicas.com/base_datos/Privado/l26-2006.html, 2022年8月20日。

续表

相关法律及其条文	具体内容
《对患者自主权的基本监管及信息和临床文件方面的权利和义务的第41/2002号法律》①	针对医疗保健服务的法律,保障了健康记录获取权以及强制性保护此类信息的时间范围
《第59/2003号电子签名法》第17条②	覆盖了有关电子签名使用的数据隐私问题
《关于公民电子获取公共服务的第11/2007号法》第6.2b条③	使得公民有权通过电子手段与公共部门进行联系
《关于公共部门共同管理程序的第39/2015号法律》第16条④	
《关于电子通信和公共通信网络有关的数据保护的第25/2007号法》⑤	西班牙的数据保存法,规制着信息传输公司保留与诸如流量相关的数据
《关于工人法的第2/2015号法》第20.3条⑥	保障工人对数字环境和断开链接的隐私权

① "Ley 41/2002": de la autonomía del paciente y de derechos y obligaciones en materia de información y documentación clínica, http://noticias.juridicas.com/base_datos/Admin/l41-2002.html,2022 年 8 月 20 日。

② "Ley 59/2003":de firma electrónica,http://noticias.juridicas.com/base_datos/Admin/l59-2003.l3.html#a17,2022 年 8 月 20 日。

③ "Ley 11/2007":de 22 de junio, de acceso electrónico de los ciudadanos a los servicios públicos,http://noticias.juridicas.com/base_datos/Admin/l11-2007.t1.html#a6,2022 年 8 月 20 日。

④ "Ley 39/2015":de 1 de octubre, del procedimiento administrativo común de las administraciones públicas,http://noticias.juridicas.com/base_datos/Admin/l559951-1-39-2015-de-1-oct-procedimiento-administrativo-comun-de-las-administraciones.html,2022 年 8 月 20 日。

⑤ "Ley 25/2007":de 18 de octubre, de conservación de datos relativos a las comunicaciones electrónicas y a las redes públicas de comunicaciones,http://noticias.juridicas.com/base_datos/Admin/l25-2007.html,2022 年 8 月 20 日。

⑥ "Real decreto legislativo 2/2015":de 23 de octubre, del estatuto de los trabajadores,http://noticias.juridicas.com/base_datos/Laboral/561075-et-2015.html#a20,2022 年 8 月 20 日。

第二节　隐私风险应对的数据处理规范与机构

一　隐私风险应对的数据处理规范

在个人数据处理规范方面，主要包括个人数据处理原则、不同阶段数据处理操作、个人数据合法处理。

第一，个人数据处理原则。西班牙《组织法》提出了 7 条原则，具体内容如下。①当数据收集目的具体、明确和合法时，个人数据才能被收集。②个人数据不得用于与数据收集目的不相容的目的。对于以历史、统计或科学目的而进行的后续处理，不会被认为与最初目的不相容。③个人数据是准确和更新的，以便能够真实地回应数据受影响者的现状。④如果个人数据被证明是全部或部分不准确或不完整，那么这些数据将被取消，而且通过纠正或完成相应的数据替代。⑤当数据持有者不再需要时，个人数据将被删除；个人数据的保存方式是，不允许识别利益相关者的时间超过数据收集或数据登记目的所需的时间；根据具体立法确定的特殊历史、统计或科学价值的程序将确定某些数据的全面维护情况。⑥除非个人数据被合法删除，否则个人数据将以允许行使数据获取权的方式得到存储。⑦禁止以欺诈、不忠诚或非法手段来收集数据。

第二，不同阶段数据处理操作。根据《组织法》第 3（c）条，数据处理意味着操作过程和技术过程中自动或非自动地进行收集、记录、存储、加工、修改、咨询、使用、撤销、阻断或消除、披露来自通信、协商、互连和传输所得到的数据。通常而言，它包括六个不同阶段：①描述数据的生命周期；②分析数据保护影响评估（DPIA）的必要性；③识别威胁和风险；④评估风险；⑤管理风险；⑥数据处理行动计划和结论[1]。

---

[1]　"Guía práctica para las evaluaciones de impacto en la protección de datos sujetas al rgpd"，https://www. aepd. es/media/guias/guia-evaluaciones-de-impacto-rgpd. pdf，2022 年 8 月 20 日。

第三，个人数据合法性处理。《组织法》针对一般个人数据和特定个人数据提供了不同规范：对于一般个人数据目录，具有一般规则（第6条）；针对特定个人数据目录，存在特别严格条款（第7条）。《组织法》第6条规定，除非存在法律条款提供例外情形，否则个人数据处理需要数据主体的明确同意。具体而言，这一"同意原则"的例外情况包括：属于公共行政部门执行任务时所需；属于合同或者前合同协议中的内容；有严重医疗或健康理由；当数据被包含在公共资源中且它们应当得到处理。与"同意原则"相反的是，《组织法》第6条第4点提供了"无同意准则"：当没有必要对个人数据处理进行同意且不存在其他法律规定时，如果针对个体情况存在合法和正当理由，那么数据主体能够反对数据处理。针对受特别保护的数据，《组织法》第7.2条规定，只有得到数据主体的明确书面同意，才能处理那些揭示意识形态、工会归属、宗教和信仰的个人数据；《组织法》第7.3条规定，只有当存在一般利益的原因时，由法律或有关人员明确同意的情况下，才可以收集、处理和分配涉及种族、健康和性生活的个人数据；《组织法》第7.4条规定，禁止为了存储揭示意识形态、工会隶属关系、宗教信仰、种族或民族血统或性生活的个人数据而创建文件；《组织法》第7.5条规定，与犯罪或行政违法行为有关的个人数据只能包含在各自监管标准规定的主管公共行政部门的档案中。

二 隐私风险应对的机构和职位

西班牙的数据保护机构是数据保护局（Agencia Española de Protección de Datos，AEPD），该机构于1993年根据第428/1993号皇家法令设立，也代表西班牙参加欧洲数据保护委员会。这个机构的权利如下：①调查权利。根据西班牙《组织法》Sección 2，AEPD有广泛的权利命令数据控制者和处理者提供执行任务所需的任何信息，以数据保护审计的形式进行调查，对根据《通用数据保护条例》（General Data Protection Regulation，简称GDPR）颁发的证书进行审查，对那些涉嫌违反GDPR的数据控制者或处理者进行通知，获取所有个人数据和执行数据控制者或处理者任务所需的所有信息。②纠正权。AEPD 能够对违规行为进行警告或谴责，命令数据控制者向数据主体披露个人数据泄露情况，进行永久性或临时性禁止处理，撤销认证并进行行政罚款。③授权和咨询权。AEPD 可以向数据控制者、认证机构提供建议，能够授权证书、发布合同条款、行政安排和具有约束性的公司规则[①]。

就具体数据保护职位而言，根据西班牙《组织法》第 34 条[②]，属于以下组织或出现以下情况时，必须强制性任命数据保护官：①专业协会及其总理事会；②提供教育权利立法规定的任何级别教育的教育中心，以及公立和私立大学；③在定期和系统地大规模处理个人数据时，按照具体立法的规定运营网络并提供电子通信服务的实体；④信息社会的服务提供者大规模开发服务用户的概况；⑤属于《6 月 26 日第 10/2014 号法律》第 1 条中所涉及的关于信贷机构的组织、监督和偿付能力的实体；⑥信贷金融机构；⑦保险和再保险实体；⑧受证券市场法规监管的投资服务公司；⑨电力分销商和营销商以及天然气分销商和营销商；⑩负责评估资产和信用偿付能力的一般文件或管理和防止欺诈的共同文件的实体，包括那些旨在防止洗钱的法律管辖的文件；⑪开展广告和商业勘探活动的实体根据受影响者的偏好进行治疗或开展涉及编制相关概况的活动；⑫法律要求保留患者医疗记录的健康中心；⑬旨在发布可能涉及自然人的商业报告的实体；⑭游戏规则是以电子方式、远程方式和交互方式开展活动的游戏运营商；⑮私人保安公司；⑯体育联合会处理未成年人的数据。可见，《组织法》包括需要指定数据保护官的组织和公司列表，即保险或再保险公司、金融信贷机构、教育机构、电力和天然气分销商、广告和营销公司等都必须指定一名数据保护官。当

---

① "Lei orgánica 3/2018"：do 5 de decembro, de protección de datos persoais e garantía dos dereitos dixitais，https：//www. boe. es/boe ＿ gallego/dias/2018/12/06/pdfs/BOE-A-2018-16673-G. pdf，2022 年 8 月 20 日。

② "Lei orgánica 3/2018"：do 5 de decembro, de protección de datos persoais e garantía dos dereitos dixitais，https：//www. boe. es/boe ＿ gallego/dias/2018/12/06/pdfs/BOE-A-2018-16673-G. pdf，2022 年 8 月 20 日。

然，《组织法》也允许组织和公司自愿指定数据保护官，但在任何一种情况下，数据保护官的任命必须传达给 AEPD。

第三节　西班牙政府开放数据中的
数据影响评估和风险识别

一　数据影响评估的应用标准

根据 GDPR 第 35 条，如果某种数据处理活动需要使用新技术，并考虑其性质、范围、背景和目的可能会对自然人的权利和自由造成高风险，那么数据管理员有义务在实施此类处理活动之前进行数据保护影响评估[1]。可见，根据 GDPR，当使用"新技术"进行处理时，风险将增加。尽管 GDPR 建立了有助于识别涉及高风险的数据处理操作标准，但监管机构应建立并公布一份受数据保护影响评估要求约束的处理操作清单。在这种情况下，AEPD 在 2019 年 5 月 6 日公布了一份认为可能对其人员的权利和自由产生高风险的数据处理活动的处理操作清单，强调如果出现满足这一清单上两个或更多标准的情况，那么有必要进行数据保护影响评估。此外，特定数据处理活动所满足的标准越多，意味着涉及的风险就越大，那么进行数据保护影响评估的需求就越确定。

具体而言，这份清单包括的 11 种情形如下：①对自然人进行概况分析或评估，具体行为包括从数据主体的生活（工作表现、个性和行为）的多个领域收集数据，涵盖其个性或习惯的各个方面。②自动决策制定或处理极其有助于做出此类决策的行为，包括阻止数据主体行使权力，或获取商品或服务，或成为合同一部分的任何类型的决策。③对数据主体进行系统和详尽的观察、监测、监督、地理定位或控制，具体行为包括通过网络、应用程序或公共可访问区域收集数据和元数据，以及处理允许识别信息社会服务用户的唯一标识符，这些信息社会服务如

---

[1] "Art. 35 gdpr data protection impact assessment"，https：//gdpr-info. eu/art-35-gdpr/，2022 年 8 月 20 日。

网络服务、互动电视、移动应用等。④处理 GDPR 第 9 条第（1）款所述的特殊数据类别，或者与 GDPR 第 10 条所述的定罪或刑事犯罪相关的数据，或者可以确定财务状况或信誉或推断与特殊类别数据有关的人员的信息。⑤旨在特定地识别自然人而使用生物识别数据。⑥旨在以各种目的来使用遗传数据。⑦大规模使用数据。在确定是否可以大规模处理时，将考虑指南 WP243《数据保护官员指南（DPO）》（Guidelines on Data Protection Officers（DPOs））第 29 条中规定的标准。⑧当出于不同目的或由不同数据控制者所控制时，对数据库记录进行关联、组合或链接。⑨处理有关脆弱数据主体或有社会排斥风险的人的数据，这些群体包括 14 岁以下的儿童；有一定程度残疾的老年人、残疾人；获得社会服务的人和性暴力受害者，以及他们的后代和受照顾和监护的人。⑩使用新技术或创新使用既定技术，具体行为包括使用新规模、新目标或与其他技术相结合的技术，从而采用新的收集形式和使用可能侵犯个人权利和自由的数据。⑪数据处理会阻碍数据主体行使其权力、使用服务或执行合同。例如，处理已被数据控制者收集的数据而不是将要处理的数据[1]。

二　数据影响评估流程框架

2014 年，AEPD 基于《数据保护指令》（Data Protection Directive 95/46 EC）发布了《数据保护影响评估指南》（Guía para una Evaluación de Impacto en la Protección de Datos Personales）[2]。这一指南指出，一些机构会处理受 GDPR 规制的个人数据，而数据保护影响评估是这些机构的一项固定的强制性义务，即这些机构有必要评估每项个人数据处理活动的风险，以确定应采取哪些安全措施来保护所处理的个人数据，或分

---

[1] "Listas de tipos de tratamientos de datos que requieren evaluacion de impacto relativa a protección de datos（art 35.4）", https：//www. aepd. es/media/criterios/listas-dpia-es-35-4. pdf, 2022 年 8 月 20 日。

[2] "Guía para una evaluación de impacto en la protección de datos personales", https：//eurol-opd. com/Docs/general/Guia_ EIPD. pdf, 2022 年 8 月 20 日。

析是否必须执行数据保护影响评估。该指南强调，在数据得到实际处理之前的最早阶段，构建数据保护风险评估模型。在 2018 年 3 月，AEPD 发布这个指南的更新版本《数据保护影响评估实践指南》（Guía práctica para las Evaluaciones de Impacto en la Protección de Datos）①，旨在与 GDPR 的最新规定相一致。

2019 年 7 月，AEPD 发布《针对公共部门的数据保护影响评估报告模型》（modelo de informe de Evaluación de Impacto en la Protección de Datos（EIPD）dirigido a Administraciones Públicas，EIPD）②，以促进数据保护影响评估的实施，并根据《数据保护影响评估实践指南》来具体操作。这一模型是 AEPD 与工作、移民和社会保障部（El Ministerio. Ministerio de Trabajo，Migraciones y Seguridad Social）以及社会安全计算机管理信息安全中心（Centro de Seguridad de la Información de la Gerencia de Informática de la Seguridad Social）合作开发的。该模型收集了生成影响评估报告时必须考虑的所有方面，其中包括对策描述、合理的法律依据、对策分析、构建评估模型或绩效的义务、降低风险措施、行动计划以及调查结果和建议。虽然这一模型并非针对那些负责处理低风险数据的组织或个人，但在影响评估属于非强制性的情况下，有助于以其他目的进行评估，如深入研究对策；改善组织流程的整体管理；产生数据保护的知识和文化；积极主动地承担责任③。这一模型涵盖适合实施的安全措施，以减轻此类高风险。总体来看，上述指南对于数据保护专业人员非常有用，有助于他们在 GDPR 得到完全适用之前根据客户的利益了解数据保护影响评估的标准。

---

① "Guía práctica para las evaluaciones de impacto en la protección de datos sujetas al rgpd"，https：//www. aepd. es/media/guias/guia-evaluaciones-de-impacto-rgpd. pdf，2022 年 8 月 20 日。

② "modelo de informe de evaluación de impacto en la protección de datos（EIPD）dirigido a administraciones Públicas"，https：//www. aepd. es/media/guias/Modelo-informe-EIPD-AAPP. rtf，2022 年 8 月 20 日。

③ "La aepd publica un modelo de informe para ayudar a las administraciones públicas a realizar evaluaciones impacto en la protección de datos"，https：//www. aepd. es/prensa/2019-07-09. html，2022 年 8 月 20 日。

三　数据影响评估阶段

数据保护影响评估包括八个阶段（见图6-1）。①需求分析。在这一初始阶段，必须考虑是否明确需要进行数据保护影响评估。如果数据处理规模不是很大或公司不需要利用第三方的数据，那么影响评估可能不那么详尽。②项目描述。详细描述风险，有助于明确隐私影响因素。因此，在这一阶段，重点检查可能影响第三方数据的隐私风险，需要好好学习业务的目标，明确谁是利益相关者、对什么数据类别进行处理、技术使用目的等。③定义风险。根据前一阶段提供的信息，确定本组织数据处理所存在的风险。根据AEPD提交的文件，这些风险可分为两类：影响人们的因素，这涉及可能侵犯其权利的风险；影响公司的因素，这涉及那些源于未实施良好数据保护政策的公司，具体情况取决于当前法规的规定。④风险管理。在确定风险之后，要保证数据保护中得到正确影响评估。因此，必须与有关行为者进行内部和外部磋商，随后有必要确定将实施哪些类型的控制和措施。⑤分析对规范的遵守情况。在这个阶段，要验证正在开发的所有内容是否具有合法性。在合法性这一点上，必须考虑正在进行影响评估的部门，因为数据处理方面的法律要求可能更高或更低。⑥创建最终报告。在数据保护评估影响报告中，要正确详细说明已发现的风险以及建议，以便管理和消除这些风险。⑦实施建议。在完全修改了准备好的报告后，必须采取必要的措施来遵守它。此外，应当指定负责影响评估的人员，以确保遵守最终报告中详述的所有内容。⑧持续审查。在影响评估过程之后，必须对最终结果进行适当分析。通过这种方式，可以检查所有工作的有效性，以及是否出现了新的风险。此外，不断更新影响评估，是保证第三方数据保护的基础。

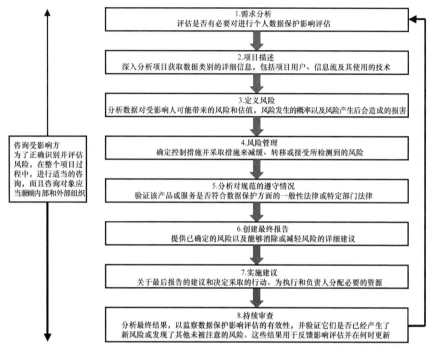

图 6 - 1　数据保护影响评估阶段①

第四节　西班牙开放政府数据隐私风险 控制的特征

一　优势分析

（一）开放政府数据迅速发展

Datos. gob. es 是西班牙开放数据平台，提供了国家开放数据的目录，也是供西班牙公共行政部门向公民、研究人员、再利用者和其他行政机构进行咨询、下载和再利用数据的单入口点。它还包括一般数据、培训材料和有关公共部门信息再利用的新闻。在 2018 年，Datos. gob. es 有超过 21000

---

① "Guía para una evaluación de impacto en la protección de datos personales"，https：//euro lopd. com/Docs/general/Guia_ EIPD. pdf，2022 年 8 月 20 日。

个数据集可用，而且该数据门户网站的当年访问次数超过500次[1]。

（二）推进隐私风险评估工具应用

西班牙数据保护局（AEPD）在2014年发布了第一个数据保护影响评估指导方针，并且一直鼓励在诸如大数据项目等相关案例中采用隐私影响评估。近年来，AEPD制定并继续做出巨大努力来促进充分实施GDPR所要求采取的措施。自2018年5月起，某些数据的处理必须进行数据保护影响评估，因而AEPD近年也发布了数据保护影响评估指南以及一份必须进行数据保护影响评估的案例清单。这些举措有助于隐私影响评估工具的应用，为开放政府数据的隐私风险评估提供工具保障。

（三）组织结构不断优化和完善

在隐私风险应对的机构和职位方面，西班牙在中央层面设有AEPD，而且当属于所规定的组织类型或出现相应情况时，就需要设立数据保护官这一职位。此外，西班牙一些自治社区也有自身的数据保护机构，如加泰罗尼亚或巴斯克地区的社区。巴斯克数据保护办公室（Datuak Babesteko Euskal Bulegoa，DBEB）是一个受公法管辖的机构，负责处理由巴斯克自治区创建或管理的个人数据。DBEB负责对个人数据保护有关的查询进行回应，并参加个人隐私保护方面的知识传播和培训活动，以提高人们对该领域法规所承认的权利的认识，增强公众对隐私价值的认识，并促进巴斯克公众尊重隐私。如果公民或公共管理部门希望索取信息或法律或技术标准，DBEB还提供了各种沟通渠道来答复公民或公共管理部门的询问。此外，DBEB还确保巴斯克公共机构遵守数据保护法规，并在必要时行使其纠正权。在向DBEB提出权利要求之前，数据主体必须联系数据控制者以行使其权力。如果数据控制者在规定的期限内未做出答复，或者他不同意答复，那么利益相关者可以向DBEB提出保护权利的要求[2]。通过中央

---

① "Digital government factsheet 2019"，https：//joinup. ec. europa. eu/sites/default/files/inline-files/Digital_ Government_ Factsheets_ Spain_ 2019. pdf，2022年8月20日。

② "Ohiko galderak （FAQ）"，https：//www. avpd. euskadi. eus/informazioa/ohiko-galderak-faq/s04-5273/eu/，2022年8月20日。

和地方层面的机构和职位的设置，明确了隐私风险应对的主体，有助于建立隐私风险控制责任机制。

二　劣势分析

（一）"开放数据"与"隐私风险"的逻辑悖论

开放政府不是无条件和绝对的：虽然促使政府更加开放一直并且仍然是一个高优先事项，但优先级并不意味着压倒所有其他考虑的因素。没有哪个开放政府的支持者会把开放政府描绘成不顾一切的开放，而毫不顾忌后果。就西班牙而言，信息自由权受到隐私权的限制，这一事实反映在西班牙《宪法》第 20（4）条中。在两者之间发生冲突的情况下，应当确定两种基本权利中哪一项必须优先于另一项，因为法律没有提供有助于解决问题的具体规则，而法官需要根据具体情况分析这些问题①。

（二）高价值数据开放不够

西班牙没有信息获取法，也没有统一的国家开放数据政策或做法，唯一积极维护的开放数据计划是由少数地方和地区政府启动的，但没有国家层面的协调或支持。为了推进政府数据开放，政府机构应该识别关键受众的数据和他们的需求，并努力为每个受众以最易懂的形式和格式提供高价值数据。但是，关于健康、教育、公共采购或官方议程的关键数据集仍被政府拒绝开放，西班牙也没有计划是否发布②。在这方面，美国就做得不错，如美国政府已利用 Data. gov 社区来发挥美国人民的聪明才智，简化了人们获取高价值数据的途径，并告知创新者和私营部门那些日益增多的奖品、挑战和比赛。

---

① "Spain right to privacy vs. right to information"，http：//merlin. obs. coe. int/iris/2009/4/article9. en. html，2022 年 8 月 20 日。

② "Spain is a world leader in open data. says who?"，https：//www. access-info. org/ogs/11788，2022 年 8 月 20 日。

第五节　启示

从国际上来看，西班牙是一个具有前瞻性的开放数据国家，这得益于其完善的隐私风险评估与防控。通过挖掘该国近年来关于数据开放所产生的各类隐私问题的案例，梳理该国在数据开放中的隐私风险控制经验，能够为我国相关政策设计提供相应支撑。

一　明确开放政府数据环境下个人隐私权

西班牙的信息自决原则起源于《宪法》第 18（4）条，是更大隐私权的一部分，而且主要通过教义上的演变发展起来。该条文规定，法律应限制信息的使用，以保证个人和家庭的荣誉以及保护公民隐私的同时，使个人能够充分行使其权力。可见，这个条文是西班牙《宪法》中数据保护权利存在的法律依据。除上述《宪法》条款对个人和家庭隐私进行规范以外，《组织法》确立了信息自决或信息自由，即根据西班牙宪法法院于 2000 年 11 月 30 日发布的《第 292/2000374 号决定》①明确承认信息自决或信息自由是与隐私分开的基本权利。这个决定不仅强调了以计算机为基础的信息系统对控制个人信息的重要影响，而且还指出，西班牙《宪法》第 18（4）条所规定的基本隐私权本身并不能保证在信息通信技术发展的新背景下所需的保护水平。最后，该决定的结论是，《宪法》第 18（4）条构成了保障数据保护权利的宪法基础，它为个人提供了一种保护手段，使其免受对尊严、权利和自由的新威胁。因此，《组织法》不仅保护公民信息免受信息技术处理，而且也保护其他基本权利和个人自由而避免其个人信息被自动处理。当前，随着信息技术的迅速发展，政府信息资源管理模式出现重大发展与变革，公民获取信息的方式也逐渐转向电子化。大数据对人们的日常生活产生的

---

① "Sentencia del tribunal constitucional español 292/2000", https：//archivos. juridicas. unam. mx/www/bjv/libros/12/5669/23. pdf，2022 年 8 月 20 日。

影响也越来越大，因而开放政府数据环境下个人数据被窃取或泄露的风险增加，使得个人对于信息的自我决定权也开始消失。早在 2013 年 6 月 18 日，八国集团所签署的《开放数据宪章》（Open Data Charter）第一条原则就是默认必须开放数据：在持续保障隐私权的前提下，促进政府数据被公开发布①。因此，为了推进政府数据开放，应当关注隐私权，甚至可以延伸至信息隐私权，注重个人属性、个人数据、数据内容等方面的隐私权。

二 注重各个领域的数据监管

开放政府数据涉及各个不同领域的数据，而西班牙则针对这些不同领域进行监管。AEPD 负责监察有关保障个人数据的法律条文是否得到遵守，因而享有绝对的自主权，不受公共部门的监管。它能够采取相应行动，从而提高公民有效促进这种保护的能力。司法部负责某些基地的登记。更具体地说，它负责包括出生、法律行为能力、失踪或死亡、国籍、婚姻在内的个人数据的民事登记，以及提供商业身份、活动说明、基本数据和文件、财务和经济数据的登记。司法部还负责有关自然人和法人的关键主数据，而且还与其他部委合作，使基地登记册合理化。财政部不仅负责地籍登记，提供土地和房地产的说明，还管理税务机构数据库，其中包含自然人和法人的税收、财政义务和财政状况的数据。经济企业部负责管理自然人、法人、农业、经济、气候、科技等居住数据的登记汇编。就业和社会保障部管理着社会保障数据库，包括自然人和法人的劳动历史、社会保障权利等数据。就我国而言，许多不同的特定类型的个人数据也受不同的法律和行政法规约束，并且一些规定重叠。例如，电信和互联网服务中的"用户个人信息"是根据 2013 年 7 月颁布的《电信和互联网用户个人信息保护规定》而确定；在个人财务信息方面，中国人民银行发布的《关于加强银行业金融机构个人金融信

---

① The white house："u. s. open data action plan"，http：//www. whitehouse. gov/sites/defau lt/files/microsites/ostp/us_ open_ data_ action_ plan. pdf，2022 年 8 月 20 日。

息保护工作的通知》对银行业金融机构有更具体的要求。在进行数据监管的同时，也要注意避免因过度隐私保护而不利于开放数据的问题。例如，美国 Data. gov 通过向公众提供整合所有机构的元数据目录来提高他们发现数据的能力，从而避免部门监管。它的好处在于，一个更加综合的信息源和探索工具可以让公众操纵联邦部门的数据，而不用去了解作为一个整体或个别机构的联邦政府是如何组织这些数据的。

三 注重利用匿名化技术

BBVA Data & Analytics 是西班牙对外银行（Banco Bilbao Vizcaya Argentaria，BBVA）的一个独立部门，旨在利用数据科学为银行创造价值，专注于利用技术和分析来优化他们的流程。为了帮助 BBVA 集团内其他公司开发新的或更多的服务，BBVA Data & Analytics 结合可用的开放数据对这些公司的数据进行分析。基于这些分析，关联公司可以获得有关经济趋势或其客户行为的见解。通过提供他们的服务，他们收集了大量的数据，这些数据所揭示的见解也会引起其他各方的兴趣。为了向公共或私营部门的特定合作伙伴提供这些潜在有价值的信息，BBVA 通过开放数据平台分享原始、汇总和匿名的数据[①]。这个例子表明，尽管没有将开放数据直接商业化成一种新产品，但通过匿名而用于增强现有产品或服务时，也会创造价值。从效用影响的角度来看，匿名可以允许有关个人的信息在多个记录之间链接，从而增加其实用程序，以实现多种目的。但是，匿名并不仅仅是需要删除名称或其他唯一标识符。正如 Ohm 指出，匿名数据集中描述的人是如何很容易被重新识别或去匿名化的。例如，Ohm 描述的 Latanya Sweeney 关于"美国人口中简单人口的独特性"的研究表明，邮政编码、出生日期和性别的组合可以唯一地识别 87% 的美国人口[②]。因此，我国政府机构在开放数据时，应当标

---

① "Todas las oportunidades del open banking a tu alcance"，https：//www. bbvaapimarket. com/，2022 年 8 月 20 日。

② Ohm，"broken promises of privacy，responding to the surprising failure of anonymization"，*social science electronic publishing*，Vol. 57，No. 6，2012，pp. 1701 – 1777.

出他们的数据是否包含可识别的个人信息，以及这些数据是否符合隐私保护要求。此外，在应用匿名技术来进行开放政府数据隐私风险控制时，如果对数据进行匿名和聚合，应当使用非常谨慎和公认的统计方法。

四　积极开展隐私影响评估（PIA）

为了在透明度和隐私之间取得平衡，政府和企业不应收集和披露超过达到其目标所必需的最低限度的数据，或可能造成重大损害的数据。各级政府应当明白的是，进行彻底的 PIA 有助于识别潜在的危害并帮助决策。向公民开放的数据可以是收集到的数据的子集，并提供给公共部门，但前提是开放足够的数据，以实现有意义的监督和透明。一个精心设计和狭义定义的豁免程序很重要，因为它允许有安全或隐私顾虑的个人要求他们的详细数据不被公开登记。例如，2020 年 2 月 13 日，中国人民银行发布的《中国人民银行关于发布金融行业标准做好个人金融信息保护技术管理工作的通知》[①] 第 6.1.4.2 条第 a 款规定，在共享和转让前，应开展个人金融信息安全影响评估，并依据评估结果采取有效措施保护个人金融信息主体权益。PIA 是一个工具，可协助机构找出最有效的方法，以履行保障数据的义务，并满足个人对因素的期望。一个有效的 PIA 将允许组织在早期识别和解决问题，减少相关的成本和可能发生的声誉损害。PIA 是通过设计方法实现隐私的一个组成部分，而且适用于政府部门，因为这些部门会发现，PIA 的一个用途是，开发一组更具体的筛选问题或识别常见的隐私风险和解决方案。

本章小结

之所以选择西班牙作为政府开放数据中隐私保护的案例研究，原因

---

① 《中国人民银行关于发布金融行业标准做好个人金融信息保护技术管理工作的通知》，http://www.xinghua.gov.cn/module/download/downfile.jsp？classid=0&filename=92c7f69b2a0b483fac7510d5e96e1432.pdf，2022 年 8 月 20 日。

在于：一方面，从国内研究情况来看，尽管有学者围绕美国、英国、德国、澳大利亚等国的开放数据中隐私保护进行研究，但尚未对西班牙进行系统研究；另一方面，从实践的角度来看，西班牙的开放数据相对较好。2017 年 5 月，在万维网基金会发布的《开放数据晴雨表：全球报告》（第四版）中，西班牙在全世界综合排第 11 位①。因此，本章对西班牙政府开放数据的隐私风险评估与防控进行系统调研，旨在为我国政府开放数据和个人隐私保护提供借鉴。

---

① "ODB global report fourth edition"，https：//opendatabarometer. org/doc/4thEdition/ODB-4thEdition-GlobalReport. pdf，2022 年 8 月 20 日。

第七章　巴西开放政府数据的
隐私风险控制*

自 2009 年以来，巴西法律明确规定，在网上可以获取各级政府公共预算和机构的数据。2011 年 6 月 20 日，时任巴西总统 Neto 将其竞选活动中承诺的 1156 号法案进行颁布，以促进立法机关的透明度。该法案的内容包括议会程序中实施开放数据的基础，如目标、原则、概念和限制等。这一法案的目标是通过提供电子形式和开放格式的非机密数据库，向社会提供资源，以便监测立法机关，并参与立法机关的政治与行政决策。为了实现该法案，巴西市议会网站①中创建了一个网页，包含开放格式的议会数据。但是，该网站还包括账单数据、市议员个人数据和人力资源数据②，容易产生隐私风险。因此，本章对巴西政府开放数据中隐私风险控制进行研究，以期为我国政府数据开放和个人隐私保护提供参考。

---

* 本章相关内容已发表于论文。具体参见陈美、梁乙凯《巴西开放政府数据的隐私风险控制研究》，《现代情报》2021 年第 9 期。

① Câmara Municipal de São Paulo："Home"，http：//www. camara. sp. gov. br/index. php？option = com_ wrapper&view = wrapper&Itemid =219，2022 年 8 月 20 日。

② "5-Case Study SP-World Wide Web Foundation"，http：//webfoundation. org/docs/2017/09/SP-Open-Data-in-the-Legislative-The-Case-of-Sao-Paulo-City-Council-print. pdf，2022 年 8 月 20 日。

第一节　开放政府数据中个人隐私的评判标准

一　个人隐私保护的法律内容

（1）《个人数据保护法》（Lei Geral de Proteção de Dados Pessoais，LGPD）①。2018 年 8 月 14 日，巴西颁布了第 13709/2018 号法律 LGPD，并将于 2020 年生效。这一法律的灵感来自与之类似的《通用数据保护条例》（General Data Protection Regulation，GDPR）。LGPD 第 3 条明确了该法的适用范围。该条规定，LGPD 适用于所有由私人机构、个人及政府处理的个人数据：数据是在巴西收集或处理，或数据处理目的是在巴西提供商品或服务②。这表明该法具有域外影响力。LGPD 第 4 条指出，本法不适用于个人数据处理的情形包括：（i）由自然人出于私人和非经济目的而进行的数据处理；（ii）专为新闻、艺术或学术目的而进行的数据处理；（iii）专为公共安全、国防、国家安全或对刑事犯罪的调查和起诉而进行的数据处理；（iv）与源自其他国家且仅在数据传输途中通过巴西的个人数据有关的数据处理③。

（2）《公共信息获取法》（2011 年第 12527 号法律）④。2011 年 11 月 18 日，巴西通过了《公共信息获取法》，该法对政府拥有的数据和信息的获取进行了规范。该法使得公民不仅可以向公共部门请求个人数据内容，还可以更新和修正公共数据库中可用的任何错误数据。可见，该法是巴西公共数据民主化的里程碑，提倡公民所要求的数据必须遵循巴西相关开放数据法律法规中的技术标准。在这种情况下，巴西开放数

---

① "L13709 – Planalto"，http：//www. planalto. gov. br/ccivil_ 03/_ ato2015 – 2018/2018/lei/L13709. htm，2022 年 8 月 20 日。

② "Art. 3"，https：//brasil. mylex. net/legislacao/lei-protecao-dados-pessoais-lgpd-art3_ 95750. html，2022 年 8 月 20 日。

③ "Art. 4"，https：//brasil. mylex. net/legislacao/lei-protecao-dados-pessoais-lgpd-art4_ 95757. html，2022 年 8 月 20 日。

④ "LEI N 12. 527"：DE 18 DE NOVEMBRO DE 2011，http：//www. presidencia. gov. br/ccivil_ 03/_ Ato2011-2014/2011/Lei/L12527. htm，2022 年 8 月 20 日。

据门户网站可视为政府建立用于集中搜索和获取公共数据和信息的工具。根据该法第 25 条，国家有义务控制其机关和部门对其产生和获取的机密数据的获取和披露，以确保其得到保护。第 31 条规定，个人数据处理必须以透明的方式进行，并要尊重人们的隐私、名誉和形象，以及个人的自由和保障。第 34 条规定，公共机构和部门应对未经授权披露或不当使用机密数据或个人数据而造成的损害负直接责任，并在故意或有罪的情况下确定职责，以确保各自的归还权。

（3）《宪法》。巴西于 1988 年 10 月颁布的《宪法》不仅保护包括通信、电报、电话和数据通信保密性在内的隐私权，还涉及消费者保护。这些条款使得所有人都有权从公共机构接受与本人有关的私人利益或任何公共机构中存储的集体或普遍利益的数据，但对国家安全至关重要的数据则被排除在外，如该法第 5XXXII 条将消费者保护作为一项基本权利；第 170 V 条确立的原则是，消费者保护是维护国家经济秩序的一个方面。

二　个人隐私界定

在个人隐私的具体保护范围上，大多数国家对于个人隐私的界定与保护都十分宽泛，在法律中仅以"个人敏感数据"或"个人信息"一言以蔽之，而少数国家，如挪威、希腊和乌克兰等则对所纳入保护的个人信息有较明确的定义①。就巴西而言，根据 LGPD 第 5 条第 I 款，个人数据是"与已识别或可识别自然人有关的数据"②。"可识别"一词扩大了 LGPD 的范围，即不仅仅指那些明显识别个人的数据。正如 GDPR 和新的《加州消费者隐私法案》（CCPA）一样，LGPD 的目标是那些可以用来识别个人的数据，即使这个人的面部信息并没有被拿来识别。针对"可识别"，LGPD 没有进一步进行界定，但 LGPD 第 12 条第 2 款指出，

① 周庆山、蒋天骥：《欧洲各国政府信息公开法中的豁免公开范围比较分析》，《现代情报》2017 年第 12 期。

② "Art. 5"，https：//brasil. mylex. net/legislacao/lei-protecao-dados-pessoais-lgpd-art5_ 95773. html，2022 年 8 月 20 日。

就本法而言，个人数据（如果已识别）也可以被视为用于形成特定自然人的行为特征的数据。此外，巴西相关法律没有针对"去识别化"和"假名"进行界定，但 LGPD 第 5 条第 XI 款将"匿名"界定为：在数据处理时，使用合理且可用的技术手段，从而使数据失去与个人直接或间接关联的可能性。LGPD 第 5 条第 III 款进一步对"匿名数据"进行界定：考虑到数据处理时使用合理和可用的技术手段，无法确定与持有人有关的数据。针对匿名数据与个人数据的关系，LGPD 第 12 条指出，匿名数据在本法中将不被视为个人数据，除非当匿名提交数据的过程被逆转，而且这一逆转是通过其自身手段或合理努力来实现的①。这个规定意味着，匿名数据可以自由处理，即如果不采取合理的措施而不能逆转匿名过程，那么无须在法律基础上认可该处理。敏感的个人数据通常被定义为个人数据的子类别，并且数据处理时会有所涉及。根据第 5 条第 II 款，敏感个人数据包括"种族或族裔血统、宗教信仰、政治见解、与工会或其他宗教组织的隶属关系、哲学或政治组织成员、与健康或性生活相关的数据、遗传或生物特征数据"。

第二节　开放政府数据中数据保护影响评估（DPIA）和风险评估

一　数据保护影响评估（DPIA）的框架

当前，除 LGPD 外，巴西没有法律对 DPIA 进行规定。一旦 LGPD 正式生效后，国家数据保护局（Autoridade Nacional de Proteção de Dados，ANPD）将有权查阅一份涉及管制数据处理操作的 DPIA 报告。为了评估数据处理活动在特定情况下对数据主体的权利和自由所造成的风险，GDPR 和 LGPD 都制定了 DPIA 的执行要求。GDPR 规定了需要实施 DPIA 的情况，而 LGPD 中 DPIA 的执行标准比 GDPR 少（见表 7-1）。

---

① "Art. 12"，https：//brasil. mylex. net/legislacao/lei-protecao-dados-pessoais-lgpd-art12_ 95 869. html，2022 年 8 月 20 日。

表 7 – 1   LGPD 与 GDPR 中关于 DPIA 规定异同点

法律	条款	共同点		不同点			
GDPR	第 35、36 条；序言第 75 条、84 条、89—93 条	都规定哪些数据处理需要 DPIA	DPIA 界定不同	在四种情况下需要进行 DPIA	DPIA 包括 3 个方面内容	规定为处理有关风险而拟采取的措施	具有 DPIA 事先咨询程序
LGPD	第 5、10、38 条			不确定何时需要 DPIA，但 ANPD 可以请求数据控制者执行 DPIA	DPIA 包括 4 个方面内容	没有就减轻风险的措施进行规定	无 DPIA 事先咨询程序

（1）DPIA 执行必要性。ANPD 被授权制定相应规则来规定哪些数据处理操作需要进行 DPIA，如根据第 4 条第 3 款，ANPD 应针对 LGPD 中所涉及国家安全的例外情况发布技术意见或建议，并要求在这些情况下进行 DPIA。根据第 55-J 条第 XIII 款，ANPD 的一项任务是，当数据处理可能会对 LGPD 所述数据保护原则产生高风险时，可以就隐私和数据保护以及 DPIA 发布相应规则和程序。第 32 条规定，ANPD 可以要求公共机构向公民发布其个人数据的 DPIA 报告，并可以针对公共机构采用的个人数据处理标准和良好做法提供建议[①]。与之相同的是，GDPR 也规定了特定情况下实施 DPIA 的要求，而且欧盟成员国的监督部门可以进一步确定哪些数据处理需要进行 DPIA。

（2）DPIA 界定。根据 LGPD 第 5 条第 XVII 款，DPIA 是数据控制者提供的文件，描述可能对公民自由和基本权利产生风险的个人数据处理流程、保障措施和风险缓解机制。这一界定与 GDPR 的不同。GDPR 认为，DPIA 是"对所设想的处理业务对个人数据保护的影响的评估"。

（3）DPIA 适用情况。LGPD 不确定什么时候需要进行 DPIA，但

———————

① "Art. 32"，https：//brasil. mylex. net/legislacao/lei-protecao-dados-pessoais-lgpd-art32_ 95982. html，2022 年 8 月 20 日。

ANPD 可以请求数据控制者执行 DPIA 并提供报告。例如，根据 LGPD 第 10 条第 3 款，如果数据控制者基于合法权益而对个人数据进行处理，那么 ANPD 可以要求数据控制者提供一份关于个人数据保护的影响报告（DPIAs），并遵守商业和工业秘密。这个方面也与 GDPR 不同。GDPR 规定，需要进行 DPIA 的情况包括：当数据处理过程可能对自然人的权利和自由造成高风险；基于数据自动化处理，对涉及自然人的个人方面进行系统而广泛的评价；大规模处理特殊类别数据；对公共区域进行大规模系统监控。

（4）DPIA 包含内容。LGPD 第 38 条规定，ANPD 可以要求数据控制者根据商业和工业保密或相关规定，参考其数据处理操作，针对个人数据（包括敏感数据）进行 DPIAs[①]。在遵守本条款规定的前提下，这个 DPIA 报告必须至少包含对所收集数据类型的描述，用于数据收集和保证信息安全的方法，以及数据控制者所采取的减轻风险的安全措施和保障机制。这点与 GDPR 的规定不同。GDPR 规定，DPIA 至少应包括：系统地说明数据处理流程和目的；评估数据处理流程与目的有关的必要性和相称性；评估数据主体的权利和自由所面临的风险。

（5）基于 DPIA 的措施。LGPD 并没有就 DPIA 后的风险减缓措施做出任何明确规定。与之不同的是，GDPR 规定了为处理有关风险而拟采取的措施，包括保障措施、安全措施及机制，以保护个人数据并证明符合规定。

（6）DPIA 事先咨询程序。LGPD 并没有建立一个关于 DPIA 的事先咨询程序。与之不同的是，GDPR 规定，如监察主任认为没有采取相应措施来降低风险，可能使有关处理工作产生高风险，那么监察主任须在处理前咨询监察部门。

二　隐私风险评估

LGPD 中有相关隐私风险的规定。（1）根据第 44 条第 Ⅱ 款，在非

---

① "Art. 38", https：//brasil. mylex. net/legislacao/lei-protecao-dados-﹣pessoais-lgpd-art50＿96085. html, 2022 年 8 月 20 日。

法或不满足数据主体期望的安全性的情况下，没有考虑数据处理的结果和人们可以合理预期的风险，那么个人数据的处理应被视为不规范。（2）根据第48条，数据控制者必须针对可能会给数据主体带来重大风险或损害的安全事件而与国家主管部门和数据主体进行沟通。这一沟通应在国家主管部门规定的合理时间内进行，并至少应包括：对受影响的个人数据的性质的描述；有关数据主体的信息；表明用于保护数据的技术和安全措施，但须遵守商业和工业保密规定；与事件有关的风险；如果这一沟通没有立即执行，需要说明延迟的原因；已经采取或将采取哪些措施来扭转或减轻损害的影响。此外，国家主管部门应核实事件的严重性，并可能在必要时维护数据主体的权利，命令数据控制者采取以下措施：在传播媒体中广泛披露该事件；扭转或减轻事件影响的措施。在判断事件的严重性时，将评估是否有足够的技术措施使受影响的个人数据在其服务范围和技术范围之内变得难以理解，而对于未经授权的第三方，则将对其进行评估①。（3）根据第50条第1款，在制定良好操作规范时，数据控制者和操作者应考虑因对数据主体的数据进行处理而产生的风险和收益的性质、范围、目的、可能性以及严重性。（4）根据第50条第2款第d项，应在对隐私影响和风险进行系统评估的过程的基础上，制定适当的政策和保障措施。这意味着，这个条款将风险评估作为隐私合规计划的可能要素②。

第三节　隐私风险应对的数据处理规范

一　隐私风险应对的数据处理原则

根据 LGPD 第 6 条，个人数据处理活动必须遵守相应原则③（见

---

① "Art. 48"，https：//brasil. mylex. net/legislacao/lei-protecao-dados-pessoais-lgpd-art48_ 96069. html，2022 年 8 月 20 日。

② "Art. 50"，https：//brasil. mylex. net/legislacao/lei-protecao-dados-pessoais-lgpd-art49_ 96082. html，2022 年 8 月 20 日。

③ "Art. 6"，https：//brasil. mylex. net/legislacao/lei-protecao-dados-pessoais-lgpd-art6_ 95794. html，2022 年 8 月 20 日。

表7-2）。

表7-2 个人数据处理原则

原则	内容
目的限制	以合法、具体、明确的目的而进行数据处理，有关目的必须告知数据主体，而不会以与这些目的不符的方式进一步处理
充分性	以与传达给数据主体的目的兼容的方式进行处理
必要性	实现这些目的的最低要求
免费获取	数据主体可以就处理形式、实践及其个人数据完整性进行免费咨询
数据质量	根据需要并为了实现处理目的，向数据主体保证数据准确、清晰、相关和更新
透明性	向持有人保证数据处理清晰、准确和易于获取的信息，并遵守商业和工业秘密
安全性	使用技术和管理措施来保护个人数据免遭未经授权的获取以及意外或非法破坏、丢失、更改、通信或传播的情况
预防	采取措施以防止由于个人数据处理而造成损害
非歧视	不能出于非法或虐待性歧视目的而进行数据处理
问责制	以允许证明数据处理措施合规的方式进行处理

二 隐私风险应对的数据处理法律基础

LGPD第7条提供个人数据处理的法律基础，即用于合法处理个人数据的十个法律依据；第11条中规定了允许处理敏感个人数据的情况。第7条和第11条分别针对个人数据和敏感个人数据提供了不同的数据处理法律依据，而且各自有不同适用情况（见表7-3）。通过比较发现，该法不允许处理敏感的个人数据来满足数据控制者或第三方的合法利益或进行信用保护。针对数据主体同意，根据LGPD第5条第Ⅻ款，"同意"是数据主体的一种自由、知情和明确的表现，它授权出于特定目的对其个人数据进行处理。这意味着，如果没有特定、明确和知情目的的授权，那么这一同意无效。根据第8条，"同意"必须以书面形式或其他方式表明数据主体的意图；必须告知数据主体不同意的权利以及拒绝的后果。当然，数据主体也可以撤回"同意"，这必须通过自由而简单的程序才能实现。

表7-3 个人数据处理法律依据

条款适用对象 数据处理适用情形	一般个人数据	敏感个人数据
数据主体同意	√	√
遵守数据控制者的法律或法规义务	√	√
由公共行政部门提供的数据	√	√
用于研究,在可能的情况下确保匿名	√	√
在数据所有者的要求下,为履行合同或与数据持有者为当事方的合同有关的初步程序所必需	√	
出于司法、行政或仲裁目的	√	√
为了保护数据主体或第三方的生命或人身安全	√	√
为了保护健康,并由卫生专业人员或机构进行	√	√
为满足数据控制者或第三方的合法利益,并且不受数据主体权利的限制	√	
为了保护信用	√	
用于预防欺诈		√

第四节　隐私风险应对的机构与职位

一　隐私风险应对的机构

（1）机构属性。根据 LGPD 第 55-A 条，ANPD 是联邦公共行政部门管理下的政府机构；ANPD 的法律性质是暂时性的，可以由公共机构转变为间接联邦公共行政部门（第 1 款）；而且第 1 款规定的有关转型的评估必须在 ANPD 制度结构出现后的 2 年内生效（第 2 款）；提供 ANPD 的创建和执行所必需的职位和职能，必须遵守年度预算法中明确的实物和财务授权以及预算法中的许可①。

（2）机构组成。根据 LGPD 第 55-C 条，ANPD 将包括：董事会（Board of Directors）成员（最高管理机构）；国家个人数据和隐私保护委员会（理事会）；内部事务办公室（检查机构）；监察员；ANPD 的法律咨询机构；适用本法规定所必须的行政和专业单位②。

（3）机构职责。根据第 55-J 条，ANPD 职责包括：监督个人数据的保护；制定有关个人数据保护的法规和程序；在行政层面上对 LGPD 及其修订中遗漏的事项进行解释和讨论；针对违法处理数据情形进行监督并实施制裁；采取简化的机制，以记录有关违反 LGPD 的个人数据处理的投诉；通过行政程序监督和制裁违法数据处理，这些行政程序可确保获得诉讼程序的权利以及广泛的辩护和上诉权；向主管部门告知其所指的刑事犯罪；将联邦公共机构违反 LGPD 的任何行为告知内部控制机构；向公民披露有关个人数据保护和安全措施的规则和公共政策的信息；考虑到活动的特点和责任方的规模，鼓励采用服务和产品的标准，以减轻所有权人对其个人数据的控制和保护；对与个人数据保护和隐私有关的本地和国际惯例进行研究；促进与其他国家的国际或跨国性质的个人数据保护机构合作行动；领导公民进行咨询，以搜集有关 ANPD 活动范围内的公共利益相关问题的建议；在决议发布前，对负责管理特定经济部门的公共行政机构进行适当听证；与公共监督部门进行协调，以在需要监管的经济和政府活动的特定部门中行使其权力；发布有关自身活动的年度行政报告③。

二　隐私风险应对的职位

根据 LGPD 第 41 条，在包括由公共机构进行的处理活动在内的涉

---

① "Art. 55-A"，https：//brasil. mylex. net/legislacao/lei-protecao-dados-pessoais-lgpd-art55 – a_ 98057. html，2022 年 8 月 20 日。

② "Art. 55 – C"，https：//brasil. mylex. net/legislacao/lei-protecao-dados-pessoais-lgpd-art55-c_ 98061. html，2022 年 8 月 20 日。

③ "Art. 55-J"，https：//brasil. mylex. net/legislacao/lei-protecao-dados-pessoais-lgpd-art55-j_ 980 90. html，2022 年 8 月 20 日。

及个人数据处理的所有情况下，数据控制者必须任命一名数据保护官。该条第1款规定，必须明确、客观地公开数据保护官的身份和联系信息，最好在数据控制者的网站上公开。该条第2款规定，数据保护官的活动包括：接受数据主体的投诉和通知，进行澄清并采取措施；接收国家主管部门的通知并采取措施；指导组织成员在个人数据保护方面应采取相应良好措施；履行数据控制者或补充规则规定的其他职责。从以上条款可以看出，数据保护官的任命是强制性要求，但第41条第3款规定，ANPD可以根据组织性质、规模及数据处理活动的数量来确定数据保护官的职责，包括表明不需要任命数据保护官的情况①。

第五节　评价与启示

一　开放数据政策层面

巴西在开放数据方面取得了一些进展，如制定了一项国家开放数据政策（国家开放数据基础设施，INDA），其中规定了以开放格式开放和分享公共部门数据的技术标准和程序。作为INDA的主要工具之一，dados. gov. br网站为各种主题的开放政府数据提供了一个数据目录。该网站是一个多方利益相关者的倡议，旨在全面存储巴西所有政府数据。该网站是许多个人和组织合作开发，如巴西开放知识基金会等。但是，巴西开放数据政策中也较少涉及隐私风险防控举措。

一方面，尽管巴西颁布了相关政策文件来推进开放政府数据行动，但对这些政策文本进行分析发现，其很少涉及个人隐私保护内容。例如，巴西于2016年5月11日颁布的《2016年5月11日8777号法令》②指出，需要制定联邦执行开放数据政策，而且INDA可以根据本法令的条款建立与制订开放数据计划以及在开放数据库的发布中保护个

---

① "Art. 41"，https：//brasil. mylex. net/legislacao/lei-protecao-dados-pessoais-lgpd-art41 _ 96030. html，2022年8月20日。

② "Decreto N8. 777，DE 11 DE MAIO DE 2016"，https：//www. planalto. gov. br/ccivil _ 03/_ ato2015 –2018/2016/decreto/d8777. htm，2022年8月20日。

人信息有关的补充规则。此外，该文件还规定，必须在开放数据计划中根据可用数据库的优先级，对要提供的数据库进行优先排序和论证，并考虑如下适用条件：与公民的相关程度；促进社会控制；承担相应法律义务或履行相关承诺来使用该数据；数据涉及战略性政府项目；数据表明国家向公民提供的公共服务的直接和有效结果；促进可持续发展的能力；在社会中促进业务发展的可能性。从这个文件可以看出，巴西比较重视公民，强调以公民为中心的开放数据，但较少涉猎个人隐私保护。

另一方面，巴西开放数据网站 dados. gov. br 没有专门的隐私政策条款，而是分散于该网站的相关栏目当中。第一，开放数据范围。开放数据网站 dados. gov. br 上提到，该门户旨在提供有关公共管理最广泛主题的数据，如有关健康、运输系统、公共安全、教育指标、政府支出、选举过程等的数据。该门户只有开放数据，这意味着包含某些获取限制（如由于保密或隐私引起的获取限制）的数据不在此门户的范围之内①。第二，隐私政策界定。根据巴西财政部开放数据词汇表的界定，隐私政策是一套正式规则，可确保用户根据其所提供的准则使用其提供或自动收集的数据。这些可以处理注册数据的共享、Cookie 的使用、其他收集用户数据的机制等②。就我国而言，目前还未使用 Cookies 政策，也没有使用户自主选择上传信息是否被保存，在提高用户的个性化服务与平衡隐私保护方面还有待加强③。第三，个人或机密数据。开放数据网站 dados. gov. br 上有一个"常见问题"栏目，该栏目其中一个问题是："门户网站是否有任何个人或机密数据？"针对这个问题，该网站进行了回答：根据《公共信息获取法》的规定，受保密性（第 25 条）或隐私（第 31 条）限制的数据必须由责任人事先根据其来源进行分类（第 27 条）并根据定义来确定是不是开放数据。因此，这些数据不会经过

---

①　"Sobre o dados. gov. br"，http：//www. dados. gov. br/pagina/sobre，2022 年 8 月 20 日。

②　"Glossário de dados abertos"，https：//www. tesourotransparente. gov. br/sobre/dados-abert os/glossario-de-dados-abertos，2022 年 8 月 20 日。

③　相丽玲、李彦如、陈梦婕：《中外政府数据开放运行机制的实证分析》，《现代情报》2020 年第 1 期。

开放过程，也不应在网站 dados. gov. br 上进行分类，而且如果不遵守规定，那么该团体或组织可能会根据第 34 条条款承担责任①。

2017 年 7 月 8 日，国务院发布的《新一代人工智能发展规划》提出：完善落实数据开放与保护相关政策，开展公共数据开放利用改革试点，支持公众和企业充分挖掘公共数据的商业价值②。尽管开放数据能够来自包括社会媒体、私营公司和科学研究在内的许多领域，但被最大量、最广泛使用的开放数据还是来自政府机构以及各个层级的政府。因此，我国需要制定完善的开放数据政策和工作流程来释放相关、可获取、有用的开放数据，而且也要逐渐完善开放数据网站中隐私政策条款，为开放政府数据提供隐私保障，以促进改革、形成更公平的环境，并且创造经济机会。

二 隐私风险评估层面

起初，ANPD 出现在 LGPD 的原始草案中，后来巴西前总统担心它违宪而将其否决，最后在 2018 年 5 月被联邦参议院再次纳入并由总统办公室批准。ANPD 由两个机构组成：（1）由五个成员组成的董事会，这些成员具有隐私和数据保护领域的专业知识；（2）国民议会是由 23 个成员组成的顾问委员会，由政府、民间社会、研究机构和私营部门组成。ANPD 的主要目标将是建立新规范、技术标准、监督和审计等，而且能够与总统办公室联系。在职责方面，LGPD 明确 ANPD 可以发布关于 DPIA 的规则，并要求组织进行这些评估。但是，LGPD 没有明确这一规则的具体内容，而且巴西也没有发布相关指导文件。因此，可以考虑从以下方面进行完善。

第一，ANPD 可以通过发布相关指导文件来完善 DPIA。一方面，在 ANPD 发布任何指导意见并要求进行风险评估之前，它应与相关利益

① "Perguntas mais frequentes"，http：//www. dados. gov. br/pagina/faq，2022 年 8 月 20 日。
② 《国务院关于印发新一代人工智能发展规划的通知》，http：//www. gov. cn/zhengce/content/2017-07/20/content_ 5211996. htm，2022 年 8 月 20 日。

者进行磋商,明确隐私风险的概念以及将其用于评估政府开放数据时需要平衡的要素。另一方面,ANPD 的规则和程序应就不同方面提供指导,如风险评估方法是遵从 LGPD 的基础,而且它为组织提供了灵活性,以决定最适合其业务和数据处理活动的方法。ANPD 还应处理的事项是,组织针对 ANPD 所提要求而提供 DPIA 进程的时间表。这意味着,相关规则应当考虑到需求的性质以及正在评估的处理业务的性质和复杂性,各组织可能需要较长的时间(如 30 天至 60 天),以便根据要求提供数据处理服务。第二,进一步完善个人数据保护机构相关职责。ANPD 应以与其他监管机构相同的方式工作,其职责可以得到进一步扩展,如确保个人数据保护;详细阐述法律定义的"国家数据保护和隐私政策";监视并对违反相关法律的行为进行制裁;针对负责数据处理和数据保护法规事务的人员执行数据主体的请求以及其他活动。第三,完善个人数据保护职位。根据 GDPR,数据控制者及加工者必须在特定情况下委任一名数据保护官,并进行 DPIA。但是,根据 LGPD,数据控制者必须指定一名数据保护官,但没有明确规定处理器的这一义务。因此,巴西可以进一步对这个义务进行规定,明确巴西个人数据保护机构制定行政规则,并要求他们任命数据保护官。

我国也非常关注开放政府数据隐私风险评估,如我国于 2019 年 10 月发布的《个人信息保护法(专家建议稿)》第 77 条"个人信息政务信息资源开放目录"规定,制作或采集个人信息类政务信息资源的部门拟增加有条件开放类或者无条件开放类政务信息资源的,应当进行个人信息保护影响评估,并采取听证会、讨论会等形式,听取有关基层和群体代表、部门、人民团体、专家、人大代表和社会有关方面的意见①。因此,我们需要认识到,不断健全隐私影响评估政策,进行彻底的隐私影响评估有助于识别潜在的危害并帮助决策。只要有足够的数据可供公共获取,那么向公民开放的数据可以是政府收集的数据的子集,

---

① 《〈个人信息保护法(专家建议稿)〉:应构建个人信息保护标准体系》,http:// www.mpaypass.com.cn/news/201910/18093801.html,2022 年 8 月 20 日。

而且它有助于进行有意义的监督。此外，有必要设立和健全个人数据保护机构及相关职位，颁发精心设计和狭义定义的豁免程序，能够允许有合法安全或隐私顾虑的个人请求他们的详细信息不要发布在开放政府数据目录中。开放政府数据所强调的透明度可以在不危及个人隐私和安全的情况下实现，但隐私风险必须得到公开讨论、认识和减轻。

三 数据处理规范层面

当前，几乎各个领域的社会实践都涉及个人数据的使用。各行各业的组织都应当适应，而且应当形成一种有关适当使用数据的新文化。考虑到巴西与诸如欧洲之类的世界其他地区不同，因而巴西在这方面仍处于起步阶段，这也是一个很难解决的问题。从这个意义上讲，个人数据保护不应被视为成本，而应被视为竞争优势和市场差异。在因个人数据滥用或误用而造成重大信息泄露的时代，遵守明确、透明、和谐的规则，可以恢复或增强公民对政府的信心。就政府开放数据而言，数据在开放共享过程中所产生的虚假、滥用、泄露是引起数据安全风险的重要因素之一①。政府数据的丰富可获取性取决于一些基本的法律规定，如巴西《宪法》规定，所有人都有权获得数据，公共机构必须根据国家法律提供数据，但必须确保数据的机密性，以维护国家安全；LGPD 规定，它并不适用于仅为艺术、新闻或学术工作或国家安全目的而处理的数据。如上所述，LGPD 的各项规定涉及"风险"和"高风险"处理的概念，以及风险评估（包括 DPIAs）。LGPD 有效地整合了一种基于风险的数据保护方法，要求组织在设置隐私保护计划和实施 LGPD 的某些要求时，在数据处理活动给个人带来的风险和利益之间进行平衡。可见，LGPD 将对巴西社会产生影响，因为这是前所未有的法律规定。但是，LGPD 并没有定义"高风险"一词，也没有定义"基于风险的方法"。政府数据治理是各国政府、私营部门和民间社会在各自的角色中

---

① 马海群、张涛、李钟隽：《新冠疫情下政府数据开放与安全的系统动力学研究》，《现代情报》2020 年第 7 期。

发展和应用共同的原则、规范、规则、决策程序和计划，这决定了政府开放数据的发展和使用。为了进一步完善数据处理规范，从而为政府开放数据提供隐私安全保障，有必要从如下两个方面进行完善。一方面，各个政府机构需要遵守相应规则，并将预期未来的数据监管视为一项投资和竞争优势。中国的个人信息保护监管框架包括刑事、民事和行政领域的法律法规。尽管《网络安全法》是中国第一部专门针对网络安全问题的法律，而且于2017年6月1日生效，但是，该法的许多规定仍然非常笼统和抽象，其实施和强制执行的详细要求取决于随后的更具体的实施法规以及有关政府的意见。我们可以预期，我国相关监管机构将继续颁布一系列实施法规，以阐明《网络安全法》中的某些要求。另一方面，完善本国的个人数据处理规范，明确政府开放数据中隐私风险种类以及发生的可能性等，并针对这些风险减缓的措施进行规范。例如，可以参考诸如欧盟GDPR以及OECD、APEC相关隐私保护原则等国际规范，吸纳包括搜集限制、利用限制、数据质量、告知、国际传输原则等要素，从而在国际法制的接轨上符合国际组织的相关标准。

本章小结

在2013年发布的《开放数据晴雨表：全球报告》中，巴西在全球77个国家中排第28位，在美洲地区排第5位，位于美国、加拿大、墨西哥和智利之后。这次评估显示，巴西在政府、公民社会和企业实现开放数据效益的准备方面表现相对较好，但仍有改进的空间，如数据集影响和可用性相对较弱。随着不断的改进，巴西在万维网基金会于2017年5月发布的《开放数据晴雨表：全球报告》（第四版）中综合排全世界第18位[1]。从国内研究情况来看，目前有研究针对巴西政府数据开

---

① "ODB global report fourth edition"，https：//opendatabarometer.org/doc/4thEdition/ODB-4thEdition-GlobalReport.pdf，2022年8月20日。

放的特点①进行研究，但尚未对巴西开放政府数据中个人隐私保护进行
研究。因此，本章从开放政府数据中个人隐私的评判标准、开放政府数
据中数据保护影响评估和风险评估、隐私风险应对的数据处理规范、隐
私风险应对的数据机构与职位来对巴西政府开放数据的隐私风险控制进
行系统梳理。

---

① 何乃东、黄如花：《巴西政府数据开放的特点及对我国的启示》，《图书与情报》2017
年第 1 期。

第八章　日本开放政府数据的
隐私风险控制^①

　　通过对开放数据进行利用，能够产生公共价值，但开放数据也意味着对个人隐私和自由产生新危险。通过国外对开放数据过程中公民基本权利保护的政策研究不难看出，作为公民基本人身权利的隐私权在数据开放过程中受到很大关注^②。从国内研究情况来看，有研究阐述日本开放政府数据的内容，并在此基础上总结日本开放政府数据的特点^③，但尚未对日本开放政府数据中个人隐私保护进行研究。之所以选择日本作为案例研究，原因在于：一方面，日本的开放政府数据实践相对较好；另一方面，尽管有研究对美国、英国、法国等的开放政府数据隐私保护进行分析，但较少对日本的开放政府数据隐私风险控制进行系统研究。因此，本章对日本个人隐私保护法律体系、日本政府数据开放中个人隐私的评判标准、隐私风险应对的匿名化技术、隐私风险应对的机构与救济制度、隐私风险应对的安全控制措施与认证机制来梳理理论和实践经验，旨在为我国政府开放数据和个人隐私保护提供借鉴。

---

　　① 本章相关内容已发表于论文。具体参见陈美、梁乙凯《日本开放政府数据中的隐私风险控制研究》，《情报资料工作》2021 年第 5 期。
　　② 马海群、蒲攀：《国内外开放数据政策研究现状分析及我国研究动向研判》，《中国图书馆学报》2015 年第 5 期。
　　③ 陈美：《日本开放政府数据分析及对我国的启示》，《图书馆》2018 年第 6 期。

第一节　日本个人隐私保护法律体系

在日本，个人隐私保护的主要制度是《个人信息保护法》（Act on the Protection of Personal Information，APPI）。《个人信息保护法》（2003 年第 57 号）① 最初在 2003 年完成，并于 2005 年 4 月开始执行。2015 年，日本国会通过《个人信息保护法》的第一个修正案。从法律的具体文本来看，《个人信息保护法》主要内容如下：第 I 章为总则（第 1—3 条）；第 II 章为国家及地方政府的责任义务等（第 4—6 条）；第 III 章为个人信息保护的相关措施等（第 7—14 条）；第 IV 章为个人信息处理运营者的义务等（第 15—58 条）；第 V 章为个人信息保护委员会（Information Protection Commission）（第 59—74 条）；第 VI 章为其他规定（第 75—81 条）；第 VII 章为罚款规定（第 82—88 条）②。在完成这个法律后，日本将《行政机构个人信息保护法》修订为《行政机构所持有个人信息保护法》（2003 年第 58 号）③，而且重新制定《独立行政机构等持有个人信息保护法》（2003 年第 59 号）④。2013 年 5 月 26 日，日本通过《行政程序中为识别特定个人的编号利用法》（*My Number Law*，2013 年第 27 号法）⑤，并于 2015 年 10 月正式生效。这些法律构成了日本个人信息保护法律体系（见图 8 - 1）。"#1" 为《个人信息保护法》，

① "Act on the Protection of Personal Information（Act No. 57 of 2003）"，http：//www. cas. go. jp/jp/seisaku/hourei/data/APPI. pdf，2019 年 5 月 21 日。

② "Amended Act on the Protection of Personal Information"，https：//www. ppc. go. jp/files/pdf/Act_ on_ the_ Protection_ of_ Personal_ Information. pdf，2019 年 5 月 24 日。

③ "Act on the Protection of Personal Information Held by Incorporated Administrative Agencies"，http：//www. japaneselawtranslation. go. jp/law/detail_ main？re = 02&ia = 03&vm = 02&id = 3264，2019 年 5 月 27 日。

④ "Act on the Protection of Personal Information Held by Incorporated Administrative Agencies"，http：//www. japaneselawtranslation. go. jp/law/detail_ main？re = 02&ia = 03&vm = 02&id = 3264，2019 年 5 月 27 日。

⑤ "Act on the Use of Numbers to Identify a Specific Individual in Administrative Procedures"，http：//www. japaneselawtranslation. go. jp/law/detail_ main？re = 2&vm = 02&id = 2755，2019 年 6 月 11 日。

其中第1章至第3章涉及国家及地方公共团体的义务、政策基本方针的制定等；第4章至第6章涉及个人信息处理业务运营者的义务。"#2"为《行政机构所持有个人信息保护法》，其规制对象为国家行政机关。"#3"为《独立行政机构等持有个人信息保护法》，其规制对象为独立行政机构等。"#4"为各地方公共团体的个人信息保护条例，针对地方公共团体等进行规制。

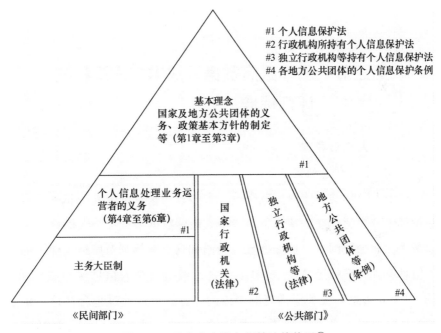

图 8-1　日本个人信息保护法律体系①

　　除上述个人隐私保护法律以外，日本还存在一些针对特定行业的特别隐私保护规范。在通信隐私方面，根据《电信业务法》（Telecommunications Business Act）第4条，任何人不得违反电信运营商所处理的通信的隐私；从事电信业务的人会在办公室内针对电信运营商处理的通信

①　《よくわかる個人情報保護のしくみ〈改訂版〉消費者庁——日本病院会》，https://www.hospital.or.jp/pdf/01_20130301_01.pdf，2022年8月20日。

而获得隐私信息，但这些人不得对这些隐私进行披露，而且即使这些人离开办公室，也应适用同样的规定①。在电子邮件方面，《特定电子邮件传输规范法》在 2008 年 12 月 1 日生效，通过电子邮件规范未经请求的营销。根据该法第 2 条，发送营销电子邮件的条件包括：得到收件人请求或同意；收件人是从事与其广告有关的销售活动有业务关系的人②。在商业交易方面，《特定商业交易法》③ 通过电子邮件规定了包括主动营销在内的其他形式未经请求的营销，而且需要得到营销对象的同意。

第二节　日本政府数据开放中个人隐私的评判标准

一　个人隐私界定

（一）个人信息的定义

在个人隐私的具体保护范围上，大多数国家对于个人隐私的界定与保护都十分宽泛，在法律中仅以"个人敏感数据"或"个人信息"一言以蔽之，而少数国家，例如挪威、希腊和乌克兰等则对所纳入保护的个人信息有较明确的定义④。就日本而言，根据《个人信息保护法》第 2 条，"个人信息"是关于活着的个体的信息，可以通过包含在这一信息中的姓名、出生日期或其他方式识别特定的个体；个人信息包括那些"容易参考其他信息"而能识别特定个人的信息。根据个人信息保护委

---

① "Telecommunications Business Act", http：//www. japaneselawtranslation. go. jp/law/detail_main? re = &vm = 02&id = 2859，2022 年 8 月 20 日。

② "Act on Regulation of Transmission of Specified Electronic Mail", http：//www. cas. go. jp/jp/seisaku/hourei/data/ACPT. pdf，2022 年 8 月 20 日。

③ "Act on Specified Commercial Transactions", http：//www. japaneselawtranslation. go. jp/law/detail_main? re = 02&ia = 03&vm = 02&id = 2065，2022 年 8 月 20 日。

④ 周庆山、蒋天骥：《欧洲各国政府信息公开法中的豁免公开范围比较分析》，《现代情报》2017 年第 12 期。

员会发布的指南《在促进个人数据利用与消费者信任之间进行平衡》①，"容易参考其他信息"是指业务运营者可以通过在正常运营过程中采用的方法，容易地参考其他信息。如果一个运营者需要向另一个运营者查询以获取"其他信息"，而且对运营者来说，这样做很困难，那么这种情况不会被视为"容易参考其他信息"。

从以上界定可知，个人信息包括任何"个人识别码"。根据《个人信息保护法》第2条第1款，个人识别码是《个人信息保护法》所涉及的相关内阁命令中所指的特定数据类型，包括那些可识别特定个人的生物特征数据，或以唯一分配给个人的特定代码的形式存在的数据。这类代码的典型例子是护照号码或驾驶执照。根据2017年5月30日生效的《为执行〈个人信息保护法〉而进行的内阁法令修订》（Amendment to the Cabinet Order to Enforce the Act on the Protection of Personal Information），"个人识别码"包括代码、字符、字母、符号，包括两种代码类型：（1）能够识别一个特定个体的身体特征的代码被转变至数据中，这一数据被计算机提供而得到利用，包括DNA序列数据、脸部识别数据、虹膜团数据、声纹数据、步态图案数据、手掌/手指静脉模式数据和指纹/掌纹数据；（2）代码被分配给正在得到使用的服务当中，而这一服务提供给个人或卖给个人的商品，或这些都在发给个体的文件中得以说明，以便能够识别特定用户或购买者，如护照号码、基本养老金编号、司机的许可证号码、个人号码和国家健康保险号码②。

（二）敏感个人信息的定义

尽管《个人信息保护法》没有"敏感个人信息"这一名称，但包含"特别照料的个人信息"（Special Care – Required Personal Information），符合"敏感个人信息"的概念。根据《个人信息保护法》第2

---

① 《ﾊﾟｰｿﾅﾙﾃﾞｰﾀの利活用促進と消費者の信頼性確保の両立に向けて》，https：//www. ppc. go. jp/files/pdf/The_ PPC_ Secretariat_ Report_ on_ Anonymously_ Processed_ Informat ion. pdf，2022年8月20日。

② "Amendment to the Cabinet Order to Enforce the Act on the Protection of Personal Information"，https：//www. ppc. go. jp/files/pdf/Cabinet_ Order. pdf，2022年8月20日。

条第 3 款，"特别照料的个人信息"包括关于一个人的种族、信仰、社会地位、病史、犯罪记录、因相关罪行而受到伤害的事实，以及可能导致该人受到歧视的任何其他信息；这些信息需要特别照料，以防止引起不公平的歧视、偏见或对当事人产生其他不利条件。此外，根据《为执行〈个人信息保护法〉而进行的内阁法令修订》第 2 条，"特别照料的个人信息"包括肢体残疾、智力残疾、精神障碍、医学检查结果、特定健康指南、医疗护理、医药处方、刑事诉讼①。在敏感个人信息的获取与传输方面，根据《个人信息保护法》第 17 条第 2 款，业务运营者需要得到数据主体的同意后，才能获得敏感信息；根据该法第 23 条第 2 款，不能基于"选择退出"选项来将敏感信息传输给第三方，而是需要获得数据主体的事先同意，才能将敏感信息传输给第三方。

二 开放数据政策中个人隐私保护

日本 IT 战略本部（IT Strategic Headquarters）于 2012 年 7 月发布《开放数据战略》（Open Government Data Strategy），在"Ⅲ. 基本指导"的"1. 基本原则"中指出，开放数据的基本原则包括：（1）政府应积极释放公共数据；（2）公共数据应以机器可读的格式进行发布；（3）鼓励以商业目的或非商业目的来使用公共信息；（4）采取特定措施来促进及时发布公共数据，而且稳定积累结果。当根据这些基本原则来采取措施时，需要处理机密信息或个人信息②。2016 年 12 月，日本在通过的《促进对公共部门数据和私营部门数据进行利用的基本法》第 11 条规定，国家和地方公共实体应对其自身所拥有的公共和私营部门数据采取必要措施，使公民能够通过互联网或任何其他先进的信息和电信网络轻松使用这些数据，同时确保个人和公司的权益、国家安全等

---

① "Amendment to the Cabinet Order to Enforce the Act on the Protection of Personal Information", https://www.ppc.go.jp/files/pdf/Cabinet_Order.pdf, 2022 年 8 月 20 日。

② "Open Government Data Strategy", http://japan.kantei.go.jp/policy/it/20120704/text.pdf, 2022 年 8 月 20 日。

不受损害①。在日本开放数据网站 data. go. jp 上，存在一个网站栏目"关于使用可用数据的通知说明"，其中第三条内容为：根据《行政机关持有的信息获取法》（1999 年第 42 号法）和《行政机关所持有个人信息保护法》（2003 年第 58 号法），本平台将妥善处理您输入的用于通知使用现有数据的电子邮件地址和其他信息②。data. go. jp 平台的隐私政策内容包括基本立场、收集的信息范围、使用目的、限制使用和提供、安防措施、披露用户信息、适用范围、其他③。

第三节　隐私风险应对的匿名化技术

一　匿名信息的定义及其认定标准

根据《个人信息保护法》第 2 条第 9 款，"匿名信息"涉及与个人相关的任何信息，而且这一个体的所有个人信息（即可以识别特定个人的信息，包括任何敏感信息）已被删除，而且不能通过采取相关执行规则和个人信息保护委员会发布的相关指南中规定的适当措施来恢复信息。这意味着，由于个人信息包括个人识别码，因而在考虑对信息进行匿名化之前，必须考虑移除这些个人识别码。2013 年 6 月 25 日，日本发布的《个人数据利用与流通的研究会报告书》指出，匿名信息要满足三个原则，包括：（1）对该数据已采取适当的去识别化措施；（2）已对外声称，该去识别化的信息将不再会被重新识别；（3）向第三方提供匿名化信息时，以契约形式来禁止这个匿名化信息的获取方对该信息进行重新识别④。

---

① 《官民データ活用推進基本法》，http：//www. japaneselawtranslation. go. jp/law/detail_main? re = 02&vm = 04&id = 2975，2022 年 8 月 20 日。

② 《揭載データ利用の御連絡にあたっての留意事項》，https：//www. data. go. jp/attention - for - use/? lang = japanese，2022 年 8 月 20 日。

③ 《プライバシーポリシーについて》，https：//www. data. go. jp/privacy-policy/? lang = japanese，2022 年 8 月 20 日。

④ 《パーソナルデータの利用・流通に関する研究会報告書》，http：//www. soumu. go. jp/main_ content/000231357. pdf，2022 年 8 月 20 日。

二 匿名处理信息生成方法

根据《个人信息保护法》第 2 条第 9 款，匿名处理信息是采取相关行动来对个人信息进行处理后，所得的无法识别特定个人且无法恢复个人信息的信息。为了应对隐私风险，需要对个人信息进行匿名处理，但基于利用目的限制原则，《个人信息保护法》第 16 条第 1 款规定：如果没有事先得到当事人同意，就不得超越达成特定利用目的的必要范围来进行个人信息处理。为了针对各个领域提供可参考的匿名处理方法，《个人信息保护法》第 36 条第 1 款规定，个人信息处理业务者在生成匿名处理信息时，应依照特定方法来进行个人信息的处理，为了让个人信息无法识别特定个人，而且无法对进行处理制作时所使用的个人信息进行恢复，以及达到个人信息保护规则规定的标准；《个人信息保护法》第 53 条规定，各个领域的匿名处理方法，可以针对民间认可的个人信息保护组织制定的《个人信息保护指南》来制定相应的指南。为了方便参考具体标准来进行操作，个人信息委员会在 2016 年 10 月发布的《个人信息保护相关法律指南（匿名处理信息篇）》第 19 条指出，匿名处理信息生成方法的标准包括五个方面：（1）删除能识别特定个人的全部或部分描述（如姓名、住所等）；删除将识别个人的全部符号（包括护照号码、健保号码等）；（3）删除个人信息与其他个人信息链接的符号（如存有个人信息压缩文件的密码等）；（4）删除特殊的描述（如年龄为 116 岁）；（5）考虑到个人信息库中个人信息与其他个人信息之间存在差异，因而可以采取适当措施（如为了不显示小学生的身高是 170 厘米，用"身高为 150 厘米以上"来模糊显示身高）①。

三 匿名处理信息生成所承担的义务

在生成匿名处理信息时，匿名信息业务运营者以及获取匿名处理信

---

① 《個人情報の保護に関する法律についてのガイドライン（匿名処理情報編）》，https://www.ppc.go.jp/files/pdf/guidelines04.pdf，2022 年 8 月 20 日。

息的运营者都要承担相应的义务。

（1）禁止识别义务。根据《个人信息保护法》第 38 条"禁止识别行为"，当匿名处理信息业务运营者在处理"匿名处理信息"时，不得为了识别特定个人而获取从个人信息中被删除的描述、个人识别码或关于处理方法的信息。根据《个人信息保护法》第 36 条第 5 款，个人信息处理业务运营者在创建匿名处理信息并由自身来处理这些匿名处理信息时，不得为识别出这些匿名处理信息的当事人而将这些匿名处理信息与其他信息进行组合和对比。

（2）公开匿名处理信息的义务。对于匿名处理信息处理业务者而言，根据《个人信息保护法》第 36 条第 3 款，个人信息处理业务运营者在制作匿名处理信息时，应根据个人信息保护委员会所发布的规则，向公众披露匿名处理信息中包含与个人有关的信息；根据《个人信息保护法》第 36 条第 4 款，个人信息处理业务经营者在制作匿名处理信息以及向第三方提供匿名处理信息时，应依据个人信息保护委员会所制定的规则，提前披露匿名处理信息中个人信息类别、提供方法以及对第三方明确所提供的信息是匿名处理信息。同样地，根据《个人信息保护法》第 37 条，获取匿名处理信息的运营者也承担相同的义务。

（3）安全维护义务。根据《个人信息保护法》第 36 条第 6 款，个人信息处理运营者在制作匿名处理信息时，不仅需要努力为匿名处理信息采取适当的安全控制行动，而且需要采取必要的行动来确保在处理匿名处理信息的投诉时得到适当处理，力求向公众披露这些措施的内容。同样地，根据《个人信息保护法》第 39 条，获取匿名处理信息的运营者也同样承担安全维护义务。

第四节　隐私风险应对的机构与救济制度

一　隐私风险应对的机构

如前所述，根据日本国会在 2015 年通过《个人信息保护法》的第一个修正案，一个新政府机构被创建，即个人信息保护委员会，其任务如图 8-2 所示。以下将就其设置理念、组成、职责、权限进行阐述。

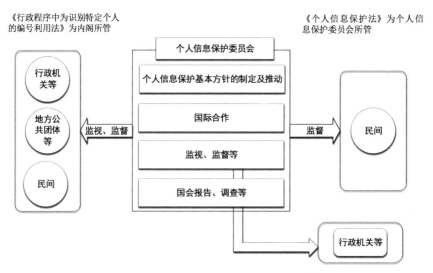

图 8-2　个人信息保护委员会的任务①

（一）机构设置理念

2019 年 2 月 5 日，个人信息保护委员会发布的《设置个人信息保护委员会的设置理念》指出，个人信息保护委员会的设置理念包括：（1）对个人数据周围情况变化进行适当的反应；（2）能够准确掌握个人信息处理情况并进行监督，并且进行灵活应对；（3）促进形成安全、自由的个人数据流通的全球倡议；（4）努力确保特定个人信息的安全性；（5）向各种主体发送容易理解的信息；（6）完善体系，从而可以更灵活地应对尖端技术和国际协作②。

（二）机构组成

根据《个人信息保护法》第 63 条，个人信息保护委员会由 1 名委

　　① 《個人情報保護委員会について》，http：//www. ppc. go. jp/aboutus/commission/，2022 年 8 月 20 日。

　　② 《個人情報保護委員会の組織理念～個人情報を取り巻く環境変化に機敏に対応～》，https：//www. ppc. go. jp/files/pdf/soshikirinen. pdf，2022 年 8 月 20 日。

员长及 7 名委员组成；其中 4 人为兼任委员；委员及委员长需要得到日本参议院和众议院同意后，由日本首相任命。在委员组成方面，应当具有如下成员：对个人信息保护及个人信息利用具有学术经历者；对消费者保护具有充分知识和经验者；对信息处理技术具有学术经历者；对公共行政领域利用特定个人信息具有学术经历者；对民间企业实践具有充足知识和经历者；联合组织（为《地方自治法》第 263 - 3 条第 1 款所称的联合组织）所推荐者。

（三）机构职责

依据《个人信息保护法》第 61 条，个人信息保护委员会所负责的事项包括：（1）基本政策的制定与推进的相关事务；（2）个人信息及匿名处理信息处理的监督，对提出的申诉进行必要的调解，以及与业务运营者进行合作；（3）与民间认可的个人信息保护组织的相关事项；（4）针对特定个人信息处理进行监视和监督，以及对当事人所提出的申诉进行必要的调解，并为业务运营者提供合作；（5）特定个人信息保护评估相关的事务；（6）针对个人信息的适当、有效应用以及个人信息保护开展启蒙教育；（7）对实施如前所述的六项事务进行必要的调查及研究；（8）与所管辖事务的国际合作有关的事项；（9）除前述事项外的其他依法属于个人信息保护委员会的事务。

（四）机构权限

第一，提交报告以及检查。根据《个人数据保护法》第 40 条第 1款，个人信息保护委员会在前二节及本节规定执行的必要范围内，就个人信息处理业务者或匿名处理信息处理业务者在关于个人信息或匿名处理信息的处理事宜，应当要求提出必要的报告或提供相关数据，或使其职员进入该个人信息处理业务者或其他的处所，质问有关个人信息等处理事宜，或检查账本、书类、文件及其他对象；上述检查行为并非犯罪调查。

第二，指导或建议。根据《个人信息保护法》第 41 条，个人信息保护委员可以为个人信息处理业务者或匿名处理信息处理业务者就个人信息处理事项提供指导及建议。

第三，劝告及命令。根据《个人信息保护法》第42条第1款，当信息处理业务者存在违反本法第16条至第18条、第20条至第22条、第23条（不含第4款）、第24条至第26条（不含第2款）、第27条、第28条（不含第1款）、第29条第2款或第3款、第30条第2款、第4款或第5款、第33条第2款，或匿名处理信息处理业务者违反第32条第2款、第36条（不含第6款）、第37条、第38条时，如果个人信息保护委员会认为有必要保护个人权利和利益，那么个人信息保护委员会可以劝告其采取改正或中止该违法行为的必要措施。根据第42条第2款，如果依照前述规定的接受劝告者没有正当理由而没有采取关于其劝告措施，而且被认为对个人重大权益有紧迫侵害时，那么个人信息保护委员会要命令其采取有关劝告的措施。根据《个人信息保护法》第42条第3款，如果个人信息处理业务者或匿名处理信息处理业务者违反本法第16条、第17条、第20条至第22条、第23条第1款、第24条、第36条第1款、第2款或第5款、第38条，而且被认为存在侵害个人重大权益的事实，如果有必要采取紧急措施，应直接命令这名个人信息处理业务者采取中止或改正违法行为的必要措施。如果违反这条命令，就会依照第84条进行惩罚。依据《个人数据保护法》第84条，如果业务运营商处理个人信息时，不符合个人信息保护委员会的命令，将被处以最多6个月的监禁或最高30万日元的罚款。根据《个人信息保护法》第85条，如果处理个人信息的业务运营商未提交报告，或属于虚假报告或提供虚假信息，将被处以最高30万日元的罚款。根据《个人信息保护法》第83条，为了谋求自身或任何第三方利益而未经授权披露个人信息，那么将受到最高1年监禁或最高50万日元罚款。针对这一条款中的罚款问题，《个人信息保护法》第87条规定，如果披露方是一个实体，那么受此处罚的各方将是相关官员、代表或负责披露的管理人员以及被审计单位，而且应缴纳上述罚款。

二　隐私风险应对的救济制度

日本具有完善的救济制度来应对隐私风险（见图8-3）：一方面，

如果出现不正当的个人信息处理及利用，应当向"个人信息处理业务运营者"或"个人信息保护团体"或"地方公共团体的国民生活中心"进行申诉；另一方面，作为独立的监督机关，个人信息保护委员会具有报告、劝告、命令等权限。

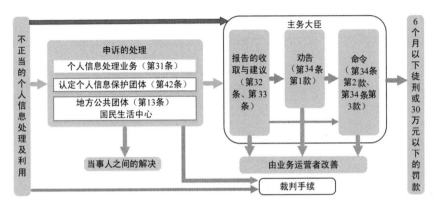

图8-3　日本个人信息保护的救济程序①

在这个救济程序中，个人信息保护委员会是中立和独立的，它有能力执行《个人信息保护法》。但是，它只有权执行审计并发布停止和停止命令，无权征收行政罚款。

第五节　隐私风险应对的安全控制措施与认证机制

一　隐私风险应对的安全控制措施

《个人信息保护法》没有条款规定是否任命隐私保护官或数据保护官，但第20条规定，个人信息处理业务运营者应当采取必要和适当的措施来对个人数据进行安全控制，防止其处理的个人数据中出现个人信息泄露、丢失或毁损。尽管《个人数据保护法》没有规定必须采取的

① 《よくわかる個人情報保護のしくみ〈改訂版〉消費者庁——日本病院会》，https：//www. hospital. or. jp/pdf/01_ 20130301_ 01. pdf，2022年8月20日。

具体步骤，但根据个人信息保护委员会发布的《金融领域个人信息保护指南》第 10 条"安全控制措施"① 指出，本条与《个人信息保护法》第 20 条相关，建议业务运营商应采取所建议的步骤，以确保个人数据安全，这些必要和适当的措施通常包括系统安全控制措施、人身安全控制措施、物理安全措施和技术安全控制措施。从具体内容来看，《金融领域个人信息保护指南》包含一些具体步骤或示例，受该指南所约束的实体必须针对每个安全控制措施来进行参考，如制定与安全措施有关的内部指南、与那些能获取个人数据的雇员签订非披露协议、保护机器和设备、制定能够应对数据泄露的框架。

二　隐私风险应对的认证机制

在日本，运营者可以使用"隐私标章"（Privacy Mark）来表明其符合相关法律和日本工业标准（JIS Q 15001：2006）。JIS Q 15001：2006② 包括两部分内容。第一部分为《個人情報保護マネジメントシステム作成指針》，对个人信息保护管理体系构建指南进行规范。第二部分为《個人情報保護マネジメントシステム－要求事項》，又分为：（1）适用范围；（2）术语和定义；（3）要求。它规定，拥有个人信息的企业必须安全地管理个人信息，并采取措施避免损坏、破坏、篡改和泄露等个人信息，并且不会对此造成任何不利影响。JIS Q 15001：2006 以 PDCA 循环为基础，构建技术与组织维度的必要措施。总体来看，与个人信息保护法相关的标准有 BS 10012、TPIPAS、JIS-Q-15001：2006 等，但日本的 JIS-Q-15001：2006 规范相对比较严谨。JIS-Q-15001：2006 由日本信息处理发展中心设立，虽然它不是法律，但它在某些方面比日本《个人信息保护法》提供了更高水平的标准。

---

① "Guidelines for Personal Information Protection in the Financial Field"，https：// www. fsa. go. jp/frtc/kenkyu/event/20070424_ 02. pdf，2022 年 8 月 20 日。

② 《JIS Q 15001：2006をベースにした個人情報保護 ... － プライバシーマーク》，https：//privacymark. jp/system/guideline/pdf/guideline_ V2_ 180410. pdf，2022 年 8 月 20 日。

本章小结

为了能更顺畅地推动开放数据，日本很重视个人隐私保护问题。特别是在美国的影响下，日本将信息安全，特别是网络安全提升至国家战略高度①。它的主要经验包括：积极制定与修订《个人信息保护法》；在政策方面，日本开放数据政策要求政府部门根据开放数据基本原则来进行开放数据的同时，强调处理机密信息与隐私信息问题；在匿名化方面，明确匿名处理信息生成、利用时应遵守的义务，建议采用数据集匿名的方式，将可识别的个人数据模糊化或分离；明确设置个人数据保护委员会，负责去识别化数据的监管及配套措施的制定和执行；在救济方面，如果个人信息保护委员会发现任何违反或可能违反《个人信息保护法》的行为，可以要求业务运营商提交报告、进行现场检查以及要求或质问有关个人数据，或命令处理信息的人员采取补救措施；在机制方面，通过认证机制来让企业进行审查，通过给予认证的隐私标章来减缓用户对于开放数据应用的障碍。

政府数据中包含公民的个人数据，在执行开放数据政策的过程中，不可避免涉及个人隐私保护问题。为了降低这个障碍，日本通过提供操作指南、改善法律与匿名化技术、隐私保护认证的方式，从而降低负面影响。就我国而言，2017 年 5 月 27 日，在国家发改委、工信部、国家互联网信息办公室、贵州省人民政府共同主办的 2017 中国国际大数据产业博览会上，"数据开放与隐私保护"高峰法治论坛得以举行，旨在探讨面临数据开放的挑战，如何探隐私风险，究法治路径②；2019 年 5

---

① 相丽玲、陈梦婕：《试析中外信息安全保障体系的演化路径》，《中国图书馆学报》2018 年第 2 期。

② 《聚焦·大数据丨专家学者共话"数据开放与隐私保护"》，http://mp.weixin.qq.com/s?__biz=MjM5ODMyMjEyMQ==&mid=2652295991&idx=1&sn=fcacee304ab70ccdc4280d6577215cc8&chksm=bd2ef9918a597087f7031f4ed8b9882923b79ce22803bf2016d819fa1ed325922fcee0355e48&mpshare=1&scene=23&srcid=0612gWXyoV6CsqzImnxTDGHQ#rd，2022 年 8 月 20 日。

月 26 日至 29 日，2019 中国国际大数据产业博览会举办了 49 场论坛，围绕"数字经济、技术创新、融合发展、数据安全、合作交流"五大板块设置不同主题①。然而，我国当前并没有针对个人隐私的一部完整法律，而是分散于各个法律当中。因此，可以借鉴日本的做法，在如下方面进行完善。（1）在法律层面，制定专门的《个人信息保护法》，就个人隐私范围、保障措施等进行规范。例如，建立数据隐私与信用等级联动制度，一旦发现组织或个人存在恶意泄露数据隐私的行为就降低其信用等级，并在全国信用公示系统里予以公示，从而使信用等级可以真正发挥遏制泄露隐私数据行为的作用②。（2）在匿名化层面，在开放数据前，应当先去除数据的可识别性，将相关数据匿名化，以避免对个人隐私的侵害。（3）在救济层面，我国并没有《宪法》上权利的救济途径，但可以让数据主体向相应组织咨询有关开放政府数据中侵犯个人信息的损害赔偿。同时，如果因开放政府数据负责人的数据处置或遗漏而要求信息主体更正、删除、暂停处理数据等，则按照相应规定要求进行行政处罚。在开放政府数据时，任命熟悉个人隐私保护的专家担任开放数据政策执行的管理者，以便于在各个阶段能针对隐私保护具有周全的考虑。（4）在认证机制层面，加大开放政府数据网站的认证，如美国开放政府数据网站 Data. gov 已获得美国总务管理局（GSA）所颁发的认证（C&A）。政府数据开放平台运营者可以使用类似日本的"隐私标章"来表明其政府数据开放符合相关法律法规和个人信息保护行业标准，从而能对开放政府数据进行隐私安全审查。

---

① 《2019 中国国际大数据产业博览会 5 月 26 日至 29 日在贵阳举行》，http：//www. gywb. cn/content/2019-02/26/content_ 6027289. htm，2022 年 8 月 20 日。

② 朱晓峰、黄晓婷、吴志祥：《基于种群演化的政府数据开放实证研究》，《情报科学》2020 年第 7 期。

第九章　开放政府数据隐私风险控制中个人数据匿名化研究*

尽管开放数据的好处广泛存在，但人们经常听到的担忧仍然是它可能侵犯隐私并可能产生负面影响，尤其是如果发布的数据可能包含足够的信息来重新识别个人。尽管海量数据分析越来越多地驱动着世界各地更大的经济体，但数据并非立即有价值，其价值在于对其进行使用和再利用。各国政府对此表示认可，而且通过逐步将其数据目录发布为开放数据来加入数据革命，使每个人都可以获取和再利用数据。但是，许多高价值的数据是个人数据，这些数据公开发布可能会威胁到隐私，而且这一问题也得到学术界的关注。

第一节　相关概念与时代背景

一　开放政府数据隐私风险控制与个人数据匿名化

智慧城市技术、重新识别科学、数据市场和大数据分析等方面的最新进展，增强了重新识别的风险，从而增加了开放数据的整体隐私风险。随着开放数据程序的成熟，加之由过去仅仅提供历史数据和统计数据向更细粒度、可搜索、可访问和全面的有关公民及其活动的"微数据"的转变，被重新识别的风险进一步上升。例如，紧急服务电话的

* 本章相关内容已发表于论文。具体参见陈美、梁乙凯《开放政府数据隐私风险控制中个人数据匿名化研究》，《图书馆学研究》2021 年第 11 期。

数据库以及关于建筑法规和餐馆的民事投诉，甚至侵犯公民权利的数据库，都有可能由世界上的任何人提供。在这种情况下，包括专业研究人员、商业组织和数据经纪人、政府和执法机构、公民黑客和普通公众的个人成员在内的群体都可以轻松下载、重新排序和重新组合这些数据集，这显然会带来敏感数据泄露的风险。

在发展中国家，数字隐私运动组织"开放权利组织"（Open Rights Group）发现，对隐私的监管"非常零散"，而数字技术的渗透意味着侵犯隐私的风险"非常高"。一些非洲国家的政府开放数据项目"很少考虑隐私"，因而尤其担心包括手机分析在内的私营部门数据的开放①。隐私倡导者担心，随着越来越多的数据集可用，去匿名化或"拼图式重新识别"成为可能，因为不同的数据可以被拼凑在一起，以揭示个人的事实②。一位美国研究人员在开放数据中发现了个人数据并写道："无论如何小心地删除身份信息，至少仍有被重新识别的小风险"，风险为 0.01%—0.25%③。与此同时，欧盟的一项研究发现，一个强大的透明度原则使国家更容易受到开放数据可能造成的隐私损害④。

二 时代背景

功能强大的大数据分析技术涉及多个数据库的合并，有些匿名的身份可能因而被识别出来，更多公民的私密个人数据可能被泄露。例如，对妇女和女孩来说，隐私问题尤其重要，因为这既是一个权利问题，也是一个安全问题。印度政府被迫删除了接受政府福利项目的单身女性的

---

① "Open Data and Privacy Workshop Reader", https://modx.openrightsgroup.org/assets/files/pdfs/reports/ODP%20primer%20reader%20v1.pdf, 2022 年 8 月 20 日。

② "Transparent Government, Not Transparent Citizens: A Report on Privacy and Transparency for the Cabinet Office", https://assets.publishing.service.gov.uk/government/uploads/system/uploads/attachment_data/file/61279/transparency-and-privacy-review-annex-a.pdf, 2022 年 8 月 20 日。

③ Hoffman and Sharona, "The Promise and Perils of Open Medical Data", *Hastings Center Report*, Vol. 46, No. 1, JAN – FEB 2016, pp. 6 – 7.

④ Tanja J, "The Relationship Between Open Data Initiatives, Privacy, and Government Transparency: A Love Triangle?", *International Data Privacy Law*. Vol. 6, No. 1, February 2016, pp. 28 – 38.

私人信息，包括位置、年龄和联系电话，担心这会导致骚扰①。因此，大数据分析必须加入隐私设计，以保护敏感数据不被外泄。但是，数据开放需要大量的重组以及使用 IT 工具的相对能力，才能保证匿名（如隐私和统计保密），这使得通常以非常聚合的形式分发数据集。

在巴西，开放预算透明门户网站（Open Budget Transparency Portal）无意中公布了公务员的薪资，引发了 100 多起针对该网站的法律诉讼。类似地，尽管纽约已经采取了一些措施来减轻这种危害，但人们一直担心，在公共场所为开放政府数据项目收集数据时，公民隐私可能会受到侵犯。最明显的开放数据导致隐私问题的例子是 Eightmaps。从这个案例可以发现，使用公共竞选资金开放发布加州"8 号提案"中各种识别信息和家庭地址，从而导致恐吓和骚扰②。2008 年 11 月 4 日，美国加州成功通过的"8 号提案"将同性婚姻合法化。考虑到在这个问题上存在不同观点，因而在下议院投票后，辩论仍然没有结束。2009 年，Eightmaps. com 的匿名开发者发布了一个提供"8 号提案"支持者详细信息的工具。该网站收集了通过州相关法律公开的信息，并将这些信息覆盖在州的谷歌地图上。通过 Eightmaps，用户可以找到名字、大概位置、捐赠金额，以及在可能的情况下，那些捐钱支持"8 号提案"和在该州阻止同性婚姻的个人的雇主。联邦法院最终在 2010 年发现"8 号提案"违宪。Eightmaps 呈现了随着开放数据（尤其是与同性婚姻之类的有争议问题相关的数据）可计算性和可再利用性的增加，可能会以意想不到的方式得到使用，不仅会给公民带来重大隐私隐患，而且也可能导致基于政治分歧的骚扰和威胁③。

---

① "Karnataka Government Risks Women Safety, Puts out Personal Data in Caste Census", http：//indiatoday. intoday. in/story/karnataka-government-caste-census-women-privacy-violated/1/450 140. html，2022 年 8 月 20 日。

② "Open Data Impact When Demand and Supply Meet"，https：//www. thegovlab. org/static/ files/publications/open-data-impact-key-findings. pdf，2022 年 8 月 20 日。

③ "Open Data's Impact January 2016 Eightmaps. com"，https：//odimpact. org/files/case-studi es-us-eightmaps. pdf，2022 年 8 月 20 日。

第二节　面向开放政府数据隐私风险
控制的个人数据匿名化需求

一　个人数据匿名化能够避免开放政府数据项目停滞

在某些情况下，尽管存在一定程度的风险，开放数据项目仍然可以得到推进。在这种情况下，从业人员必须确保处理可能具有个人身份的信息（包括匿名数据）的项目已经制定并实施了一个明确、预先的策略，以应对政府开放数据利用所带来的隐私风险。许多不同领域的开放政府数据项目都涉及潜在的敏感信息，如健康、能源消耗、政治和教育数据。虽然这些项目都采取了措施，以确保不会向公众开放任何可识别个人身份的数据，但所有开放政府数据项目都将受益于一个明确定义且最好是公开可获得的风险缓解策略，以确保不会无意中损害到数据主体。换言之，开放数据项目需要注意与最成功的项目相关的一些重要隐私风险。值得注意的是，这些风险包括通过不充分的匿名数据而对个人隐私产生威胁以及数据安全问题。另外，开放政府数据主体应确保处理可能是可识别个人身份的信息（包括匿名数据）的项目已对任何数据风险进行了审计，并制定了明确的战略，以便在主体合作之前降低这些隐私风险。

二　个人数据匿名化有助于完善开放政府数据的发布

2006 年 9 月 8 日，当墨尔本大学计算和信息系统系的数据研究人员能够重新获得数据时，这种识别健康数据样本中包含的医疗保险提供者编号的卫生数据样本的脆弱性引起了澳大利亚联邦政府卫生部的注意。因此，该部当天从澳大利亚开放数据网站 data. gov. au 中删除了卫生数据样本。2017 年 5 月，"法律之声警报"（Legal Talk Alert）广泛报道了这一事件①。随着这一事件的曝光，澳大利亚总理和内阁部于2016年发布了一个文件，公布了整个政府敏感记录的开放数据过程。这个文件描述了联邦机构应遵循的方法，将敏感的单位记录数据集作为开放数据发布，能够确保这些数据集受到最高标准的保护。该过程旨在应用于澳大利亚开放数据网站 data. gov. au 上发布的数据集，以及通过各个政府部门网站开放提供的数据。但是，这个开放政府数据过程不涵盖的内容包括：不敏感的单位记录数据集；太敏感而无法开放获取的数据集，并且不能被充分地去识别；数据保管人仅根据合同将数据集发布给有限数量的研究人员②。

三 个人数据匿名化能够避免对开放政府数据产生负面影响

2013年，数据分析师和公民黑客 Chris Whong 通过纽约州《信息自由法》（FOIL）的要求，合法地获得了纽约市每次出租车旅行的大型数据集——超过1.73亿次旅行。Whong 做了一系列参与和使用数据的交互式地图，并发布原始数据，以便其他技术专家和学者可以使用它来制作自己的可视化和工具③。但出现问题的是，纽约出租车和豪华轿车委员会在发布数据集之前没有对个人信息进行适当匿名化，导致其他用户通过相应方法，不仅揭示了每次旅行的驾驶员和乘客身份，还揭示他们的骑行持续时间、支付情况以及他们乘坐和被丢下的地方④。这一事故导致纽约市受到批评和产生负面新闻，但这个城市应吸取的教训是，他们应该确保他们遵循开放政府数据的最佳实践，以便在数据集发布之前

---

① "Health Data Governance-Enforceable Undertaking for Reidentification of MBS/PBS Data", https://www. pwc. com. au/legal/assets/legaltalk/health-data-governance-enforceable-undertaking-3may18. pdf, 2022年8月20日。

② "Process for Publishing Sensitive Unit Record Level Public Data as Open Data", https://blog. data. gov. au/assets/files/process_ for_ publishing_ open_ data_ dec16. docx, 2022年8月20日。

③ "NYC Taxis：A Day in the Life", https://chriswhong. github. io/nyctaxi/, 2022年8月20日。

④ "Public NYC Taxicab Database Lets You See How Celebrities Tip", https://gawker. com/the-public-nyc-taxicab-database-that-accidentally-track-1646724546, 2022年8月20日。

对数据集进行有效匿名化①。软件开发人员 Vijay Pandurangan 写到，在"这种情况下，猫已经不在了"，而且他在不到两个小时内完全取消了所有 1.73 亿个出租车条目的匿名。"但希望将来，政府部门会仔细考虑⋯⋯在将数据发布给公众之前对数据进行匿名化。"②

第三节 开放政府数据隐私风险控制中个人数据匿名化的文义分析

一 相关概念的界定

"个人数据匿名化"涉及的关键词包括个人数据和匿名化。个人数据是指与个人有关的任何识别个人或可用于识别个人的数据。一个人可以直接从其姓名、姓氏和身份号码等数据中被识别出来，也可以从描述可识别属性的数据中被间接识别，如特定的生理（包括生物特征和遗传）、行为、心理、经济、文化或社会特征。国际的数据保护法通常会区分个人数据的类别，而这取决于信息必须受到多大程度的保护。

德国一直并且仍然是数据保护法的先驱。1970 年，德国黑森州颁布了世界上第一部《数据保护法》，其他州也紧随其后。1978 年 1 月 1 日，第一部德国联邦《数据保护法》（BDSG）生效。与英国相同的是，德国的"个人数据"与《通用数据保护条例》（GDPR）第 4 条的界定一致。根据 BDSG，"个人数据"是指与已识别或可识别的自然人（数据主体）有关的任何数据；可识别的自然人是指可以直接或间接识别的人，尤其是通过参考诸如姓名、识别号、位置数据、在线标识符之类的标识符，或针对一种或多种特定于该人的身体、生理、遗传、心理、

---

① "On Taxis and Rainbows"，https：//tech. vijayp. ca/of-taxis-and-rainbows-f6bc289679a1，2022 年 8 月 20 日。

② "Poorly Anonymized Logs Reveal NYC Cab Drivers' Detailed Whereabouts"，arstechnica. com/tech-policy/2014/06/poorly-anonymized-logs-reveal-nyc-cab-drivers-detailed-whereabouts，2022 年 8 月 20 日。

经济、文化或社会身份①。个人数据能够被匿名化，但匿名化数据却超出了 BDSG 的规制范围，因为这些数据不再与个人相关。根据 BDSG 第46 条第 6 款，匿名化是指通过以下方式处理个人数据：在不使用附加信息的情况下，不再可以将数据归于特定数据主体，但前提是此类附加信息应单独保存并且受技术和组织的约束，以确保个人数据不能归因于已识别或可识别自然人。根据英国匿名网络（UK Anonymisation Network）的界定，"匿名化"是将个人可识别数据转换为不可识别（匿名）数据的过程。这要求以某种方式删除、模糊、聚合或更改标识符。标识符有两种类型：正式或直接标识符（如数据主体的名称、地址和唯一引用号）和复杂标识符，后者原则上可以包括任何可以重新标识人员的信息片段或信息片段的组合②。

二　个人数据匿名化的规定

（一）日本

根据日本《个人信息保护法》③ 的第 1 章，如果业务运营商对信息进行了充分的匿名化，那么可以将其用于超出通知给数据主体的使用以外的用途，而且在无须数据主体同意的情况下，就可以披露给第三方。但是，必须在披露前对信息进行仔细匿名，如果不彻底清理这一信息，那么可能导致个人信息泄露。此外，在向第三方披露匿名信息之前，业务运营者必须公开声明（可能在其隐私政策中）包括在匿名信息中的信息项（如性别、出生年份和购买历史），以及共享匿名信息的方式。此外，日本《个人信息保护法》第 36 条、第 37 条、第 38 条确立了匿名加工数据生成和利用时应遵守的义务。

---

① "Federal Data Protection Act（BDSG）"，https：//www. gesetze-im-internet. de/englisch_ bdsg/englisch_ bdsg. html，2022 年 8 月 20 日。

② "What is Anonymisation"，https：//ukanon. net/about-us/ukan-activities/，2022 年 8 月 20 日。

③ "Amended Act on the Protection of Personal Information"，https：//www. ppc. go. jp/files/ pdf/Act_ on_ the_ Protection_ of_ Personal_ Information. pdf，2019 年 5 月 24 日。

（二）韩国

当用户访问某些网站时，网站的 Web 服务器会生成称为 Cookie 的信息，这些信息通常用于识别用户的计算机。韩国开放数据网站 data. go. kr 有专门的隐私政策①，对 Cookies 专门进行说明。该政策的第 8 条"关于安装、操作和拒绝自动个人信息收集设备的事项"包括两个方面内容：（1）为了向用户提供个性化服务，data. go. kr 网站使用不时存储和检索使用信息的"Cookies"；（2）Cookies 是用于操作 data. go. kr 网站的服务器发送到用户计算机浏览器的少量信息，可以存储在用户 PC 计算机的硬盘上。Cookie 的使用目的是通过识别用户访问的每项服务的使用方式和常用搜索词，向用户提供优化的信息。data. go. kr 网站中关于 Cookie 的安装、操作和拒绝步骤如下：用户可以通过在 Web 浏览器顶部的"工具"＞"Internet 选项"＞"隐私"菜单中设置选项来拒绝保存 Cookie。如果用户拒绝保存 Cookie，那么可能难以使用定制服务。

（三）美国

根据 1966 年颁布的《信息自由法》第 552 条，任何人（除了其他联邦机构、法律上的逃犯或代表）有权（可在法院强制执行）要求访问美国政府执行部门的任何现有记录，除非这些记录中的信息受到 9 个使机构具有资格的豁免中的一项或多项受到保护而不会被披露；如果非要披露，需要采取匿名化处理以及去识别化的处理②。

美国开放数据网站 Data. gov 隐私政策③第 2 条也专门针对 Cookies 进行了一些规定。Data. gov 使用"每次会话阶段 Cookie"（Per-session Cookies）来实现技术目的，如通过 Data. gov 提供无缝导航。这些 Cookie 不会永久记录数据，也不会存储在计算机的硬盘上，因为"每次会话阶段 Cookie"可以记录储存用户每次上网环节的内容，但在用户离开网

---

① 《공공데이터포털정책》，https：//www. data. go. kr/ugs/selectPortalPolicyView. do # ind-vdlinfo＿ process，2022 年 8 月 20 日。

② "The Freedom of Information Act，5 U. S. C. § 552，As Amended By Public Law No. 110 – 175，121 Stat. 2524，and Public Law No. 111 – 83，§ 564，123 Stat. 2142，2184"，http：// www. osec. doc. gov/opog/privacy/Memorandums/FOIA-5USC552. pdf，2022 年 8 月 20 日。

③ "Privacy and website policies"，https：//www. data. gov/privacy-policy，2022 年 8 月 20 日。

站后，它会将数据移除。Data. gov 的会话 Cookie 仅在浏览器会话期间可用，如果浏览器一旦关闭，会话 Cookie 也将消失。Data. gov 还使用持久性 Cookies（Persistent Cookies）来跟踪网站的唯一访问者数量。就用户而言，可以选择使用其 Web 浏览器禁止使用 Cookie，而且它不会影响用户在网站上搜索、查看和检索数据的能力。2015 年，美国 NIST 发布的个人信息去识别化研究报告（NISTIR 8053）指出，通过开放数据，可以提升政府行政效能，并为产业界提供新资源，但数据可能含有诸如姓名、Email 账号、地理定位信息或照片之类的可识别信息，从而产生数据利用与个人隐私保护间的冲突①。

（四）爱尔兰

爱尔兰公共支出和改革部在 2017 年 7 月发布的《开放数据战略 2017—2022》（Open Data Strategy 2017 – 2022）指出：公开发布的数据不仅不会影响个人机密数据和商业数据得到保护的基本权利，而且在这些情况下将不包括任何允许单个个体的信息得到识别；这一战略只关注那些非个人或非商业性敏感的数据；开放数据战略的指导原则和价值是，除非是个人数据、商业敏感数据或保安/安全敏感数据或根据《数据保护法（2018）》或《通用数据保护条例》（GDPR）获禁止披露数据，否则数据默认开放②。

第四节　开放政府数据隐私风险控制中
个人数据匿名化路径

一　引入多元匿名化技术

为了控制开放政府数据的隐私风险，需要有一个彻底而有效的策略

---

① "Nistir 8053 de-identification of personal information", https: //nvlpubs. nist. gov/nistpubs/ir/2015/nist. ir. 8053. pdf, 2022 年 8 月 20 日。

② "Open Data Strategy 2017 – 2022", https: //www. gov. ie/pdf/? file = https: //assets. gov. ie/6572/91c623e548a448ab883c9971bad125a0. Open% 20Data% 20Strategy% 202017 – 2022 #page = 1, 2022 年 8 月 20 日。

来对数据进行匿名化，以删除有关公民的个人身份信息。通常而言，匿名化技术包括：用其他变量（数字名称）替换数据；禁止或忽略数据集合中的数据；概括使用数据（特定日期变为一般年份）；通过随机更改来干扰数据等。这些不同数据处理方式都可以为攻击者提供不同程度的保护或降低风险。例如，K－匿名是一个数据隐私保护的模型，由Latanya Arvette Sweeney 博士于 2002 年 5 月提出，这套模型虽无法保证依此标准产出的数据没有被重新识别的可能，但却能为数据的去识别化提供了一套明确、可分析、可量化且具有理论背景的标准。K－匿名通过修改数据，将标识符的属性泛化，使数据中的数据至少（K－1）笔数据无法与所选的数据进行区别，K 值越大，保护效果越佳，但失真的程度也越高。较大的 K 值虽然可降低被识别的可能，但也会降低数据的可用性，因而 K 值的取舍，决定于隐私权限的分类与设定。

即便如此，要明确的是，个人数据匿名化并非万无一失，因为攻击者击败匿名工作的例子很多。换言之，促使数据匿名的方法非常困难，但关键是提供数据子集，同时添加足够的随机噪声或消除明显的异常值。这需要仔细进行，以确保有足够的随机性，使猜测身份变得困难，同时仍然保留细粒度数据的价值。更重要的是，即便无法完全解决个人数据匿名化问题，但至少应该了解匿名化技术的选择并充分了解开放政府数据的隐私风险。

二　采取有效的匿名化策略

关于开放政府数据的隐私风险，用户担心随着个人信息的无意发布和数据的去匿名化，从而可以通过分析或组合数据集而使得个人得到识别。因此，澳大利亚提供政府部门个人隐私保护的操作参考准则，如哪些方法可以去识别化、哪些地方可能有暴露隐私的风险等。由"开放政府伙伴关系"（Open Government Partnership）编制的《开放政府指南》（Open Government Guide）规定，政府有责任对其处理公民个人信息的方式负责；隐私权和知情权这两项"信息权"必须得到平衡，才能协同工作，进而让有权力的人负起责任①。由此可见，数据开放主体应采取有效的匿名化策略，制定明确的指导方针，以明确哪些数据集可以开放及无法开放，而且可以就个人数据匿名化来向开放数据组织进行咨询与合作。例如，ODI Leeds 是一个开放数据研究所，会与赞助商、公司、政府和个人一起使用开放数据来进行创新并帮助人们做出更好的决策②。在与约克郡水利公司合作时，ODI Leeds 提供了一系列的数据整理和管理咨询。通过检查约克郡水域的数据，ODI Leeds 团队帮助用户决定在水资源利用上开放哪些数据，而不损害客户的个人数据，因为他们有可能进行反向的匿名处理。最终，用户选定了邮政区级标识符③，而且自 2015 年 7 月首次发布以来，他们从未收到过来自客户的投诉。

三　预防个人数据匿名化的法律风险

个人数据匿名化所涉及的一个法律问题是，除非采取诸如将所有数据值替换为 0 之类的措施来将数据的信息内容降低至任何合理的效用水平以下，否则技术上仍然能够基于足够的辅助数据而可能从匿名数据中重新识别人员④。评估重新识别的风险是具有挑战性的。随着包括个人信息和去识别化数据在内的可用数据的存储和分析能力增加，评估重新识别的风险也可以作为一个移动性目标⑤。从经济学的角度来看，在数据主动发布或作为开放数据发布之前，将其适当匿名化所需要的时间和精力成本可能会上升。因此，去匿名化的风险不能降低到零，但可以将重新识别的风险降低到可接受的水平以下，即重新识别的成本超过了这

---

①　"Privacy and Data Protection"，https：//www. opengovguide. com/topics/privacy-and-data-protection/，2022 年 8 月 20 日。

②　"About ODI Leeds"，https：//odileeds. org/about/，2022 年 8 月 20 日。

③　"Domestic Consumption Monitor-Monthly Meter Readings"，https：//datamillnorth. org/dataset/yorkshire-water-domestic-consumption-monitor-monthly-meter-readings-anonymised，2022 年 8 月 20 日。

④　"Differential Privacy"，http：//citeseerx. ist. psu. edu/viewdoc/download；jsessionid =9DBB7F 254D3B81C9275C192DA6F94B24？doi =10. 1. 1. 83. 7534&rep = rep1 &type = pdf，2022 年 8 月 20 日。

⑤　Ohm. Broken，"Promises of Privacy：Responding to the Surprising Failure of Anonymization"，*UCLA Law Review*，Vol. 57，No. 6，August 2010，pp. 1701 – 1777.

样做的好处，但需要不断监测数据的保存环境①。在开放数据世界中，这更为重要②。但是，要回答的一个相关问题是，如何为这些活动提供资金，而且特别要考虑到私营部门参与者以创新的方式使用这些数据或信息可能带来的商业收益。这意味着，一个明智但不便宜的选择是，在发布之前测试数据，以查看它是否可以轻松去匿名化。

四 提升对个人数据匿名化的认识

公共数据和个人数据之间的界限并不总是很清楚，如一些政府官员表示支持开放政府数据，但有些人比较担心私人信息会在此过程中被释放。例如，美国印第安纳州的 Martin Cole 声称："作为一名公民，我喜欢让我的政府数据开放和可获取，但作为一个政府工作人员，我注意到一些数据是个人的。"有人认为隐私是开放数据方面"我们必须解决的真正问题之一"。但是，也有官员并不认为隐私是一个主要问题③。与"非个人"相比，不同学者对政府数据的数量和类型存在争议，如 Korff 认为，几乎所有数据在某种程度上都是个人数据，因为这些数据通常来自能够识别的个人的行为；而 Shadbolt 则认为，聚合、匿名数据是"非个人公共数据"，属于收集这些数据的数据④。因此，我们需要提升对开放政府数据隐私风险控制中个人数据匿名化的认识，避免产生开放政府数据或个人数据匿名化这两种极端情况。例如，在医疗保健方面，开放的政府数据显然不应该包含特定的患者数据，而应该只包含汇总和匿名的医疗保健数据；但是，如果完全匿名化，无法从数据本身或与其他数据相结合的数据中识别个人，那么数据也不再是个人的。

---

① "Anonymisation: Managing Data Protection Risk Code of Practice", https://ico. org. uk/media/1061/anonymisation-code. pdf, 2022 年 8 月 20 日。

② Rubinstein I. S. and Hartzog W. , "Anonymization and Risk", *Washington Law Review*, Vol. 91, No. 2, June 2016, pp. 703 – 760.

③ "Empowering the Public Through Open Data", https://communicationleadership. usc. edu/files/2015/10/CivicTechUSCOpenDataLACounty. pdf, 2022 年 8 月 20 日。

④ "Public Information: Cause for Celebration or Concern", https://paulohm. com/classes/infopriv10/files/Data. govDebate. pdf, 2022 年 8 月 20 日。

本章小结

从国内研究现状来看，有学者利用比较分析、实证分析的方法，从规制规则、规制机构、规制标准、规制手段等方面对欧盟个人数据匿名化规制治理经验进行研究①；有学者运用文献研究法对已有文献及公开资料进行分析，对欧盟个人数据匿名化的立法背景与立法内容进行考查，对欧盟个人数据匿名化引发的争议进行评析，得出对我国个人信息匿名化的启示②；也有学者利用比较分析、实证分析的方法，从立法、技术、效果、风险等方面对欧盟个人数据匿名化治理经验进行研究③。以上研究为我国个人数据匿名化提供了参考，但它们主要关注欧盟的经验，较少从开放政府数据隐私风险的角度来探究个人数据匿名化。因此，为了充分利用开放政府数据的同时，确保适当解决隐私方面的问题，有必要对开放政府数据隐私风险控制中个人数据匿名化进行研究。

① 张涛：《大数据时代个人信息匿名化的规制治理》，《华中科技大学学报》（社会科学版）2019 年第 2 期。
② 张涛：《欧盟个人数据匿名化的立法经验与启示》，《图书馆建设》2019 年第 3 期。
③ 张涛：《欧盟个人数据匿名化治理：法律、技术与风险》，《图书馆论坛》2019 年第 12 期。

第十章　开放政府数据隐私风险控制的保障制度：隐私影响评估[*]

　　随着信息通信技术的快速发展，它提供了许多可能性并产生了许多优势。个人电脑和电信网络的使用提高了服务效率，促使我们的日常生活变得更加便捷。然而，技术也为个人隐私和自由带来了新危险，如许多情况下，传播的数据涉及自然人；与个人数据相关的数据库或文件被创建、使用、披露、出售，使得很难知道谁拥有数据以及这些人在做什么；个人不再能够控制他们的数据，使得滥用的风险也在增加。因此，需要对数据处理进行分析，以确定相应风险和影响。事实上，有一种政府工具，能评估数据控制者活动对数据保护和个人隐私的影响，可以最大限度地降低潜在风险，并为数据控制者和数据主体在行使其权力和自由时营造更安全的环境。至少从 20 世纪 80 年代开始，随着针对技术的政策性辩论的出现，提出了"隐私影响评估"（Privacy Impact Assessment，PIA）这一概念。通过将"PIA"和"政策"两个子概念结合得出，PIA 政策是指，政党、行政机关及相关政治团体为实现隐私影响评估而确定的相关指南和准则，包括规章、指令、高级官员的演讲和指示等。

---

　　[*] 本章相关内容已发表于论文。具体参见陈美、梁乙凯《加拿大隐私影响评估政策：历程、内容、分析与启示》，《图书情报工作》2021 年第 17 期。

第一节　加拿大 PIA 政策发展历程

以时间顺序来划分发展历程，会比较简单、方便，也能清楚呈现 PIA 政策的变化轨迹，并较为深刻地分析其背后的观念转变。但是，时间只是政策演变的外在表现，并不是政策演变的本质，因而也应当关注发展程度。因此，本章从时间顺序并结合发展程度，将加拿大 PIA 政策发展历程划分为三个阶段。

一　准备阶段

2000 年 5 月，隐私专员办公室（Office of the Privacy Commissioner of Canada，OPC）发布《提交给议会的年度报告 1999—2000》，强调了隐私关注不够所带来的后果：巨大的个人数据库、强大的计算机系统以及与省级社会计划和私营部门之间不断增长的联系相结合，引起了人们对隐私的极大关注，但如果政府没有适当地评估和减轻这种担忧，或者没有预料到公众对该计划的负面反应，那么最终会导致该系统的拆除费用很高。

尽管这一文件所述情况发生在以前，但它反映了联邦政府内部隐私保护的开创性时刻，针对不良隐私计划带来的风险提供了一个关键示例，而且对 PIA 过程进行概述（见表 10 - 1）。

表 10 - 1　　　　　　　　　　　　　　PIA 要素①

要素	内涵
主体	进行评估的最佳主体应该是提出建议的公共或私营部门。尽管数据保护和隐私专员具有专业知识，但没有谁比设计产品或服务的人更了解详细的建议。它们最适合回答评估提出的问题。但是，为了保证评估的客观性，评估主体应咨询受影响的加拿大人，将完成的评估交给独立的隐私专家进行审核，然后将完成的评估提供给公众

---

① "Annual report to parliament 1999 – 2000"，https：//www. priv. gc. ca/en/opc-actions-and-decisions/ar_ index/02_ 04_ 08/，2022 年 8 月 20 日。

要素	内涵
时间	从逻辑上讲，评估应该是提案设计阶段的一部分，并且在组织决定检查其可行性时应立即进行评估。尽管可能在实施提案之前完成一些评估，但有些评估可能会在实施期间继续进行。还有一些评估可能永无止境，而且也是质量控制不可或缺的一部分
内容	虽然每次评估都会随每个提案的情况和性质而有所不同，但都应根据国际公认的信息隐私原则、适用的隐私保护法律以及受影响加拿大人的隐私期望进行评估
做法	每次评估应处理并记录以下要素。（1）提案：组织应彻底描述提案，详细说明其组成部分和时间表，提供背景信息，并概述提案的范围（谁以及将影响什么）。（2）影响：组织应描述该提案对加拿大人隐私的正面和负面影响，包括每种影响的累积性质，以及其持续时间、频率、强度、概率和范围，然后对每种影响进行分级，如低、中或高。（3）必要性：组织应证明提案本身、时间安排和负面影响的必要性（商业利益除外）。（4）合规性：组织应根据国际公认的隐私原则、适用的隐私保护法律以及受影响的加拿大人的隐私期望来评估其提案。（5）替代方案和解决方案：组织应同时确定可以避免上述影响和合规性问题的替代方案，以及可以消除或减轻影响或合规性问题的解决方案

2002 年 5 月，加拿大政府颁布《隐私影响评估政策》（简称 PIA 政策）①，要求对所有会增加隐私风险的政府行动进行 PIA，并将分析结果以及为解决已发现的风险而建议采取的措施与 OPC 共享，以供审核和评估、评论，而且政府机构必须在其网站上发布其 PIA 的摘要。该政策旨在向加拿大人保证，在针对那些计划、服务和方案的设计、实施和发展过程中会引起隐私问题的计划和服务而提出建议时，将考虑隐私原则。该政策涉及政策要求、作用和问责制、监测和监督，规定了 PIA 的开发和维护，并要求政府机构将 PIA 的结果告知隐私专员和公众。

2002 年 8 月，加拿大颁布《PIA 指南：管理隐私风险的框架》（简称 PIA 指南）②，包含旨在为完成 PIA 提供全面框架的指南，长达 40

---

① "Privacy impact assessment policy"，https：//www. tbs-sct. gc. ca/pol/doc-eng. aspx？id =12450，2022 年 8 月 20 日。

② Treasury board of canada secretariat："Privacy impact assessment guidelines：a framework to manage privacy risks"，http：//www. tbs-sct. gc. ca/pubs _ pol/ciopubs/pia-pefr/paipg-pefrld-PR-eng. asp？printable = True，2022 年 8 月 20 日。

页，分为六章，包括引言、目的、PIA 程序、流程概述、详细流程描述、隐私影响分析报告。具体而言，完成 PIA 的框架包括：何时需要 PIA 的检查表；PIA 目标；过程概述（资源需求、记录数据流、隐私分析、隐私影响分析报告、应对风险）；联邦项目和服务的问卷调查；针对跨区域项目和服务提供进行问卷调查；初步 PIA（Preliminary Privacy Impact Assessment，PPIA）和 PIA 内容的模型表。这一政策使得 PIA 能确保隐私原则和立法在新计划、服务或计划的整个生命周期中得到考虑和遵守，并且在适当的情况下，对于正在进行的服务进行转型或重新设计现有计划。在加拿大政府，多阶段评估在政策上正式化。这个过程包括一个初步的隐私影响评估和以后的完整隐私影响评估。PPIA 不会像 PIA 那样全面，但将用于向部门项目经理表明提案是否存在重大隐私风险①。PPIA 有点像筛选工具，但也是一种缩写 PIA，类似于其他司法管辖区的隐私扫描或隐私影响声明。

2002 年 8 月，加拿大发布《PPIA 模型》，这是针对 PPIA 和 PIA 标准化生产的电子模板（PIA 报告模板）②。2003 年 3 月，加拿大发布《PIA 最佳实践报告》，确定在部门日常运营中实施 PIA 政策和指南的实用技巧和最佳实践③。2003 年 10 月，加拿大发布《PIA 电子学习工具》④，包括三个方面内容。第一，概述模块，对加拿大隐私权基本原则进行回顾，并讨论隐私权保护程序的基本原理，包括关键隐私定义、加拿大隐私立法和政策回顾、PIA 的主要特点和益处、PIA 流程概述和 PIA 涉及的主要利益相关者。第二，管理或监督模块，旨在审查与 PIA

---

① Treasury board of canada secretariat："Privacy impact assessment guidelines：a framework to manage privacy risks"，http：//www. tbs-sct. gc. ca/pubs ＿ pol/ciopubs/pia-pefr/paipg-pefrld-PR-eng. asp？printable ＝ True，2022 年 8 月 20 日。

② Treasury board of canada secretariat："Preliminary privacy impact assessment template"，http：//www.tbs-sct. gc. ca/pgol-pged/ppia-epfvp/prelim-temp-modl/prelim-temp-modl00-eng. asp，2022 年 8 月 20 日。

③ Treasury board of canada secretariat："Reporton pia best practices"，http：//www. tbs-sct. gc. ca/pgol-pged/pia-best/pia-bestpr-eng. asp？format ＝ print，2022 年 8 月 20 日。

④ Treasury board of canada secretariat："PIA e-learning tool"，http：//www. tbs-sct. gc. ca/pgol-pged/piatp-pfefvp/index-eng. asp，2022 年 8 月 20 日。

相关的关键概念，如立法和政策以及关键利益相关者，但比前面所述的概述模块更详细地审查整个 PIA 过程，包括从参与 PIA 项目的加拿大政府人员的"最佳实践"中获取的技巧，协调和监督 PIA 项目。第三，对 PPIA 或 PIA 进程提供逐步审查，如怎样写报告的执行摘要或如何使用文件更改控制表（Document Change Control Table），以及填写联邦计划和服务调查问卷，而且还提供转向《隐私法》（Privacy Act）①、《个人信息保护与电子文件法》（PIPEDA）②甚至关键术语定义等内容的链接。

这一阶段主要侧重于政策规划及形成，即隐私保护这一问题发生、政策问题认定及规划方案，并将方案予以合法化，而产生正式政策的过程。例如，隐私专员办公室发布报告，自上而下推动，提出隐私保护这一政策问题，很快被政府所接纳，并积极推进。

二　实施阶段

2004 年 5 月，加拿大发布《PIA 审计指南》，包括几个方面内容：介绍政策要求以及相关信息和关键来源，以了解 PIA 过程的基本知识；提供背景信息，以扩大读者对完成、审查和批准 PIA 所涉及的关键利益相关者责任的理解；提出审计目标和标准内部审计师可以使用基于风险的审计方法制订定制的审计计划③。

2008 年 4 月 1 日，《社会保险号码（SIN）指令》生效，取代了

①　"Privacy act"，https：//laws-lois. justice. gc. ca/PDF/P-21. pdf，2022 年 8 月 20 日。

②　"Personal information protection and electronic documents act（pipeda）（canada）"，http：//laws. justice. gc. ca/en/showdoc/cs/P-8. 6//20090821/en？command ＝ search&caller ＝ SI&search_ type ＝ all&shorttitle ＝ Personal％20information％20protection％20and％20electronic％20documents％20act&day ＝ 21&month ＝ 8&year ＝ 2009&search_ domain ＝ cs&showall ＝ L&statuteyear ＝ all&lengthannual ＝ 50&length ＝50，2022 年 8 月 20 日。

③　Treasury board of canada secretariat："Privacy impact assessment audit guide"，http：//www. collectionscanada. gc. ca/webarchives/20071211001631/www. tbs-sct. gc. ca/ia-vi/policies-politiques/pia-efvp/pia-efvp_ e. asp，2022 年 8 月 20 日。

1993 年所颁布的《隐私和数据保护政策》① 中的"与社会保险号码相关的政策要求"的内容。1993 年加拿大颁布《隐私和数据保护政策》，该政策的目标是：确保政府机构有效和一致的适用《隐私法》和《隐私条例》（Privacy Regulations）② 的规定；确保用于行政目的的个人信息的数据匹配和数据链接符合上述法律的要求；将为行政目的征收和使用社会保险号码（SIN）的范围限制在特定法案、法规和方案允许的范围内，并为其设定征收条件。《社会保险号码（SIN）指令》的附录 B 部分规定了获得政策批准的三步：初步评估、分析和咨询、寻求批准。在第二步提到，在寻求财政委员会主席（President of the Treasury Board）的批准之前，需要进行以下过程：向财政委员会秘书处（Treasury Board of Canada Secretariat，TBS）的信息和隐私政策司提交一份与新收藏的完整的 PIA 报告；根据《隐私保护政策》第 6.2.12 条和《隐私法》第 9（4）条，通知隐私专员。

2010 年 4 月 1 日，加拿大财政委员会秘书处颁布了一项关于 PIA 的新指令《PIA 指令》③。该指令取代了自 2002 年 5 月 2 日生效的《PIA 政策》和 1993 年所颁布的《隐私和数据保护政策》中的数据匹配部分。这个新指令适用于政府机构，但不适用于新立法的制定。该指令指出，加拿大政府致力于确保隐私保护是涉及个人信息的计划和活动的初始制定和后续管理的核心考虑因素。

2011 年 3 月，隐私专员办公室（OPC）发布了一份指导文件《期望：向加拿大隐私专员办公室提交 PIA 的指南》，以阐明当机构提交最终的 PIA 报告时，其对政府应提供的信息类型和深度的期望。尽管加拿大财政部秘书处制定的政策要求提供 PIA，但隐私专员呼吁将法律《隐

---

① "Privacy and data protection policy"，http：//www.tbs-sct.gc.ca/pubs_pol/gospubs/TBM_128/dwnld/chap1_1_e.rtf，2022 年 8 月 20 日。

② "Privacy regulations"，https：//laws-lois.justice.gc.ca/eng/regulations/SOR-83-508/index.html，2022 年 8 月 20 日。

③ "Directive on privacy impact assessment"，http：//www.rogerclarke.com/DV/TBC-2010.pdf，2022 年 8 月 20 日。

私法》作为一项更广泛的改革的一部分，而且要求进行这项改革。隐私专员支持《PIA 指令》，但认为将其转化为法律，那么会具有更强的效力。

这一阶段不仅关注 PIA 政策问题的性质、政策目标，以及政策方案的可行性及可能后果，而且还关注 PIA 政策与隐私保护法之间的互动。政策与法律之间相互联动，呈现出一体两面的互动关系。一方面，政策法律化即政策转换成立法：将 PIA 政策立法。另一方面，试图通过法律《隐私法》来影响和改变人们的制度性行为，使人们的行为朝着决策者、立法者所希望的方向发展，即法律是实现 PIA 政策目标的工具。

三　发展阶段

2020 年 3 月 13 日至 2020 年 9 月 30 日，《隐私保护临时政策》①生效，取代了 2018 年 7 月 1 日发布的《隐私保护政策》。根据该文件第 4.2.14 条，政府机构负责人确保在适用时制定、维护和发布 PIA 和多机构 PIA；但是，在紧急的新型冠状病毒肺炎（COVID-19）相关倡议下，副职领导或其助理副职代表可以行使酌处权，针对新的或经过实质性修改的方案完成隐私合规性评估，以代替进行完整的 PIA。如果针对在 2020 年 12 月 31 日之后继续进行的计划行使自由裁量权，那么必须在 2021 年 6 月 30 日之前完成完整的 PIA。

2020 年 3 月 13 日至 2020 年 9 月 30 日，《隐私惯例暂行指令》②生效，取代了 2014 年 5 月 6 日发布的《隐私惯例指令》。根据该文件第 6.1.4 条，政府机构负责人要向财政委员会秘书处提交每个新 PIB（个人信息库）的注册或终止现有 PIB 的请求，并确保请求随附以下信息：在要求注册新的 PIB 的情况下，该法案第 11（1）（a）（i）至（vi）项中所述的 PIB 的所有要素，以及已完成并获得批准的核心隐私影响评

---

① "Interim policy on privacy protection"，https：//www.tbs-sct.gc.ca/pol/doc-eng.aspx？id = 12510，2022 年 8 月 20 日。

② "Interim directive on privacy practices"，https：//www.tbs-sct.gc.ca/pol/doc-eng.aspx？id = 18309，2022 年 8 月 20 日。

估。PIB 是指个人信息的集合或分组。

2020 年 3 月 13 日至 2020 年 9 月 30 日，《PIA 暂行指令》生效，取代《PIA 指令》。

2020 年 3 月，《期望：向加拿大隐私专员办公室提交 PIA 的指南》这一文件得到更新，作为 PIA 流程的一部分而为联邦公共部门机构提供了有关如何遵守《隐私法》和有效管理隐私风险的指南。它提出了关键概念，并提出了机构如何评估其计划和活动，包括要考虑的法律要求和隐私原则①。

随着信息技术的发展，需要对原有 PIA 政策进行完善，并发挥 PIA 政策撬动和引导作用。因此，这个阶段关注对 PIA 政策进行调整，从而不仅能协调政策目标与政策方案的关系，还能够保存 PIA 政策的连贯性。具体而言，加拿大 PIA 政策调整有不同的形式，如政策撤换（《隐私保护临时政策》《隐私惯例暂行指令》《PIA 暂行指令》）及政策更新（《期望：向加拿大隐私专员办公室提交 PIA 的指南》）。

第二节　加拿大 PIA 政策体系分析

一　政策目标

PIA 的特定目标包括：与公民建立信任和信心；增进对隐私问题的认识和了解；确保隐私保护是项目目标和活动的初始框架中的关键考虑因素；确定对隐私问题的明确责任制；减少在计划或服务实施后必须终止或进行实质性审核以符合隐私要求的风险；为决策者提供必要的信息，以便他们根据对隐私风险的了解以及减轻这些风险的选择来做出明智的政策、系统设计或采购决策；提供有关业务流程和个人信息流的基本文档，供部门工作人员共同使用和查看，并作为与利益相关者进行磋

---

① "Expectations：opc's guide to the privacy impact assessment process"，https：//www. priv. gc. ca/en/privacy-topics/privacy-impact-assessments/gd_ exp_ 202003/#toc4-9，2022 年 8 月 20 日。

商的基础①。

二 政策主体

不同的政策主体可以参与制定 PIA 政策。这些主体从对隐私保护问题的感知开始，使其成为政府行动的问题，将其列入政府的议程以供考虑，最后确保相关的政府行动，而且所有这些都需要以政府行动的形式让利益相关者参与。就加拿大而言，隐私专员办公室（OPC）和财政委员会（Treasury Board）是 PIA 政策主体，不仅了解 PIA 在推动本国发展目标方面的作用，而且实施相关政策。

（一）隐私专员办公室（OPC）

OPC 不仅为个人提供有关个人信息保护的建议和信息，而且还执行《隐私法》和《个人信息保护与电子文件法》（PIPEDA）两项联邦隐私法，这两部法律规定了联邦政府机构和某些企业必须如何处理个人信息的规则②。例如，《隐私法》涵盖了联邦政府如何处理个人信息；PIPEDA 是加拿大的私营部门隐私法，涵盖企业如何处理个人信息。根据《隐私法》③，加拿大隐私专员有权检查受该法案约束的政府机构对个人信息的收集、使用、披露以及保留和处置。可见，隐私专员是执行隐私立法要求的核心人物，负责保护和促进加拿大境内个人的隐私权利。为了确保对提议或重新设计的程序和服务固有的隐私影响有全面和最新的了解，OPC 的代表还要参与 PPIA 或 PIA 的最早合理开发阶段。通过与机构官员合作审查文档，他们可以为机构提供建议和指导，并确定那些旨在应对潜在隐私风险的解决方案。在收

---

① Treasury board of canada secretariat："Privacy impact assessment guidelines：a framework to manage privacy risks"，http：//www. tbs-sct. gc. ca/pubs _ pol/ciopubs/pia-pefr/paipg-pefrld-PR-eng. asp? printable = True，2022 年 8 月 20 日。

② "Office of the privacy commissioner of canada"，https：//www. priv. gc. ca/en/，2022 年 8 月 20 日。

③ "Privacy act"，https：//laws-lois. justice. gc. ca/PDF/P-21. pdf，2022 年 8 月 20 日。

到最终的 PIA 后，隐私专员可以酌情向机构负责人或副职领导提供建议①。为了推动 PIA 政策，加拿大隐私专员或其工作人员针对 PIA 发表了一系列讲话（见表10－2）。

表 10－2   OPC 关于 PIA 的演讲

时间	演讲者	演讲题目	活动
2002 年 5 月 8 日	隐私影响评估代理总监 ClaudeBeaulé	《隐私影响评估》②	部门间隐私和政府在线工作组
2004 年 3 月 10 日	隐私专员 Stuart Bloomfield	《隐私影响评估的作用》③	政府信息管理第二届年度论坛
2011 年 9 月 28 日	助理隐私专员 Chantal Bernier	《隐私影响评估：隐私保护新形势下的GPS》④	隐私信息管理局第二届年度隐私研讨会
2013 年 6 月 18 日	助理隐私专员 Chantal Bernier	《面对漏洞：作为生态系统的隐私和安全》⑤	2013 年海事访问和隐私会议
2013 年 9 月 26 日	助理隐私专员 Chantal Bernier	《基于风险的问责制和合规性方法》⑥	第 35 届国际数据保护和隐私专员会议

---

① "Privacy impact assessment policy"，https：//www. tbs-sct. gc. ca/pol/doc-eng. aspx？id =12450，2022 年 8 月 20 日。

② "Privacy impact assessment"，https：//www. priv. gc. ca/en/opc-news/speeches/02_ 05_a_ 020508/，2022 年 8 月 20 日。

③ "The role of the privacy impact assessment"，https：//www. priv. gc. ca/en/opc-news/speeches/2004/sp-d_ 040310/，2022 年 8 月 20 日。

④ "The privacy impact assessment：your gps through the new landscape of privacy protection"，https：//www. priv. gc. ca/en/opc-news/speeches/2011/sp-d_ 20110928_ cb/，2022 年8 月20 日。

⑤ "Facing the breach：privacy and security as an ecosystem"，https：//www. priv. gc. ca/en/opc-news/speeches/2013/sp-d_ 20130618_ cb/，2022 年 8 月 20 日。

⑥ "A risk based approach for accountability and compliance"，https：//www. priv. gc. ca/en/opc-news/speeches/2013/sp-d_ 20130926_ cb/，2022 年 8 月 20 日。

时间	演讲者	演讲题目	活动
2014 年 12 月 10 日	隐私专员 Daniel Therrien	《作为隐私倡导者一起工作》①	ATIP 社区会议
2016 年 4 月 20 日	隐私专员 Daniel Therrien	《隐私与网络安全的互联世界》②	国家安全从业者项目网络安全会议
2020 年 3 月 9 日	隐私专员 Daniel Therrien	《现代化联邦隐私法，以更好地保护加拿大人》③	联邦获得信息和隐私权社区会议

（二）财政委员会（Treasury Board）

与公共机构进行 PIA 相关的关键主体是财政委员会。尽管联邦立法没有明确规定应进行隐私权评估，但它们被视为实现隐私权立法规定合规性的最佳实践。如前面第 1 部分所述，根据这一点，财政委员会制定了一些政策工具和文件，包括 PIA 政策、PIA 指南、PIA 报告模板、PIA 最佳实践报告、PIA 电子学习工具、PIA 审计指南。实施 PIA 的政策责任在于中央机构，即加拿大财政委员会秘书处（TBS）。财政委员会秘书处不仅向财政委员会提供建议，并就政府如何在计划和服务上花钱、如何监管以及如何管理等方面提供建议，而且帮助确保政府为加拿大人明智而有效地花费税款④。财政委员会秘书处有 18 个下属部门，负责政府隐私政策的中央机构是隶属加拿大财政部秘书处首席信息官处的信息和隐私政策司，负责管理和解释政策，并向各机构、财政委员会主席和财务委员会提供建议。它的任务是制定和维持指导方针，以协助各机构执行该政策，并负责监测遵守情况。根据《金融管理法》第 7 条

① "Working together as privacy champions"，https：//www. priv. gc. ca/en/opc-news/spee-ches/2014/sp-d_ 20141210/，2022 年 8 月 20 日。

② "The interconnected worlds of privacy and cyber-security"，https：//www. priv. gc. ca/en/opc-news/speeches/2016/sp-d_ 20160420/，2022 年 8 月 20 日。

③ "Modernizing federal privacy laws to better protect canadians"，https：//www. priv. gc. ca/en/opc-news/speeches/2020/sp-d_ 20200309/，2022 年 8 月 20 日。

④ "Treasury board of canada secretariat"，https：//www. canada. ca/en/treasury-board-secretariat. html，2022 年 8 月 20 日。

（财政委员会的职责和权力）[①] 以及《隐私法》第71（1）（d）条，财政委员会主席是负责政府立法管理的部长。财政委员会秘书处作为牵头机构，在立法修正方面与司法部合作，并在内阁机密事务上与隐私委员会办公室（Privay Council Office）合作。

三　政策内容

（一）PIA 指导原则

根据《PIA 暂行指令》，PIA 指导原则包括十条，通常称为"公平信息原则"（见表10-3），并在《加拿大标准协会保护个人信息的标准守则》中得到阐明。这些原则也被包含在《个人信息保护和电子文档法》（PIPEDA）中。

表 10-3　　　　　　　　　　　PIA 指导原则[②]

指导原则	内涵
问责制	组织负责其控制的个人信息，并应指定个人来负责确保组织遵守以下原则
识别目的	组织应在收集信息时或之前确定收集个人信息的目的
同意	除非有适当的情况，否则收集、使用或披露个人信息需要征得个人的同意
限制收集	个人信息的收集应限于组织确定的目的；信息应通过公平合法的方式得到收集
限制使用，披露和保留	除非获得个人同意或法律允许，否则不得将个人信息用于收集目的之外的目的或用途；仅在实现这些目的所必需的时间内保留个人信息
准确性	个人信息必须准确、完整和最新
保障措施	个人信息应得到适合其敏感性的安全保障措施的保护
开放性	组织应向个人提供有关其与个人信息管理相关的政策和实践的特定信息

[①] "Financial administration act-laws. justice. gc. ca"，https：//laws-lois. justice. gc. ca/eng/acts/f-11/page-2. html#h-228122，2022 年 8 月 20 日。

[②] "Personal Information protection policy"，https：//www. ferocorp. com/pages/privacy. html，2022 年 8 月 20 日。

续表

指导原则	内涵
个人获取	应告知个人其个人信息的存在、使用和披露，并应允许其获取该信息。个人应能够质疑信息的准确性和完整性，并对其进行适当的修改
挑战合规性	个人应能够向指定的一个或多个负责组织合规性的个人应对有关遵守上述原则的挑战

（二）PIA 流程

《PIA 指南：管理隐私风险的框架》[①] 有三个附件提供了 PIA 目录、PPIA 目录和汇总表示例。PIA 包括四个步骤。（1）步骤 1：项目启动。确定 PIA 的范围，并使指南中提供的工具适应具体情况。如果具体项目处于早期概念或设计阶段，而尚不清楚详细信息，则部门和机构应考虑进行初步隐私影响评估（PPIA）。一旦该项目发展并且存在隐私风险，就要求部门和机构进行完整的 PIA。在不寻常的情况下也可以进行初步的 PIA，在这些情况下，在审查政策和指南并获得专家建议后，对于 PIA 的需求仍然不明确。PIA 是一个动态过程，随着业务流程中设计的变化，PIA 也应进行审查和更新。（2）步骤 2：数据流分析。该活动包括对提议所考虑的业务流程、体系结构和详细数据流的描述和分析。此步骤的目的是描述个人信息流。（3）步骤 3：隐私权分析。隐私分析在适用的隐私政策和法规的背景下检查数据流。问卷用作检查清单，可帮助评估主体识别与提案相关的主要隐私风险或漏洞。指南中提供了两套问卷，可以参阅问卷 A 的附件中的联邦计划和服务，以及问卷 B 的跨辖区倡议。（4）步骤 4：隐私影响分析报告。基于先前步骤的结果，这是 PIA 过程的最后也是最关键的组成部分。这是对隐私风险及其风险的相关评估的书面评估，并讨论了可能的补救措施或缓解策略。

后来，2020 年 3 月修订后的《期望：向加拿大隐私专员办公室提

[①] Treasury board of canada secretariat："Privacy impact assessment guidelines：a framework to manage privacy risks"，http：//www.tbs-sct.gc.ca/pubs ＿ pol/ciopubs/pia-pefr/paipg-pefrld-PR-eng.asp？printable ＝ True，2022 年 8 月 20 日。

交 PIA 的指南》对 PIA 流程进行更新，内容包括：确认是否需要 PIA；计划；咨询（包括 OPC）；评估必要性和比例性；识别和评估特定风险；制定缓解措施；获得批准；向财政委员会秘书处（TBS）和隐私专员办公室（OPC）报告；持续监控（见图 10 – 1）。

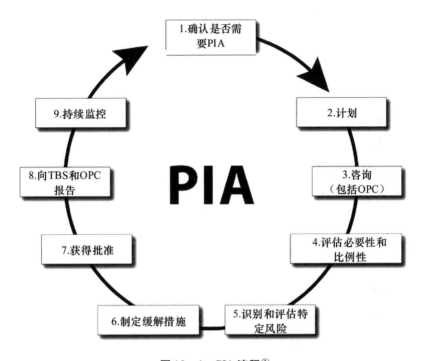

图 10 – 1　PIA 流程①

注：TBS 为财政委员会秘书处；OPC 为隐私专员办公室；PIA 为隐私影响评估。

（三）PIA 适用情形

图 10 – 2 可以帮助评估主体确定程序或活动的潜在隐私影响，并了解风险级别。基于此评估，即使没有管理性使用个人信息，机构也可以选择进行 PIA。机构应单独考虑每个项目，以决定是否需要进行 PIA。

---

① "Expectations：opc's guide to the privacy impact assessment process"，https：//www. priv. gc. ca/en/privacy-topics/privacy-impact-assessments/gd_ exp_ 202003/#toc4-9，2022 年 8 月 20 日。

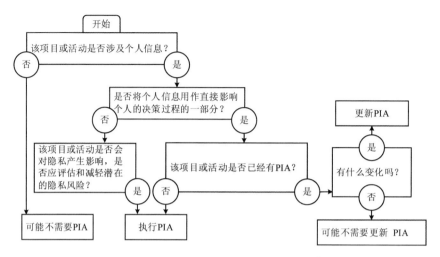

图 10-2 确定是否需要执行 PIA 的流程①

此外，根据《PIA 暂行指令》第 6.3.1 条，在以下情况中要针对项目或活动进行 PIA：当个人信息用于或打算用作直接影响个人的决策过程的一部分时；在对现有项目或活动进行实质性修改后，将个人信息用于或打算用于管理目的；将项目或活动外包或转移到另一级政府或私营部门时，会对项目或活动进行实质性修改。此外，《PIA 暂行指令》第 6.3.2 条还规定，与负责官员协商，确定是否：不对个人做出任何决定的新的或经过实质性修改的计划或活动将对隐私产生影响，并保证进行 PIA；政府机构的隐私协议足以解决此类程序或活动对隐私的潜在影响。可见，以上五种情况需要考虑进行 PIA。

（四）PIA 规制对象

在加拿大中央政府层面，财政部委员会的政策要求，各部门和机构对所有涉及隐私问题的新方案和服务的提案进行 PIA。该政策适用于《隐私法》附表所列的所有政府机构，但加拿大银行除外。具体而言，

---

① "Expectations: opc's guide to the privacy impact assessment process", https://www. priv. gc. ca/en/privacy-topics/privacy-impact-assessments/gd_ exp_ 202003/#toc4-9, 2022 年 8 月 20 日。

这些机构包括加拿大国家部门和部委，以及一系列与政府有关的机构，包括大多数皇家公司（如加拿大土地有限公司、加拿大邮政公司、加拿大电视电影公司）、联邦机构（如加拿大交通局、加拿大税务局）和其他全部或部分由政府任命的机构（如加拿大小麦委员会）。

第三节　加拿大中央政府 PIA 政策分析

一　优势分析

（一）完善政策法规以加强应用

在加拿大，PIA 是政策要求，而并非法律义务。因此，加拿大注重为 PIA 提供法律依据，并通过完善法律法规来提升 PIA 政策效力。例如，根据《PIA 暂行指令》第 3.4 条，本指令是根据《隐私法》第 71 （1）（d）段和第 71（3）、71（4）、71（5）和 71（6）条发布的；根据第 3.5 条，本指令应与《隐私法》《隐私条例》《隐私保护临时政策》《隐私惯例暂行指令》《隐私请求和个人信息更正指令》[①]《社会保险号码指令》[②] 一起阅读。为了提升法律支撑，财政委员会秘书处还发起并促进与 OPC 就 PIA 政策事项进行磋商。例如，PIPEDA 没有规定要强制性进行 PIA。类似地，通常而言，除非存在数据或信息匹配计划，否则新西兰《隐私法》也并未强制性规定要进行 PIA[③]。因此，2020 年 1 月 28 日，加拿大 OPC 发起了一次磋商，在磋商中提出了一些增强 PIPEDA 在人工智能系统中的应用和监管的建议。OPC 建议提高法律对透明度的要求，以授权进行 PIA 的要求，包括与 AI 处理对隐私和人权的影响有

---

① "Directive on privacy requests and correction of personal information"，https：//www.tbs-sct.gc.ca/pol/doc-eng.aspx? id = 18311，2022 年 8 月 20 日。

② "Directive on social insurance number"，https：//www.tbs-sct.gc.ca/pol/doc-eng.aspx? id = 13342，2022 年 8 月 20 日。

③ 陈美、谭纬东：《政府开放数据的隐私风险评估与防控：新西兰的经验》，《情报理论与实践》2020 年第 5 期。

关的评估①。

（二）专职专责强化监管力量

在加拿大，PIA 的法律依据是在部级签发的文书，而且相关 PIA 政策是根据《隐私法》第 71（1）条发布的。《隐私法》第 71（1）条规定：根据第（2）款的规定，指定部长应……（d）安排编制并向政府机构分发有关本法案和条例实施的指令和指南。根据《隐私法》第 3（1）条的规定，财政委员会主席已被指定为该法某些章节中所指的部长。通过优化财政委员会的专职专责，从而进一步明确它在 PIA 中管控工作的职责。例如，财政委员会将 PIA 定义为"确定提议对个人隐私的影响以及减轻或避免任何不利影响的方法的过程"。此外，这个机构也关注政策绩效，如财政委员会秘书处在《PIA 政策》生效后的五年内对其条款和运作进行全面审查②。如此，《PIA 政策》不仅使机构有责任证明其收集和使用个人信息尊重 1983 年的《隐私法》以及 2000 年的《个人信息保护和电子文档法》（PIPEDA），而且还责令政府机构与公民进行交流为何收集他们的个人信息、如何使用和披露它们以及如何解决隐私影响的问题。

（三）注重多主体合作

加拿大注重合作，如《PIA 暂行指令》第 6.3.4、6.3.5、6.3.6、6.3.7、6.3.8 条针对涉及多个机构的 PIA 情况进行规范：在涉及两个或多个政府机构的项目执行机构的情况下，该指令倾向于由一个机构牵头，并设想由关键（政府）利益相关者组成的部门间协调委员会。它倾向于一个单一、整体或多机构的项目执行机构，而不是由个别部门进行的独立项目执行机构。就 PIA 具体操作而言，PIA 由加拿大隐私专员办公室的审计和合规工作人员进行审查，后者不批准或拒绝，但对所采

---

① "Consultation on the opc's proposals for ensuring appropriate regulation of artificial intelligence"，https：//www. priv. gc. ca/en/about-the-opc/what-we-do/consultations/consultation-ai/pos＿ai＿202001/，2022 年 8 月 20 日。

② "Privacy impact assessment policy"，https：//www. tbs-sct. gc. ca/pol/doc-eng. aspx? id ＝12450，2022 年 8 月 20 日。

取的过程的质量提出意见。同样地，根据《PIA暂行指令》第8.1.1条，财政委员会秘书处还将及时检查已批准的核心PIA的内容，以确保评估完成。财政委员会秘书处不批准PIA，而仅审核核心PIA，以履行其对PIB的审核和批准的义务。不过，根据《PIA暂行指令》第8.1.4条，财政委员会秘书处每年审查附录C中的"核心PIA"，以确保核心PIA保持相关性，并在需要时提出修订建议。以上可以看出，隐私专员办公室和财政委员会秘书处负责审查PIA，但不批准PIA。为了弥补这一职责空白，根据《PIA暂行指令》该文件第6.1条，政府机构负责人负责建立PIA开发和批准流程，并确保由机构内负责新的或经过重大修改的计划或活动的高级官员或执行人员完成PIA。此外，《PIA暂行指令》将PIA与提交给财政委员会的项目审批和资金筹措联系起来，这也是加拿大PIA政策的最显著特点之一。

二　劣势分析

公共政策具有主观性与不确定性。PIA政策是政策设计者通过相应部门的行为而实现其目标，因而这一政策是否成功，取决于PIA政策能否设计和执行。PIA政策的模糊性不仅限制目标，也影响政策手段。总体来看，加拿大PIA政策在目标、规范、执行方面存在模糊。

（一）PIA政策目标设定模糊

由于对政府服务提供过程中未来隐私问题的影响和成本的担忧，财政部委员会被赋予了制定《PIA政策》的任务，以作为一种管理工具：确保在项目或服务的设计或重新设计过程中考虑隐私；评估将确定提案在多大程度上符合所有适当的法规；评估帮助管理者和决策者避免或减轻隐私风险，并促进充分知情的政策、计划和系统设计选择[①]。同样地，根据《PIA暂行指令》附录C，"核心PIA"由与政策和法律合规性直接相关的PIA标准化要素组成。可见，这可以解释为PIA只是一种

---

① "Privacy impact assessment policy"，https：//www.tbs-sct.gc.ca/pol/doc-eng.aspx？id=12450，2022年8月20日。

合规性的行为，但这可能是一种不公平的解释，因为如上所述，该指令将 PIA 视为风险管理的一部分，即使项目符合法律，也可能产生风险。

（二）PIA 政策规范模糊

尽管加拿大的 PIA 具有对政府机构强制性的优点，但有关何时以及如何与利益相关者进行协商的指导方针尚不明确。同样地，也不清楚为什么只将 PIA 的摘要发布在机构的网站上，而不是像英国和美国的 PIA 政策中问题清单功能那样完整地发布 PIA，但用户可能会想查看这样的清单，尤其是那些仅要求是否做出回应的行为，因为与风险评估的实际需求不一致的方式"愚弄"了 PIA 概念。例如，美国各个政府部门都从 PIA 的标准化和工具性管理理念上，建立个人隐私保护指南，用可识别的方式对收集、储存、保护、分享和管理信息进行分析，以确保系统的使用者和相关组织有意识地将个人隐私纳入一个系统的生命周期管理当中①。

（三）PIA 政策执行模糊

加拿大 PIA 政策要求，加拿大各部门和机构必须向隐私专员提供评估结果的副本，并以英语和法语两种官方语言发布评估结果摘要，并应考虑定期出版和因特网出版。政府可以对这些摘要中的信息进行调整，以删除相关法律规定不能发布的信息或那些可能会使系统或安全措施变得脆弱的信息。但是，实践过程中，各部门因未能公布隐私影响评估的执行结果和隐私影响评估报告的信息质量而达不到要求。

第四节　相关政策建议

一　提高政策执行人员技能

PIA 是一种可以被任何处理个人信息的机构使用的技术，尤其是政府，因为技术部门更适合政府。进行评估和完成隐私影响报告需要各种各样的技能，但一个人不必全部掌握这些技能。进行评估的人员不仅需

① 周庆山：《完善我国个人信息保护管理制度的思考》，《社会治理》2018 年第 1 期。

要具备良好的分析和写作能力，还需要熟悉信息隐私和数据保护方法。如果个人不具备相关的技术技能或经验，评估人员需要能够吸收与项目相关的文书工作，并能够与技术人员相处，提出相关问题，能够理解答案并将其转化为其他人能够理解的 PIA 报告。对于一个组织而言，一个善于探究的头脑和"横向"思考的才能是很有价值的。可见，为了提高 PIA 政策执行，可以从如下方面入手。第一，应当吸纳擅长如下技能的主体：政策制定、运营计划和业务设计、技术和专业知识、风险和合规性分析、程序和法律。第二，为了减小政策执行人员的"PIA 技能差距"，建议鼓励各部门共享 PIA 工具、模板和框架。第三，建议向政策执行人员提供更多的培训和指导，使他们认识到在 PIA 政策中的责任，并为他们提供进行 PIA 所需的知识和技能。该过程包括规划、分析和教育活动，以及具有多种技能，以识别和评估隐私影响。这些技能包括隐私专业知识、法律专业知识、业务方案和业务设计技能、技术和系统专业知识以及信息和记录保存技能。

二　尽早制定 PIA 政策

每当有新的或实质性改变的电子政务项目时，组织都应完成项目影响评估。在项目开发的早期进行 PIA 是最有用的，因为它们可以在设计阶段用于识别风险和解决隐私问题。延迟 PIA 的组织有可能不得不对计划进行昂贵和耗时的更改，以确保其符合个人隐私保护法律法规。PIA 使公共和私人机构能够做出明智的选择。通常情况下，如果在项目规划的早期就确定了增强隐私的解决方案，那么实施该方案的难度和成本不会比侵入性解决方案高。PIA 表明，从系统开发的初始阶段和整个信息的生命周期（即收集、使用、保留、处理、披露以及销毁）就考虑隐私，能确保隐私保护从一开始就被植入系统中，而不是事后，因为这样做的代价可能要高得多，或者可能会影响项目的可行性。此外，PIA 还表明，系统开发人员和所有者已经做出了技术选择，反映了将隐私纳入基本系统架构的情况。

近年来，随着个人信息泄露事件频繁爆发，中国开始不断展开个人隐私保护制度设计。2020 年 5 月 25 日，全国人大常委会工作报告在下一步主要工作安排中指出，今年将围绕国家安全和社会治理，制定个人信息保护法、数据安全法①。2020 年 5 月 28 日，第十三届全国人民代表大会第三次会议通过了《中华人民共和国民法典》人格权编的第六章名为"隐私权和个人信息保护"的法案，总结我国既有立法经验（如《网络安全法》）和学界通说确立了隐私权和个人信息保护的基本规则②。2020 年 7 月 22 日，最高法联合国家发改委，共同发布《关于为新时代加快完善社会主义市场经济体制提供司法服务和保障的意见》，明确要加强数据权利和个人信息安全保护，依法保护数据收集、使用、交易以及由此产生的智力成果，完善数据保护法律制度③。2020 年 10 月 13 日，备受关注的《个人信息保护法草案》提请十三届全国人大常委会第二十二次会议审议，规定处理敏感个人信息等高风险处理活动，事前进行风险评估④。《信息安全技术 个人信息安全影响评估指南》指出，它是《个人信息安全规范》的配套标准，借鉴美、欧等国家和地区在个人信息安全影响评估〔国际上习惯称为隐私影响评估（PIA）〕方面最新的法律规定、制度设计、实践做法，以国内现有立法、行政法规、标准要求为出发点，提出科学有效符合、信息化发展需要、具有明确实施指导意义的个人信息安全影响评估指南⑤。即便如此，这个文件也并非强制性标准，因而建议我国在《个人信息保护法》或《数据安全法》中进一步完善 PIA 的相关规范。就政策内容而言，应当包括适用情形、规制对象、隐私风险评估模型、事先咨询义务；就

① 《重磅！个人信息保护法、数据安全法终于要来了！》，https：//k.sina.com.cn/article_1750987934_685df49e01900mv0l.html?from=news&subch=onews，2022 年 8 月 20 日。

② 《民法典规定的隐私权和个人信息保护》，http：//m.workercn.cn/wq/2020/0804/200804093628350.shtml，2022 年 8 月 20 日。

③ 《最高法、国家发改委发布意见：加强数据权利和个人信息安全保护》，https：//www.sohu.com/a/410614389_741570，2022 年 8 月 20 日。

④ 《〈中华人民共和国个人信息保护法（草案）〉首次亮相》，https：//www.sohu.com/a/424842464_100014118，2022 年 8 月 20 日。

⑤ 《个人信息安全影响评估指南》，https：//www.secrss.com/articles/27363，2022 年 8 月 20 日。

政策制定主体而言，应当吸收人大、政府、公民等政策活动者，从而确定数据控制者的 PIA 义务。

三　加强 PIA 政策认同

尽管加拿大 PIA 政策的主要目的是确保隐私保护在项目目标和活动的初始框架中是一个关键考虑因素，但即便在有些情况下有证据表明计划或服务交付可能会产生隐私问题，PIA 可能依旧无法完成。虽然隐私问题在政府 IT 项目的威胁和风险分析中明显显现出来，对于涉及机构间和跨区域的个人信息流动的项目，隐私保护的考虑要少得多。一些加拿大政府机构已经积极努力来实施 PIA 政策，但还需要更多的努力来确保政策达到预期效果，也就是说，提高对 PIA 政策中与项目和服务交付相关的隐私影响的认识和理解。因此，一方面，需要提高对 PIA 的认识。认知属于精神层面，能够有效预测满足与认同。通过提高对 PIA 政策的认知，从而通过相关价值评估形成信念后，会直接影响 PIA 政策的认同度。对具体机构来说，有许多益处：PIA 允许机构充分评估其信息共享计划中的隐私风险；它为制定全面有效的信息保护政策奠定了基础，同时最大限度地利用技术基础设施和数据共享机会；PIA 帮助组织审查提议计划的意图，识别和防止超出信息搜集预期目的的扩展，审查和接受风险，制定政策，并确定组织中负责处理个人信息的职位；它们还创建文档，根据要求告知个人其个人信息收集、使用和披露的地点和时间。另一方面，政策制定主体需要全面认定诸如数据控制者、数据利用者等 PIA 政策的利益相关者，从而制定符合公平正义的 PIA 政策，提高政策主体对 PIA 政策的支持与认同。这是因为，作为一项政策，PIA 政策会涉及不同的利益相关者，而它们会基于自身特质，分别诉求自身利益，但不同的利益相关者可能获得利益，但也可能有相应损失。

本章小结

之所以选择加拿大作为 PIA 政策的案例研究，原因在于：一方面，从国内研究情况来看，尽管有学者围绕中外 PIA 标准进行研究[①]，解析欧盟 GDPR 中数据保护影响评估制度的相关规定[②]，对 PIA 的缘起、价值、实施进行了研究[③]，但尚未对加拿大 PIA 政策进行系统研究；另一方面，从实践的角度来看，加拿大的 PIA 政策相对比较完善。因此，本章通过梳理加拿大 PIA 政策发展历程，分析政策内容，探讨政策的优缺点，以期为我国开放政府数据隐私风险控制的保障制度提供参考。

---

① 相丽玲、张轩瑜：《中外用户隐私影响评估标准比较》，《情报理论与实践》2021 年第 8 期。

② 崔聪聪、许智鑫：《数据保护影响评估制度：欧盟立法与中国方案》，《图书情报工作》2020 年第 5 期。

③ 陈朝兵、郝文强：《作为政府工具的隐私影响评估：缘起、价值、实施与启示》，《中国行政管理》2020 年第 2 期。

参考文献

中文类

1. 期刊论文

包秦雯、顾立平、张潇月：《开放科研数据的行为影响因素研究——以地球科学领域为例》，《情报理论与实践》2019年第5期。

鲍静、贾凌民、张勇进等：《我国政府数据开放顶层设计研究》，《中国行政管理》2016年第11期。

才世杰、夏义堃：《试论政府数据开放风险的识别与防范》，《图书与情报》2017年第4期。

陈朝兵、郝文强：《国外政府数据开放隐私影响评估的政策考察与启示——以美英澳新四国为例》，《情报资料工作》2019年第5期。

陈朝兵、郝文强：《美英澳政府数据开放隐私保护政策法规的考察与借鉴》，《情报理论与实践》2019年第6期。

陈朝兵、郝文强：《作为政府工具的隐私影响评估：缘起、价值、实施与启示》，《中国行政管理》2020年第2期。

陈美：《澳大利亚政府开放数据中的个人隐私保护研究》，《图书馆》2019年第6期。

陈美：《德国开放政府数据中的个人隐私保护研究》，《图书馆》2018年第8期。

陈美：《美国开放政府数据的保障机制研究》，《情报杂志》2013年第

7 期。

陈美：《日本开放政府数据分析及对我国的启示》，《图书馆》2018 年
　　第 6 期。

陈美：《政府数据开放利用：内涵、进展与启示》，《图书馆建设》2017
　　年第 9 期。

陈美、曹阳赤：《治理理论与开放政府数据服务的社会参与》，《现代情
　　报》2020 年第 6 期。

陈美、江易华：《韩国开放政府数据分析及其借鉴》，《现代情报》2017
　　年第 11 期。

陈美、谭纬东：《政府开放数据的隐私风险评估与防控：新西兰的经
　　验》，《情报理论与实践》2020 年第 5 期。

池毛毛、杜运周、王伟军：《组态视角与定性比较分析方法：图书情报
　　学实证研究的新道路》，《情报学报》2021 年第 4 期。

崔聪聪、许智鑫：《数据保护影响评估制度：欧盟立法与中国方案》，
　　《图书情报工作》2020 年第 5 期。

迪莉娅：《政府数据深度开放中的个人数据保护问题研究》，《图书馆》
　　2016 年第 6 期。

杜运周、贾良定：《组态视角与定性比较分析（QCA）：管理学研究的
　　一条新道路》，《管理世界》2017 年第 6 期。

段尧清、周密、尚婷：《政府开放数据公众初始接受行为影响因素结构
　　关系研究》，《图书情报工作》2020 年第 2 期。

范为：《大数据时代个人信息保护的路径重构》，《环球法律评论》2016
　　年第 5 期。

冯昌扬：《政府开放数据门户网站隐私政策比较研究》，《数字图书馆论
　　坛》2016 年第 7 期。

高天鹏、莫太林：《政府数据开放平台用户初始采纳模型及实证研究》，
　　《电子政务》2018 年第 11 期。

耿荣娜、张向先、郭顺利：《社会化电子商务用户信息采纳行为影响因
　　素研究》，《情报科学》2017 年第 10 期。

关欣、张楠、孟庆国：《基于全过程的电子政务公众采纳模型及实证研究》，《情报杂志》2012 年第 9 期。

何乃东、黄如花：《巴西政府数据开放的特点及对我国的启示》，《图书与情报》2017 年第 1 期。

侯晓丽、彭靖、赵需要：《政府数据开放中国家秘密的泄露风险与保护策略》，《情报理论与实践》2018 年第 7 期。

黄浩：《移动内容服务采纳过程中的信任变化分析》，《管理评论》2014 年第 4 期。

黄如花、李楠：《美国开放政府数据中的个人隐私保护研究》，《图书馆》2017 年第 6 期。

黄如花、刘龙：《我国政府数据开放中的个人隐私保护问题与对策》，《图书馆》2017 年第 10 期。

黄如花、刘龙：《英国政府数据开放中的个人隐私保护研究》，《图书馆建设》2016 年第 12 期。

姜红波、王双凤、邵婷：《政府数据开放用户接受度影响因素的实证分析》，《厦门理工学院学报》2017 年第 4 期。

蒋骁、仲秋雁、季绍波：《基于过程的电子政务公众采纳研究框架》，《情报杂志》2010 年第 3 期。

梁乙凯、戚桂杰：《基于模糊集定性比较分析的政府开放数据使用影响因素研究》，《情报杂志》2019 年第 3 期。

刘凌、罗戎：《大数据视角下政府数据开放与个人隐私保护研究》，《情报科学》2017 年第 2 期。

刘文云、岳丽欣、马伍翠等：《政府数据开放保障机制在数据质量控制中的应用研究》，《情报理论与实践》2018 年第 4 期。

刘新萍、孙文平、郑磊：《政府数据开放的潜在风险与对策研究——以上海市为例》，《电子政务》2017 年第 9 期。

马费成：《推进大数据、人工智能等信息技术与人文社会科学研究深度融合》，《评价与管理》2018 年第 2 期。

马海群、蒲攀：《国内外开放数据政策研究现状分析及我国研究动向研判》,《中国图书馆学报》2015 年第 5 期。

马海群、张涛、李钟隽:《新冠疫情下政府数据开放与安全的系统动力
学研究》,《现代情报》2020 年第 7 期。

马丽杰、马海群:《基于 PEST 分析的发达国家开放政府数据政策特点
及启示》,《图书馆理论与实践》2018 年第 5 期。

莫祖英:《国外政府开放数据及其质量研究述评》,《情报资料工作》
2018 年第 2 期。

齐艳芬、孙钰、张家安等:《城市政府开放数据行为影响因素实证研
究》,《城市发展研究》2018 年第 5 期。

秦敏、徐升华:《基于过程的信息系统采纳行为模型及实证研究》,《情
报学报》2008 年第 5 期。

权明喆、丁念:《技术视野 人文情怀——国内首届"交互与信息行为研
究学术研讨会"纪要》,《图书情报知识》2019 年第 4 期。

苏婉、毕新华、王磊:《基于 UTAUT 理论的物联网用户接受模型研
究》,《情报科学》2013 年第 5 期。

孙浩、陈美:《荷兰政府开放数据的政策法规保障及启示》,《情报杂
志》2021 年第 2 期。

谭军:《基于 TOE 理论架构的开放政府数据阻碍因素分析》,《情报杂
志》2016 年第 8 期。

田新玲、黄芝晓:《"公共数据开放"与"个人隐私保护"的悖论》,
《新闻大学》2014 年第 6 期。

王茜茹:《DT 时代开放数据的隐私安全风险》,《科技情报开发与经济》
2015 年第 18 期。

王叶刚:《网络隐私政策法律调整与个人信息保护:美国实践及其启
示》,《环球法律评论》2020 年第 2 期。

王智慧、周旭晨、朱云:《数据自治开放模式下的隐私保护》,《大数
据》2018 年第 2 期。

夏义堃:《论政府数据开放风险与风险管理》,《情报学报》2017 年第
1 期。

相丽玲、陈梦婕：《试析中外信息安全保障体系的演化路径》，《中国图书馆学报》2018 年第 2 期。

相丽玲、陈梦婕：《中外政府数据开放的运行机制比较》，《情报科学》2017 年第 4 期。

相丽玲、李彦如、陈梦婕：《中外政府数据开放运行机制的实证分析》，《现代情报》2020 年第 1 期。

相丽玲、贾昆：《中外个人数据保护标准研究进展与未来趋势分析》，《情报杂志》2020 年第 2 期。

相丽玲、张轩瑜：《中外用户隐私影响评估标准比较》，《情报理论与实践》2021 年第 8 期。

杨庆峰：《数据共享与隐私保护———一种技术方案的哲学论证》，《自然辩证法研究》2018 年第 5 期。

张聪丛等：《开放政府数据共享与使用中的隐私保护问题研究——基于开放政府数据生命周期理论》，《电子政务》2018 年第 9 期。

张涵：《个人隐私保护左灯右行——〈大数据时代个人数据隐私规制〉书评》，《科技与企业》2015 年第 4 期。

张建彬、黄秉青、隽永龙等：《政府数据开放网站的个人隐私保护政策比较研究》，《知识管理论坛》2017 年第 5 期。

张涛：《大数据时代个人信息匿名化的规制治理》，《华中科技大学学报》（社会科学版）2019 年第 2 期。

张涛：《欧盟个人数据匿名化的立法经验与启示》，《图书馆建设》2019 年第 3 期。

张涛：《欧盟个人数据匿名化治理：法律、技术与风险》，《图书馆论坛》2019 年第 12 期。

张晓娟、王文强、唐长乐：《中美政府数据开放和个人隐私保护的政策法规研究》，《情报理论与实践》2016 年第 1 期。

张学锋：《DT 时代开放数据下个人隐私的全方位保护》，《网络安全技术与应用》2016 年第 9 期。

张毅菁：《数据开放环境下个人数据权保护的研究》，《情报杂志》2016

年第 6 期。

赵需要、侯晓丽、彭靖：《政府数据开放中商业秘密的泄露风险与保护策略》，《情报理论与实践》2017 年第 7 期。

赵需要、彭靖：《政府数据开放中个人隐私的泄露风险与保护》，《信息安全研究》2016 年第 9 期。

周庆山：《完善我国个人信息保护管理制度的思考》，《社会治理》2018 年第 1 期。

周庆山、蒋天骥：《欧洲各国政府信息公开法中的豁免公开范围比较分析》，《现代情报》2017 年第 12 期。

朱光、丰米宁、刘硕：《大数据流动的安全风险识别与应对策略研究——基于信息生命周期的视角》，《图书馆学研究》2017 年第 9 期。

朱红灿、胡新、王新波：《基于 Ｓ－Ｏ－Ｒ 框架的政府数据开放平台用户持续使用意愿研究》，《现代情报》2018 年第 5 期。

朱晓峰、黄晓婷、吴志祥：《基于种群演化的政府数据开放实证研究》，《情报科学》2020 年第 7 期。

邹东升：《政府开放数据和个人隐私保护：加拿大的例证》，《中国行政管理》2018 年第 6 期。

2. 互联网资料

《2019 中国国际大数据产业博览会 5 月 26 日至 29 日在贵阳举行》，http://www. gywb. cn/content/2019-02/26/content_ 6027289. htm，2022 年 8 月 20 日。

《〈中华人民共和国个人信息保护法（草案）〉全文及说明》，http：//fuxiin stitution. org. cn/media_ 371600347451494400，2022 年 8 月 20 日。

《〈中华人民共和国个人信息保护法（草案）〉首次亮相》，https：// www. sohu. com/a/424842464_ 100014118，2022 年 8 月 20 日。

《个人信息安全影响评估指南》，https：//www. secrss. com/articles/ 27363，2022 年 8 月 20 日。

《〈个人信息保护法（专家建议稿）〉：应构建个人信息保护标准体系》，

http://www. mpaypass. com. cn/news/201910/18093801. html，2022 年 8 月
20 日。

《两会受权发布 | 中华人民共和国民法典》，https：//xhpfmapi. zhongguowan
gshi. com/vh512/share/9140589？ channel＝weixin，2022 年 8 月 20 日。

《民法典规定的隐私权和个人信息保护》，http：//m. workercn. cn/wq/
2020/0804/200804093628350. shtml，2022 年 8 月 20 日。

《又一地区推动政府数据开放立法》，https：//www. weixinba. cc/
724831. html，2020 年 5 月 13 日。

外文类

1. 专著

Bandura，*Social Foundations of Thought and Action*，Englewood Cliffs，NJ：
Prentice-Hall，1986.

Kwon and Zmud，*Unifying the Fragmented Models of Information Systems Im-
plementation*，New York：John Wiley，1987.

Rihoux and Ragin，*Configurational Comparative Methods：Qualitative Comparative
Analysis（QCA）and Related Techniques*，Sage Publications，2009.

Rogers and Everett，*Diffusion of Innovations*，Schlüsselwerke der Medien-
wirkungsforschung，Springer Fachmedien Wiesbaden，2016.

Rogers and Simon and Schuster，*Diffusion of Innovations*，*5th Edition*，New
York：Free Press，2003.

Rogers，*The diffusion of innovations*，New York：Free Press，1983.

Tornatzky and Fleischer，*The Processes of Technological Innovation*，Lexing-
ton：Lexington Books，1990.

2. 期刊论文

Al-Jamal，Abu-Shanab，"Open Government：The Line between Privacy and
Transparency"，*International Journal of Public Administration in the Digital*

Age, No. 2, 2018.

Ali-Eldinand Zuiderwijk and Janssen, "A Privacy Risk Assessment Model for Open Data", International Symposium on Business Modeling and Software Design, Springer, Cham, 2017.

Altayar, "Motivations for Open Data Adoption: An Institutional Theory Perspective", *Government Information Quarterly*, Vol. 35, No. 4, 2018.

Davis and Bagozzi and Warshaw, "Extrinsic and Intrinsic Motivation to Use Computers in the Workplace", *Journal of Applied Social Psychology*, No. 14, 1992.

Davis and Bagozzi and Warshaw, "User Acceptance of Computer Technology: A Comparison of Two Theoretical Models", *Management Science*, No. 8, 1989.

Delone and Mclean, "Information Systems Success: The Quest for the Dependent Variable", *Journal of Management Information Systems*, Vol. 3, No. 4, 1992.

Delone and Mclean, "The DeLone and McLean Model of Information Systems Success: A Ten-Year Update", *Journal of Management Information Systems*, Vol. 9, No. 4, 2003.

Dorothy, "Experts as Negative Opinion Leaders in the Diffusion of a Technological Innovation", *Journal of Consumer Research*, No. 4, 1985.

Elmansori and Atan and Ali, "Factors Affecting E-Government Adoption by Citizens in Libya: A Conceptual Framework", *Information and Communication Technology*, Vol. 6, No. 4, 2017.

Featherman and Pavlou, "Predicting E-services Adoption: A Perceived Risk Facets Perspective", *International Journal of Human-Computer Studies*, No. 4, 2003.

Grimmelikhuijsen and Feeney, "Developing and Testing an Integrative Framework for Open Government Adoption in Local Governments", *Public Administration Review*, Vol. 77, No. 4, 2017.

Hameed and Counsell and Swift, "A Conceptual Model for the Process of IT in Novation Adoption in Organizations", *Journal of Engineering and Technology Management*, Vol. 29, No. 3, 2012.

后　记

书稿完成之际，自己感触良多。依旧清晰记得 2013 年我还在读博时，在中国知网以"开放数据"为关键词进行搜索并发现仅有八篇论文，研究这个领域的中国学者寥寥无几。这些年，关于这个主题的论文如雨后春笋般快速增长。匆匆十年，弹指一挥间。

博士毕业开始工作的初期，我没有继续从事博士学位论文所研究的政府网站，而是关注政府信息资源管理的其他领域，尤其关注最新的一些技术前沿及它们在政府中的应用。虽然这样能够抓住学术前沿，但没有研究基础，只能浅尝辄止。后来，我开始对自己的研究领域进行反思并发现，虽然读博期间一直从事政府信息资源管理领域的研究并发表了一些论文，但这些论文的主题比较分散，涉及信息政策、政府信息共享、大数据应用、电子治理、国家信息安全、政府信息获取、开放数据。我深深地感受到，自己的研究方向太"广泛"了，这并不是一个好事。尤其作为刚刚工作的青年学者，更应当专注一个研究方向，能深入耕耘这个领域，而不能"打一枪换一个地方"。痛定思痛过后，通过文献检索，以及结合自己过去发表的论文，最终确定开放政府数据这一研究方向。随后，我围绕这个选题先后申报了省部级及国家级课题，虽然经过了无数次的落榜，但最终有幸在 2020 年获批国家自然科学基金。

尘埃落定，终于完成了书稿，作为我三年课题研究的一个总结。近五年来，笔者一直围绕开放政府数据这一主题在《中国行政管理》《情报杂志》《情报理论与实践》《现代情报》《图书情报工作》等期刊上发表了十多篇论文。本书亦是笔者研究工作的一个阶段性成果，本书在论证和阐述过程中的不足，请各位专家学者不吝批评指正。常言道：十年磨一剑。这本书是我自己第一本关于开放政府数据的学术专著，并得到了国家自然科学基金的资助，也是对近十年在该领域的学习与积累的一种检阅。这本书不仅是对前一阶段集中于开放政府数据和个人隐私保护领域长时间思考的系统性整理，也是对未来课题研究作的下一步规划。

　　本书能够出版，特别感谢中国社会科学出版社刘艳编辑的鼓励与帮助，感谢她认真负责的工作及耐心细致的沟通，也感谢中国社会科学出版社的全体编辑以及校对人员为本书所做的付出，还要对我的亲人、支持和鼓励我的同仁、朋友表示衷心的感谢！

　　是为后记。

陈　美

2022 年 9 月 27 日